# 追寻教育的精神力量

## 品悟教育名家的智慧与情怀

侯登强 著

ZHUIXUN JIAOYU DE JINGSHEN LILIANG
PINWU JIAOYU MINGJIA DE ZHIHUI YU QINGHUAI

江蘇鳳凰教育出版社
Phoenix Education Publishing, Ltd

**图书在版编目（CIP）数据**

追寻教育的精神力量：品悟教育名家的智慧与情怀／侯登强著．—南京：江苏凤凰教育出版社，2018.5

ISBN 978-7-5499-7442-9

Ⅰ.①追… Ⅱ.①侯… Ⅲ.①教育研究 Ⅳ.①G40-03

中国版本图书馆 CIP 数据核字（2018）第 133168 号

| | |
|---|---|
| 书　　名 | 追寻教育的精神力量——品悟教育名家的智慧与情怀 |
| 作　　者 | 侯登强 |
| 责任编辑 | 雷利军　祁篆萍 |
| 出版发行 | 江苏凤凰教育出版社（南京市湖南路 1 号 A 楼　邮编 210009） |
| 苏教网址 | http：//www.1088.com.cn |
| 照　　排 | 北京世纪鸿文制版技术有限公司 |
| 印　　刷 | 三河市九洲财鑫印刷有限公司 |
| 厂　　址 | 河北省三河市灵山大口 |
| 开　　本 | 787 毫米×1092 毫米　1/16 |
| 印　　张 | 18.5 |
| 字　　数 | 294 千字 |
| 版　　次 | 2019 年 5 月第 1 版　2019 年 5 月第 1 次印刷 |
| 书　　号 | ISBN 978-7-5499-7442-9 |
| 定　　价 | 45.00 元 |
| 网店地址 | http：//jsfhjycbs.tmall.com |
| 邮购电话 | 025-85406265，85400774　短信　02585420909 |
| E - mail | jsep@vip.163.com |
| 盗版举报 | 025-83658579 |

# 序一

## 阅读，让自己变得更辽阔

我也算是爱读书的人，偶尔也会写点读书感悟，却轻易不敢写书评——怕自己的阅读止于功利而亵渎了先人，也怕自己浅尝辄止的阅读由于理解不到位而误导了其他读者。尤其是对教育著作的阅读，假如我的解读不当影响到其他教师的阅读，进而影响到他们的教育教学行为，那将是多么糟糕的事，于是，慎之又慎。直到我认真读完侯登强老师的这部书稿，才发现我过去的阅读是多么浅陋，也才明白什么是真正的阅读，什么是好的书评，读书究竟能带来什么。

认识侯登强老师已十年有余，名义上我和他还是“1 +1 优培计划”①的师徒，但我们更是朋友，是志同道合的伙伴，从“明霞工作室”到“明霞教师成长联盟”，他是非常重要的智囊；而他的学校的发展更是不断刷新着我的认知，让我看到他愈加辽阔的精神世界、深刻的教育思考和丰富的教育智慧。我喜欢读他的文章，几乎他发一篇我就读一篇，尤其是他写的教育故事，细腻入微、生动形象，对生命的关注和热爱跃然纸上，很容易把读者也带入故事中，好像我就是他故事中那个孩子或者母亲。但如此集中、系统地阅读他写的书评，这是第一次，正是这次阅读，给我带来了深深的震撼，也让我明白了他的辽阔和深刻从何而来。

或许，他的这些文章不能叫书评，应该说是他与作者灵魂的对话更恰当，深邃而辽远。一般人读书，作者写到 A 也就能读到 A，甚至只能读出 A 中的一少部分。而侯老师读书，不仅读到了 A，他还能读到 B，并能由此思考到 C，他读到的不是具体的方法和技巧，而是思想和精神。比如，

---

① 2010 年，著名学者、生命化教育倡导者张文质老师在 1 +1 教育网发起首期“1 +1 优培计划”，在线招收了包括侯登强在内的 20 名热爱读书与写作的年轻教师作为优培学员。

他读《在与众不同的教室里：8 位美国当代名师的精神档案》，不是读到艾斯奎斯怎样给学生排练莎士比亚戏剧，不是读到克拉克如何制订 55 条班规、落实班规，而是读到大洋彼岸教育同仁的教育激情和责任，读到他们对教育刻骨铭心的爱，并为之全身心地付出。他没有仅仅停留在文字表面以及阅读带来的感动上，而是坚定地相信“既然有些东西我们不可改变，那么就从我们的教室开始……与众不同也会来临”，并能在自己的学校、班级中践行。读《前方是什么》，他不是止于吴非老师一针见血地描述了教学与生活中的种种教育弊端，而是透过吴非老师犀利的文字，“看到他俯下身来捧起孩子的手，感受到他心里那一阵阵的爱与痛”，他读到的是“另一种爱”，是“看到了教育中的污垢”却依然选择“毫不犹豫地站在孩子一边”，“尽量让现在的孩子少受一些迫害”的赤诚的爱，于是，他也成了吴非老师“虔诚的同路人”。读《接受我的爱：老师如何跟学生说话》，他没有简单地介绍作者汉恩·吉诺特给了我们哪些跟学生沟通的妙招，而是用十多篇文字记录了自己结合阅读带来的思考，字里行间流露出对孩子的理解和尊重，思考怎样说话才能“不伤害孩子”，怎样的赞美才具有建设性，怎样的管教才能把“如何管住你”变成“如何帮助你”，怎样的语言才能传递情感、善意、尊重，真正体恤孩子，怎样的诱导才能激发孩子的潜能。读《希望教室：教孩子一生最受用的 36 种能力》，他读到的是教育的真情和智慧，读到的是如何帮助孩子延续心中的美好，让我们知道，教室是可以创造奇迹的地方。读《下一秒，遇见 Super 老师》，他读到的是生命的交集，是教师的魅力，是教育的美丽。读《家庭作业的迷思》，他在思考家庭作业的现实意义究竟是什么，“能否对一些看似‘理所应当’的教育行为生出自己的思考”，进而提出“做正确的事比正确地做事重要”。读《没有围墙的学校：体制外的学习天空》，他在思忖学生心灵的成长，“心灵不仅仅需要呵护和理解，还需要浸润和拓展”，从富有哲思的文字中，他找到了自己努力的方向……

难能可贵的是，他不是对所有的文字都无条件地赞美、肯定和吸纳，而是有着自己独立的思考，甚至是质疑。比如，他对《接受我的爱：老师如何跟学生说话》中“家长介入学校”“老师的助手”的做法持有异议，认为坚决不能“以为教师和学生制造恐惧的方式来促进教学”，“好的教育应该有好的方法”，“教育、教学从来不会分开”，“照搬模仿只会失去自我，唯有从中感受到某种思想，积极探寻属于自己的方式，才会走得坦然亦超然”……

无论读哪一本书，无论读哪一篇文章，他都读得那么用心，甚至反反复复地读，并从中挖掘出更多的价值。他不只是读者，更是思考者、探索者、实践者，他能结合自己的工作实际进行思考，又能应用新的思考和观点改进教育教学行为，并不断地去丰富、去完善、去创新。我终于明白，为什么侯老师越来越有智慧，为什么他的学校越办越好，因为他广泛的阅读无限拓宽了他的精神世界，他的深度阅读又让他在不断地与作者、与教育的对话中丰富了教育智慧，所以，他才能真正站在儿童的立场办学校，把学校办成了一所“没有围墙的学校”，为每一个孩子提供了生命健康成长的沃土，他才能拥有那么多细腻而感人的教育故事。他是一个真正的智者。

我希望有更多的教师读到这本书，因为这本书不只是让大家看到侯老师读了什么书，而是能让读过这本书的人知道该怎样阅读、怎样思考，又怎样丰富自己、改变自己，它带给我们的是成长的力量，是一个更加辽阔的世界。

正高级中学教师，“明霞教师成长联盟”发起人　孙明霞

# 序二

## 益友，就是与一本好的书相遇

我与侯登强校长只有一面之缘。只不过，这缘分一来，就比通常要深得多。

记得那次是在湖北参加一个活动，我和一位校长同台讲课，我们讲了相同的主题——关于故事的教育性探索。也就是从那时起，我知道了山东还有一位研究故事的校长，他还写了一本书——《做一个有故事的教师》。他，就是侯登强校长。

在后来的日子里，我们借助网络有了更多的交流与互换。通过他的文字，我一点点地去熟悉他的工作和生活，知道了他从一所学校去了一所条件更好的学校，从一个高度站到了另一个更令人欣慰的高度，懂得了他的勤奋、努力和执着，也感受到了他带给我的那种虚掩着的激励和鞭策。所谓的虚掩，是说当看到熟悉的人在不断努力时，就可以给我们带来一种不易察觉的动力，一种不由自主朝着努力靠拢的意识。

这或许就是人们常说的益友。有时候，人与人之间的影响未必是对方为你做了什么，那种即使不言不语也可以潜移默化影响你的人，其实就是益友。我想，侯校长于我就是这样一位益友——虽未长久地靠近，却无比深刻地影响。我说这些，并不纯粹是为了叙旧，而是想要表达这样一个观点：益友就像是一本好的书，无须言语就可以透出人生的营养。

当侯校长告诉我，他最近要出版一本新书，主要内容是自己近些年读书的感悟时，我分明更加狠狠地拧了自己一把。最近几年，我的阅读越来越少，每每感到不安时，大都会以“最近比较忙”搪塞自己。而身为校长的他，面对的纷扰与忙碌肯定胜我千倍，却在不声不响中写出了厚厚的一本书评，于我，带来的是不亚于地震级别的震撼。这或许也正是益友的价值，在即将沉溺于某种颓废的时候，他可以给你当头的一喝。

继而，侯校长告诉我，想让我为他的新书写篇序，并且要在最短的时间内完成。我稍作犹豫，一是恐惧于自己的鄙俗，怎敢为他人作序；二是彼时，我正在收拾行李准备出发，时间上确实有一些仓促。但，有些隐匿在心里的情愫确实需要表达，我便回了他：序是不敢写，可以写一点文字放在书中，沾沾其中的文气。然后，在 QQ 上接收了侯校长发过来的书稿存于电脑，方便在路上阅读和写作。

从我所在的小城到目的地，需要在飞机与高铁之间三番转换。就在这样的颠簸之中，我静静地读着侯校长的文字，脑子里却一直在回演首次相遇时，在宾馆的房间、会议的间隙、他人的喧哗中秉书而读的他。甚至会去想象，书稿里的这些文字应该都是他在工作之余、劳累后的夜深人静中，一点点敲打而成。

这样的文字，本身就带着撼人的原味。

古印度人说，人应该把中年以后的岁月全部用来自觉和思索，以便找寻到自我最深处的芳香。我以为，读书是最好的一种自觉，读书之后留下的文字就是最好的思索。侯校长的这本书，就是他千百次思索后的结晶。

从目录上来看，侯校长读的书多而不拘一格，就像是一位坦荡的智者善于从不同的益友身上汲取自己需要的力量。所谓的博览，更多时候并非专指数量上的庞大，也可以指层次与类目的繁多。而一个优秀的读书人，最明显的标志就是可以在纷繁芜杂的书籍中，读出自己可以坚持的东西，读出明确的思考与收获。全书 82 篇书评，最终指向了三个领域，分别是教师成长、师生关系和家校合力。我不知道这是侯校长的刻意而为，还是随心所欲之后的一种偶然。无论是哪一种，都足以说明其阅读的游刃有余，以及聚拢万家之言于己心的收放自如。其实，这是一种境界——阅读的境界。

侯校长读书不仅广博，更有着凿井般的深刻。在一些紧要的书籍上，他会卯足了劲儿去穷尽所有可以令人悸动的东西。在阅读《接受我的爱：老师如何与学生说话》这本书后，他写出了 13 篇读后感。另外，文中很多优秀的作品都被他用多篇书评细致地剖析和领会。这足以说明，他的阅读是一场深刻的对话，是把每一本书都看成了自己的挚友，才有了反反复复的理解与感悟，也才会在不断地与自己的互动中走向澄澈与透明。其实，这也是一种境界——一种视书为友的境界。

读完全书，我有了一种羞愧感。这些书中的大多数我也曾经读过，其中的某种观点或经验也曾对我有过触动，我也有过思考。只不过，我的思考不及侯校长的十之一二，更未曾想过要将其付诸于文字。这或许就是我与侯校长之间表面上的差异，更深层次上的距离，比之更甚。其实，这正是我结交了侯校长的福利所在。无时无刻，他都在警醒、暗示着我，必须保持百分之百的努力，并持久不懈。

益友，就是与一本好的书相遇。这一点，此刻无比清晰。

王维审

# 目　录

## 教师成长篇

## 师生关系篇

## 家校合力篇

# 教师成长篇

# 英雄教师的主题词

## ——读《在与众不同的教室里：8位美国当代名师的精神档案》有感

从同事的手中接过《在与众不同的教室里：8位美国当代名师的精神档案》，随手翻翻，立即被前言的开篇几句所吸引："在没有悠久尊师传统的美国，最杰出的教师被称为'英雄'。在美国人看来，教育与其说是神圣的，不如说是极端困难的。"在我们国家，如果你做得足够优秀可能被评为"劳模"，可能被称作"名师"，却罕见称作"英雄"的，美国的教师与我们的教师究竟有什么不同呢？带着这个疑问，我走进了这本书。

几天行云流水般的阅读，一个个美国名师映入脑海。虽然一一列出的方式有些呆板，但我还是愿意把他们的名字记在这里，他们是艾斯奎斯、克拉克、比格勒、凯德、罗杰斯、卡姆拉斯、德雷珀、梅耶尔。这8位美国的名师可谓风格各异。他们都有自己独特的教学方式或管理做法，创造了一个个教育的奇迹，改变了或者正在改变着一个个教室里的孩子。看到他们不断前行的姿态，读到他们卓越的成就，"英雄"的形象自然地闪现出来。

他们是充满教育激情的英雄。对于教育，一个人如果不热爱，还不如早点离开。这样对自己、对学生都是负责任的态度。如果选择教育，就请以全部的生命相许，爱到痴迷。特立独行的艾斯奎斯就把自己几乎所有的时间放到了教育上，他感到自己有义务抢占孩子的课外时间："要么是街头、电视，要么是我。"一直以为美国的教师很清闲，读了艾斯奎斯的事迹，才认识到不仅是中国教师爱孩子。艾斯奎斯是五年级的全职教师，他负责所教班的全部课程，这让我很惊讶。在中国，一、二年级包班是常有的事情，可如果让哪位教师教五年级的所有课程，估计找不出几个人来。这种教学方式要求教师必须样样精通。在这样的教室里，教师给学生施加的影响已经远远超出了知识的范畴，如教师的人格魅力时刻感染着学生。

学生将自己的将来交付给了教师，教师也以整个生命相许，这种状态决定了艾斯奎斯必将创造奇迹。

与艾斯奎斯不同，2000 年迪士尼“年度教师”获得者克拉克所坚守的是对于学习困难学生的热爱与执着。克拉克老师的 55 条班规成为改变学生命运的法宝。克拉克老师的激情表现在他敢于创造，敢于迎接挑战。他改变一个个班级，然后再去寻找最困难的学生，这对于很多同行来说简直是自讨苦吃，可他实现了自己的价值，他把这样的工作当成幸福。在他的教室里，规则成为主题词，这些规则切实可行，只要努力都可以做到。为执行这些规则，他往往要花很多时间甚至要承受家长和学生的非议，可他说：“没关系，我不是来跟他们做朋友的，我是来教他们的。”这种“铁腕教师”的形象，在大家熟悉并遵守规则进入正常运转之后便开始转型。远足是克拉克教育学生的一种途径，通过自己的声誉和影响，他从投资人那里筹得大量资金。在他创办的克拉克学园，一个教学计划就是要让学生在学校期间周游世界……一个有梦想、有激情的教师一定会带出更多怀揣梦想的学生。

他们对于自己的课堂有着刻骨铭心的爱。在中国，很多人喜欢将课堂比作教师的战场，以突出课堂的重要性。战场上的教师们竭尽全力、声嘶力竭，如春蚕般吐着满含心血的丝……而在比格勒和凯德的课堂上，我却找到了另一种课堂的感觉。比格勒“是一位开过小差的教师，曾经因对教育失望而跳槽，但却因找到了教师的真正价值而重返学校”。他说：“没有什么比在教室里教学更快乐了。”他的历史课堂，形式多样，内容丰富，最为重要的是，他的课堂承载了引领学生的民主意识的重任。他在课堂里激情四射、手舞足蹈，他的学生旁征博引、舌战群儒，一个个历史事件被重演，一次次心灵被震撼。他的课堂分明就是他的生命、他的人生舞台。

凯德老师是一位因蟋蟀而成名的科学教师。她以蟋蟀为载体，通过观察实验，将科学知识融入这一过程中，使枯燥的科学变得鲜活有趣。她的杰出更在于她的一个教学目标，“是使学生能够把在课堂上获得的自尊和自信迁移到她们的生活中”。在凯德老师这里，我感受到有趣的课堂、有意义的课堂应该成为我们追求的目标。任何一门学科都有动人的篇章和珍贵的价值，如果我们按部就班来教学，难免会索然无味、平平淡淡，那么就让我们先来热爱这门学科，去发现学科的魅力，然后寻找一种有效、有趣的载体把这门学科呈现在学生面前，和学生一起享受这个学习过程，这才应该是一名学科教师应该有的状态。

他们是能够自己做好并想去改变更多的教师，感染更多的同行。他们因为心中有更多的责任而变得执着与无畏，一次次直面教育困境而不屈不挠，扛起教育改革的大旗，彰显着本真的教育情怀。罗杰斯和卡姆拉斯就是这样的教师。罗杰斯关注薄弱学校，当她荣获“全国年度教师”以后来到了困难重重的布莱顿学校。在这里，她用自己的行动感染并领着同行们最终改变了学校的状况。在教学上，罗杰斯的“玫瑰花蕾论”让人印象深刻。“孩子就像玫瑰花蕾，有不同的花期。最后开的花，与最早开的花一样美丽。”多好的心态啊！这种理念与张文质老师的“慢的教育”竟不谋而合。

卡姆拉斯同样是一位倾情薄弱学校的教师，一直致力于消除教育的不公。喜欢卡姆拉斯的一句话：“一个教师拥有改变一个学生一生的力量。”在卡姆拉斯的身上，我看到的更多的是一名教师对于一个国家的责任，从开始的“为美国而教”到后来的积极呼吁“教师新政”，他的个人价值得到了更大的发掘。卡姆拉斯说：“我不会满足于只在我的教室里看到变化。”正是这种发自内心的责任意识让罗杰斯和卡姆拉斯的教育人生如此精彩！

德雷珀老师给我最深的印象是她为学生写作，并成为著作家和诗人。这是一位有绝招的教师，写作的特长为她的教育生活平添了很多的精彩。有绝招的教师在孩子心目中才会有地位、有尊严，她的学生把她给临毕业的学生布置的作业称作“德雷珀论文”，并以完成此论文而感到自豪。在德雷珀老师的身上我感受到与孩子一起成长的幸福。

在梅耶尔老师那里，我更钦佩于她的敢于改革和为民主奠基的精神。在改革过程中，她始终不盲从，有自己独特的认识和理念。她所提倡的小规模办学试验获得巨大成功。她的教育观点——让学校的每个人都互相认识；让学生保持美国的独创精神；不赞同考试……决定了她一定能够创办出独特的学校。在改革的浪潮中，梅耶尔老师坚守自己的理念，实践自己的设想，分明是不老的教育先锋。

“激情、热爱、责任、坚守”是我对这8位教师最深刻的印象。在大洋彼岸，我们的同行们正在以这样的状态工作着，每一天在努力实现自身的价值。师道同源，我相信每一位教师都是一座高山，都会在伟大的时代践行教育的初心。从一间教室开始，安安静静教书，扎扎实实育人，钟情教育，享受教育，生命自然与众不同。

# 为了心仪的教育

## ——读《学生第二》有感

李希贵老师将学校的管理艺术建立在对人的充分尊重上。他敢于进行“没有压力”的改革，让改革平稳过渡；他敢于竖起自己鲜明的旗帜，引领一方俊贤走教育林中那条人少的路；他敢于取舍，把学校有限的资源全部投向学生的成长。不管是做校长还是当局长，李希贵老师的管理艺术熠熠生辉，一句话、一个点子，都充满教育的智慧；每次交流、每声问候，都饱含着对教师的感激和尊重。

“学生第二”的观点其实便蕴含着“教师第一”的理念。当面对师生闹矛盾的状况时，一位校长坚定地回答：要批评教师！李希贵老师由此谈及尊重教师以及教师的幸福。一个学校要想有良好的教育质量，如果没有优秀的教师队伍，那一切都是纸上谈兵。教师队伍要建设，而建设的重心就是要让教师感到职业的幸福。一个幸福的人才会给别人幸福的服务。当学校领导给教师施加武断的压力时，教师就会给学生施加成倍的压力，畸形的教育就是在这种压力的转换中产生的，作为领导，难道不应该反思吗？基于以上的价值取向，李希贵老师不管是做校长还是当局长，都把教师放在重要的位置，依靠教师，发动教师，发展教师，成就教师。当然，在成就教师的过程中同时也成就了学校和李希贵老师本人。

以人为本的管理理念已经在各个行业广为提倡，但真正做到的有几个？很多学校，领导一汇报就是“以人为本”“人文管理”“民主监督”，诸如此类，不绝于耳。看看墙上制度也是样样俱全，宣传栏中的张张大幅照片呈现出融洽的人际关系。可真正与学校的教师一交流才知道：开会就是布置任务，教师只有完成的义务，没有商量的权利；检查就是量化，分数人人计较，名次一排到底；谈话就是训导，批完这个批那个，不留情面；决策就是心血来潮，想干啥就干啥。有的学校大字标语写着“每个人都是学校的主人”，可教师的脸上却看不到丝毫作为主人的荣耀与精神。李希贵老师认为，是该为教育把把脉的时候了！温家宝同志说过，公务员只有一种权力，那就是为人民当公仆的权力！借用过来，也可以说，教育领导应该只有一个目标，那就是让每位教师和每个学生都感到教育的幸福和力量！只有这样的教育才是让人充满希望的教育。

学生第二，不是把学校的中心移向教师，而是让我们每个教师以主人翁的姿态，带着教育的自尊与荣耀走进学生的心灵，更好地为学生的成长努力地工作。教育资源的利用就是对学生成长负责的重要表现。在《让资源流向哪里》一文中，李希贵老师对目前学校中存在的资源流失、资源浪费现象深恶痛绝。耗巨资兴建形象工程，几百平方米的图书馆里2000年以后出版的新书竟不足千册；高规格的会议室、接待室、校长室一应俱全，竟没有教师的阅览室、教研活动室。李希贵老师的问题尖锐而痛心：我们的教育资源究竟应该流向哪里？是啊，都说把钱用在刀刃上，可什么是刀刃？李希贵老师所在的山东省高密市第一中学曾经为学生建了游泳馆而放弃了达省规的机会；把钱花在了建高水平的微机室上而放弃了承办省中学生运动会的机会。这种敢于舍的做法透射出的是一种求真求实的勇气，是一种对学生成长负责的精神。

在读这本书的过程中，李希贵老师的一些观点常常引起我的共鸣，有时还会澄清我曾经的迷茫。在《制度塑造文化》一文中，李希贵老师谈到，要想让学校形成什么样的文化，就需要有相应的制度去保驾护航。过去，我理解校园文化的三个层面——物质文化、制度文化、精神文化，往往是把它们分割开来理解。尤其是制度文化，我一直以为制度文化就是制订系统严密的制度，以便于学校的管理，而从没有想到从中会衍生出文化来。看过李希贵老师的几个生动的案例后，我深深折服。真正的文化是需要制度来保障的，关键是我们制订了什么样的制度，一条条框住教师，一项项罩住学生，让教师在不敢喘息的氛围中埋头苦干，让学生走进学校就像入了监狱。这样的制度怎么可能衍生出和谐的学校文化？也从来没有想过，我们可以制订有利于学校文化形成的制度。一年一度，“谢谢老师”的贺卡评选活动增强了师生感情；怀孕的教师雨雪天必须在家休息，温暖了教师的心；老教师的教案供青年教师借阅可得报酬，让枯木逢春……我们的学校这样的制度是不是太少？

读李希贵老师的文章总有一种亲近感。这种感觉源于他的理论不是空中楼阁，而是实实在在的与教育实践的相互交融。正像他在序中表述的那样：我的教育理念不是说出来的，而是做出来的。从一名教师一路走来，李希贵老师在他的每个位置上都有独到的见解、睿智的思考。在他的眼中，教育就是艺术，在我的眼中，他的教育管理更是艺术。一路行，一路歌，他就像一位教育园中的舞者，那曼妙的舞姿，既赏心悦目，又令人怦然心动……

# 教育值得你托付一生

## ——读《幻想之眼：一个教育者的内在冲突》有感

张文质老师的思维如精灵般跳跃，透着对生命的深层诠释。或许生命的美好正是在这样的体悟与记录中才显得五彩缤纷。可以想到，张文质老师的书籍一定是干净得让人不敢轻易触碰，他的笔尖流淌着对生活和社会的最真实的记录。他的思考亦如此，缜密而敏感，丰盈而鲜活。从这样的意义看来，张文质老师自身就是生命化教育的一个范本，他正以这样的姿态感染着更多的教育寻梦人。走进他的文字，不敢轻易发表什么意见，唯有倾听才可以更多地感受到一种最质朴却撼动人心的声音。

一种声音来自对人生的体悟，丝丝缕缕，缠缠绵绵。有忧思，更有很多稍纵即逝的灵光闪现，看起来就像一块块思想的碎玉散落在书页中，每一句都值得细细品味，每一句都有自己的意蕴。用生命的银丝串起这些碎玉，展现给我们一种智慧、闲适、优雅的生活姿态。他的文字常常与我们有着某种默契的交流。“我写着，隐隐的又有一种期待——在我的文字中有些许能够让你分享的阅读的喜乐。”“我的朋友肖川总是说，希望自己有更大的影响；我的朋友刘良华，虽然没有这样说，但他一定也希望有更大的影响。他们都是不错的人，确实应该有更大的影响。不知为什么，我写完这一句，心里就特别暖意地笑起来。”这种贴心的交流，就像张文质老师就坐在对面，闪烁着眼睛，温情地诉说。在这里，连写作的方式都体现着生命在场。对生活的敏感正是对生命的探寻和追问，我能够感觉到文字深处透着浓浓的生命味道，每一个字都触碰到灵魂。

一种声音冲击着每个教育人的心扉，虽然文字绵软，虽然措辞委婉，但对教育的忧思让每个教育人的内心深处瞬间就会产生共鸣。有时，我们在教育的里面，习惯了这样的工作和生活，不愿去想，不愿改变，整日如此这般地干着工作，领着薪水。幻想之眼，无疑是投来的一缕阳光，照亮一个接一个的教育梦想。站在距离教育的合适位置上，张文质老师看到了教育的瑕疵，也看到了教育的真实，他的眼睛是雪亮的。那一次次的忧思和记录，揭露出教育中的道道污垢，真实而确切，常常勾起自己生命中的疼痛。正如他所说："我多么希望校长们不和我谈论经费、检查、评比，不要谈到茫然、失望、疲惫……然而，几乎没有一次例外。生于忧患，死于愁苦。"生命化的缺失，让教育处在一种尴尬的境地，学校里最纯真的情感和梦想被无情地消磨、打压，泛滥着的功利教育让人恐惧而愤慨。在文字中跳跃出真切的声音："真正的教育，就是帮助每一个人获得成熟和自由，使生命绽放于爱与善良之中。"这是一种呼唤，更是一种警醒。

现实与理想总是存在着矛盾，一个人有时候看得越清楚，心里越痛。幻想之眼里有对教育的观察，触目惊心；幻想之眼里有对教育的忧思，痛彻心扉；幻想之眼里更有对教育生命化的美好展望和期许，这种期许是对生命的尊重和呵护。在教师心灵的荒原上，培植出一棵棵希望与梦想的幼苗，教师对教育就有了更具灵性的感悟和思考。在教育痛苦警醒的过程中，我们除了要学会坚守，还要学会宽容和退缩。"仍然是不断地退缩，自我转向，自我核查，耐心地确认自己。""我看着自己越来越渺小。渺小就是拒绝介入，渺小是一种保全，屈辱，或者就是保全。"是啊，确认自己，不迷失自己，让自己的生命变得更加润泽，走得久了，不妨停下来等等自己的灵魂，做一次又一次的叩问。在教育的痛中，我们寻求到属于自己的幸福和快乐，这可能是生命化的一个追求吧。

张文质老师一直关注着课堂，因为生命化的根在那里。"我的课堂是圆形的。是两颗水相遇后的圆形。是水波的荡漾。""在一位好老师的眼中，每一张桌子都应该是活的。"多么奇妙的感觉，只有对教育有着深深的爱与理解才会有如此的感悟。一直以来，走进课堂，捕捉教育的细节，洞察课堂的生命气息，成为这位教育学者的所爱。一年听课 100 节到 150 节，让他对教育有了更具体、更真实的了解，有时兴起还要上几节。如一缕春风，他拂过众多的课堂，在教师的心里种下希望的种子。他所描述的课堂，不是定式，更不是模式，而是一种生命状态的对话理念。"一位优秀的教师即使在公开教学时，他关注的中心也应该是，让每一位学生获得尽可能多的安全感和放松感，使每一位学生都能更为积极、健康地参与学习，以至于很快忘记了公开教学，而使课堂回归它的'原初'，生命能够进入更为本真的状态。”张文质老师在《教育是慢的艺术》一书中曾撰文《以一个父亲的心情听课》，很是感佩。因为有了怀着父亲一样的情怀走进课堂的心态，课堂在我们的眼里才变得神圣而敏感，当我们再走进教室的时候，教育行为、教学细节自然会发生静悄悄的改变。

其实，张文质老师本身就是一个优秀的父亲。站在父亲的角度，他也有着自己的体会。对于孩子的成长，有时迷惑的不是孩子自己，而是家长。“我时常生活在巨大的迷惑之中。也许就因为你太清楚了，并没有多少路可走，你必须坚忍地目睹、承受着教育中的一切痛苦。”“每天当她把我的房门掩上那一刻，我几乎都要在心底诅咒一遍：这万恶的应试教育。”在这样的教育环境下，作为父亲给孩子一种有力的鼓励是多么重要，即使在内心深处我们对教育有着这样或者那样的失望。“我对她说：‘你要尽量多吃点，吃好点，有时间就多睡点，这样你才能和应试教育作长期的斗争！’”“我还时常对孩子说，你也需要理解老师的难处……”说这些话的时候，我想张文质老师心里一定有别样的滋味的。张文质老师曾经说，小学教育应该是中年人的事业，只有为人父母才能够体会到孩子的心灵，才有更多的耐心守候孩子的成长，因为仁慈，所以理解。以一个父亲的眼光，张文质老师向我们展示了一个独特的教育视角，懂教育的不一定只有教师，不同的角色对教育有着别样的认识。有时我们需要这样的转变，怀着对孩子的爱，虔诚地走到一旁默默关注，一定会有触动心灵的感悟。

我喜欢在乡下的小院里读这本书，坐在光滑的方凳上，沐浴着春天的阳光，吮吸着空气的味道，打开，每次翻动书本的声音都撩拨着我的心，甜甜的，柔柔的，飘过一丝生命的愉悦。每个周末，背着这本书出发，心里便涌出更多的期待……我的生命在阅读中也在发生着些微的变化，哪怕只有一点点，足以温润我的教育梦想。这本书，我还需要再读，再读。

# 遇到你是一种幸福

## ——读《用生命润泽生命：孙明霞的生命化课堂》有感

读孙明霞老师的文字，就像与她静静相对，听她娓娓诉说，亲切质朴。在她的言说当中，始终有一种浓浓的教育情结，芬芳而热烈，温润了每个读者的心。

读孙明霞老师的《用生命润泽生命：孙明霞的生命化课堂》这本书，不愿意停下来，其中的每一节课都展现着智慧和美好，每一个故事都蕴含着真情与挚爱，就像走进一座美丽的庄园，随处都是景，随处都可以让人迷恋。细品之后，你的心灵总会留下一丝宁静，一种雅致的宁静，诗行般的，来自于孙明霞老师教育的从容；更有开辟自己试验田的美好憧憬，幸福而甜蜜，来自于孙明霞老师教育的激情。坐下来，透过一本书和一个人对话，这或许是最惬意的事情了。

孙明霞老师说："每一次课堂都是一场美丽的约会，我只有认真地做好准备、精心地打扮自己，用真情、用爱心、用知识与智慧，去赴一场又一场和孩子们美丽的约会。"把每次上课都当作与学生的约会，这样的心情是如此美好，因了这样的心态，课堂里的美，变得五彩纷呈。

喜欢孙明霞老师生命化的课堂，在这样的课堂里洋溢着对生命的关注和呵护，丝丝缕缕，润物无声，温暖着学生的心灵。不会忘记那个妈妈的名字与孙明霞老师只有一字之差的学生，如何在课堂里由自卑变得自信，这让我相信：任何一次细微的关注都可以创造教育的神奇，任何一句贴心的话语都可以叩开尘封的心扉，只要用心、用爱去面对那一个个灵动的生命；面对15个人的课堂，围坐在一起，轻松自在地谈话，寓教于乐，拍照合影……对于这些被留在教室里的学生来说，注定是一次独特而新奇的体验，这让我相信：真正的课堂不一定是在班级中，而是在教育者的心中。

孙明霞老师说："面对学生时，我们不仅是面对一个集体，更是面对许多的个体。”在孙明霞老师生命化的课堂里，我看到了这样的关注，讳莫如深的性教育在孙明霞老师这里变得科学、生动、感人，面对朦胧的情感，专门为学生精心准备讲座，用谈话的方式让学生经历一次对情感的再认识。在孙明霞老师的课堂里，情感的共鸣、心灵的对话使得每个生命都始终保持在场的状态。我们的课堂就应该保持“两个人”的心态，一个是我，一个是你。我和你的课堂里，对学生会有更多的呵护与关爱。

看孙明霞老师的教学随笔，对每个人都是一种震撼。没有过多的理论论证，只是记录，平平实实，不矫揉造作，再现的课堂，丰盈而真实。学生的言语，教师的引导，如画般地展现在我们的面前，讲述着一个又一个教育教学的精彩……读得出来，孙明霞老师所珍视的不是自己一个个的教学设计，而是与学生的美好相遇。一个如此记录自己教学的人，注定对自己的每堂课都满含着情感，真的是在与学生“美好地约会”。

生命化的课堂里，单有情感是不够的，把知识融在情感中，融在科学的教学方法中，才会让学生有更多的收获。孙明霞老师的课堂里就处处有这样的智慧。把知识当作手段，而不是目的；过程比方法重要；在学生原有知识的基础上，发现新的问题……在每篇随笔的背后，我分明看到她那深厚的教学理论。这不仅仅是一时的花样设计，而是多年的积淀和思考。

在这样的课堂里，知识是有生命的，不会被当作东西一样搬进搬出，没有死记硬背，没有枯燥与无聊。知识在孙明霞老师的课堂里变得富有灵性，难怪有人说她是魔术师。一个人如果能够将知识赋予生命，就找到了打开知识大门的钥匙，更打开了学生求知的欲望。学生原有的知识在孙明霞老师的课堂里经常成为新问题的引子，在谈话中，学生发现了新的问题，从而开始新奇的一课。在课堂上，孙明霞老师在引导的过程中也常常考虑学生的已有知识储备，让学生在接受一个个思维挑战的同时，能够应用到那些知识，这样做就把知识渗透在了整个学科的教学过程中，并不是学过去就储存起来了。更为重要的是，学生在应用已有知识的时候，体验到了知识的价值和力量，品尝到了智力提升的愉悦。学生能力的发展正是需要这样一次次的智力上的提升来注入活力。孙明霞老师的课堂，根植在肥沃的教育理念与理论的土壤里，所以结出的果子是甘甜的、诱人的。也难怪周彬老师会对孙明霞老师说：“很多人往往只学习你上课过程中使用的策略，而没有领略支撑这堂课的你自己的教学思想。”

孙明霞老师对自己的课堂有着刻骨铭心的爱。有的领导喜欢将课堂比作教师的战场，以突出课堂的重要性。战场上的教师们，竭尽全力、声嘶力竭地吐着满含心血的丝……在孙明霞老师的课堂上，我却找到了另一种感觉，就是一种挚爱，一种博爱。她爱自己的每一个学生，愿意在自己的生命中与一个个鲜活的生命邂逅；她爱自己的工作，愿意如迎春花般地坚守心中教育的春天；她爱自己的行走，哼着歌做追赶蝴蝶的人……

还有一种爱，是对自己学科的深深痴迷。她不仅让知识活起来，还让生物学科的魅力感染每个学生。想起《在与众不同的教室里：8位美国当代名师的精神档案》所写到的那位凯德老师，他说自己的一个目标，就是努力使学生能够把在课堂上获得的自尊和自信迁移到他们的生活中。孙明霞老师的课堂也是这样。爱提问题的房磊同学，一次次，孙明霞老师鼓励他，使得他的学习兴趣越来越高；用漫画来完成生物作业的巩凤翰同学，他诙谐的言语、生动的画面——可以令人想到生活中的本人。还有很多，这样的自信来自哪里？这样的生活态度来自哪里？这些都离不开孙明霞老师的课堂，离不开孙明霞老师精心的呵护与鼓励。

任何一门学科都会有最动人的篇章和最珍贵的价值。如果我们按部就班来教学，就会索然无味、平平淡淡。那么就让我们先来热爱这门学科，去发现学科的魅力，然后寻找一种有效、有趣的载体把这门学科呈现在学生面前，和学生一起享受这个学习过程，这才应该是一个学科教师应该有的状态。

孙明霞老师有很多“自己的学生”，我这里指的是热爱生物学科，有浓郁的生物情结的学生。“我的学生”不仅仅是跟“我”学习，而且要热爱这门学科，愿意不断探索，甚至立志将来成为这方面的专家。那个喜欢做试验的姜琦同学，那个爱提问题的房磊同学，那个爱画画的巩凤翰同学……多少学生是如此喜欢生物啊！忘记了在哪里曾经听过这样的话，教师的精彩不算精彩，学生的精彩才是最动人的。现在想来，学生的精彩不正映射着教师的精彩吗？如果不是教师对生物学科的情有独钟，用自己的言行给学生做了榜样，哪会养育出学生心中的幼芽。建设学校生物科技室，孙明霞老师身体力行；为让同行了解标本的制作，节假日一起到泰山采集标本；在课堂上，旁征博引，深厚的学识让学生心生敬仰。看来，一个真正的教师才会有自己真正的学生。

孙明霞老师的课堂是开放的，无论课上还是课下，都是可以交流的时间。谈困惑，说认识，看风景，讲人生……生物课堂已经变大，拓展成了生命、生活的大课堂。在孙明霞老师这里我产生了这样的感触：一个富有爱心的教师一定会有跟学生沟通交流的属于自己的方式。每学期，孙明霞老师都要送学生礼物，每人一个笔记本，可以提建议，可以写知心话，也可以评课。一个笔记本，搭起了师生心灵之间的桥梁。于是我们看到了一篇篇教师和学生的“悄悄话”，读到了一篇篇学生对教师课堂的评价。孙明霞老师利用笔记本给学生的回复，情真意切，感人至深。写信是孙明霞老师跟学生、跟家长交流的主要方式。每个学期开始，一封长长的溢满真情的信会送给新的学生，有期望，有交流；跟家长的信，不是寒暄，不是应付，围绕学生的兴趣爱好，侃侃而谈，这是孙明霞老师在努力为学生的成长创造更好的外部环境。还有很多方式，每一种都是来自心里，没有心与心的交流，就不会有这些。我不禁问自己：我有和学生交流的方式吗？

读这本书，第一遍我一气呵成。在马鞍山路旁的长凳上，直到华灯初上，整个人已经沉浸在孙明霞老师的生命化课堂里，捧着书，心里暖暖的，生发出由衷地感触：和孙明霞老师相遇是一种幸福。读完这本书，我也想做一块小云朵，期待着靠近孙明霞老师的大云朵，更期待着一片大云推动我这一片小云。

本书的最后是《新课程报》记者马志燕写的一句话：“播撒生命，收获绿色，孙明霞的试验田长势喜人。你的呢？”

是啊，我的呢？——谢谢孙明霞老师。

# 像呼吸一样自由地阅读

## ——读《教育阅读的爱与怕》有感

闫学老师的名字曾经在多个场合听到，她是特级教师，曾被《中国教育报》“读书周刊”评为2006年度推动读书十大人物，于是逛“思之源”书店时，我选择了她的《教育阅读的爱与怕》。翻开书，一枚精致的书签跃入眼帘，上面印着一段贴心的文字：“我相信，在这个世界上，无数诚实的灵魂在互相寻找，互相渴望，在宁静的夜里倾听对方的声音。”于是，我也渴望着在这样美妙的情愫下，探寻一次关于阅读的爱与怕。

洁净的纸页翻动，带着文字的芳香，我看到一个江南景致里的读书人。那个坐在湖畔低头默默而读的人，那个倚着明窗凝神淡淡而诵的人，一定就是她了。对她来说，阅读已经成为她生命的一部分，滋养的不仅仅是丰厚的学识，不仅仅是精深的专业素养，还有一颗明亮的、恬静的心。生命的河流里涌动着的幸福，因了这阅读，变得更加充盈和饱满。前行，带着这样的幸福和自足，她如此骄傲地行走在路上。于是有了她对自己这样的描述：“我是一个奔跑的孩子/奔跑是一生的最爱……”伴着书香，行走在这样的一条路上，不是要到达哪里，而是要享受一路上的美景，创造更多更美的故事。书中的那句话一直在：“未来不是我们要去的地方，而是一个我们要创造的地方。”有这样的阅读生活，我越发地相信：阅读融进生命，前行的心态才会自然，姿态才会优美。

我也在读某些教育专著，更多的是希望从中找到一种简便易行的方法，但是常常感觉自己没有办法品出其中的真谛。跟随闫学老师再一次走进这一本本著作，才豁然发现自己功利性的阅读亵渎了先哲们的教育智慧。刘良华老师如此评价闫学老师的阅读：“她做了精致的笔记，在欣赏与感叹之外，她谨慎地提出了自己的个人化理解。”在这样的文字中我读懂了她的欣赏与感叹：“阅读这些温暖的文字，我常常会不自觉地朗读出声，抑或在久久的静默中泪湿眼睫。悲悯的情怀，心灵的关切，人性的尊重，永不言弃的理想与信念……只要你从事教育，只要你是教师，你就不能不知道苏霍姆林斯基，不能不读他的这本灯塔似的著作——《给教师的建议》。”怀着对教育的爱去读，怀着对先哲的敬意去读，捧着一颗谦卑的心去读，教育阅读才会有如涌的思绪，才能有一次次透彻心灵的震撼和感动。

徜徉其中，跨越时空，我们依然可以做先哲的学生。从夸美纽斯到苏霍姆林斯基，从杜威到陶行知，闫学老师选其精髓娓娓道来，既让人心生羡慕，又让人有了更多阅读的勇气和欲望。其间的句子“教育是一种力量”“教育是一种信仰”铿锵有力，伴着深邃的感思，把一个个教育先哲的智慧再次呈现在了我们面前。面对先哲，我们的叩问显得如此重要，真挚地面对，透过聆听他们的声音，直视自我内心的虚无和瑕疵，于是我们更多了一份前行的勇气和教育的力量。需要重读，一遍一遍的，把阅读当作与先哲的对话，然后从中汲取力量，改变自身。循着闫学老师的阅读，我来到更广阔的田野，竟有一种想奔跑、想欢跳的冲动……

一个真正的教育者不能没有细腻的情感，而阅读能够丰富我们的内心，有时是温润我们的心，有时是刺痛我们的心。不管是温润还是刺痛，都让我们保持着对教育的敏感，对孩子存留着最质朴的情怀。闫学老师是个容易感动的人，读泰戈尔的诗，她也像“捧起第一次的茉莉”，跟着诗人回到美好的童年；和着诗句，眼前浮现出一个个美妙的画面，看到儿童那单纯澄亮的心。读《流淌在心中的风琴声——读金河仁的〈我心中的风琴声〉》，我跟着她为末钟的童心之痛而痛。每个孩子都是一个谜，每个孩子的心里都有最美好的期许，只是在成人的眼里，孩子的一些做法是那么“荒唐”，殊不知荒唐的正是我们自己。这也让我更加体会到了她所说的“怕”，她怕的是在我们的生活里曾经或者还要多少次无视孩子的心灵体验，自以为是地刺痛孩子的心。因为懂得，所以悲悯。因为有了这种怕，当我们走近孩子的时候，变得小心翼翼；因为这种怕，当我们和孩子说话的时候变得和风细雨；因为这种怕，当我们面对一个个顽劣的孩童时变得从容智慧……

这样的改变首先从“怕”开始。怕，意味着一种由衷的责任和爱，成人世界里的东西多么需要澄澈一些啊，面对孩子，保存我们的温情和悲悯，或许是最底线的要求。在孩子面前，我们的爱不是挂在口头的许诺，也不是不厌其烦的逼迫，而应该是发自内心的“敬畏”。闫学老师的阅读让我窥到一丝成长的秘密。阅读童书，感受童心，真的是我们贴近孩子生活的一种有效方式。除了这样的书籍阅读，当我们面对学生，面对自己的孩子的时候，对他们的观察与体悟也是一种很好的阅读啊！正是有了这样的阅读，教育者才会保持着敏感之心、悲悯之心。

在这样的阅读中，我自然地想起这样的句子：书籍是梦想的翅膀，更是实践的臂膀。闫学老师的成长之路上，阅读是最坚实的基础，就像肥沃的土壤一般，培植出专业的精深和师道的崇高。有很多教师把着眼点放在不断的实践上，这本无可厚非。可只关注自身的教学技术，却缺乏阅读的支撑，往往就会出现“急芽子”的状况——猛长几年，然后销声匿迹。因为空洞的教学技术训练让教育变成一种枯燥乏味的工作，一下子将自己定格在了最底层，没有阅读的实践注定会停留在浅层次上。思考—阅读—实践，为教师的个人成长注入活力。要想把教育融进生命，阅读必须也随着进入我们的血液才可以。用闫学老师的话说：“有时，读书就是感受一种人生的况味。”“有的温暖，有的悲凉，有的汪洋恣肆，有的无可言说。而这，正是生命的全部。”我甚至在想，我们的成长途径是不是可以这样设计：广泛地阅读唤醒自我—细腻地写作反思自我—精深地专业发展提升自我。把阅读作为一种生活的方式，始终保持着对教育的敏感，在这样的基础上再来谈专业发展或许更有意义。

读闫学老师的阅读随笔，有一种认识在心里涌动：改变我们的教育生活，从直抵心灵的阅读开始。蕴含教育的著作有很多，然而能够让人愿意静下心来细读的，却总是很少。或许这是因为我们怀着功利的思想去读的缘故吧，兴趣与雅致尽失，只生出满腔的唐突与敷衍。读闫学老师的这本书，我看到了一位名师的阅读心路，她的阅读是直抵内心深处的，有反思，有追问，更有淡淡的愁、丝丝的忧。这种爱与怕的矛盾正是一种心灵的体验，因为阅读，自己的思考一直没有停滞下来，心灵一直浸润在经典之中。

用文字来讲述阅读的体验，让自己始终享受着思想的、情感的愉悦，这样的文字是有生命力的，它是与作者的交流，也是对自我的审视。文字划过，我们的思考也落在了白净的纸页上，可能那只是星星点点的感悟，不过，足矣，有时一本书留给我们的一句话就可以温暖我们的一生。在这样的记录与反思的过程中，我们慢慢开始喜欢上了自己的文字，喜欢上了去阅读更多的书，走在去远方的路上会更踏实。闫学老师的阅读，是如此精致，细细品，慢慢嚼，一句话都会引出无尽的思绪。这样的解读是种享受，与作者默默对话，与时空静静相对，看似孤独的人内心正在经历着怎样的幸福啊！读着闫学老师的书，我想象着她写笔记的样子，那一刻，文字成为她思想深处的精灵，跳跃着，汇成一首浪漫而深情的教育诗……

在阅读的世界里像闫学老师那样，静静地漫步在书的海洋，如呼吸般自由地阅读着，在生命的旅途中坚守着自己的孤独和宁静，品味着属于自己内心精神世界的幸福。与闫学老师一样，我也喜欢上了美国抒情诗人艾米莉·狄金森的诗句：

有另外一种孤独
许多人至死没有领略过，
不是由于缺少朋友，
也不是环境和运气使然。

有时是天性，
有时是思想，
它降临到谁身上
谁的富足就无法
用通常的数字来衡量。

# 另一种爱

——读《前方是什么》有感

读柏杨先生的《丑陋的中国人》，其犀利甚至尖锐的文笔，常让人喘不过气来，分明是先生用手指头敲着读者的额头在喷血般地教训着。我知道那是一种爱，一种对中国人刻到骨子里的爱。读吴非老师的《前方是什么》之后，我明白了吴非老师内心深处也有一颗对教育火热的心，只是他的表达方式不是赞美，而是鞭挞；不是迎合，而是毅然决然地坚持说真话。如他在自序中所说的，“宁鸣而生，不默而死”，这何尝不是一种爱呢？这种爱比单纯的依附、无休止的赞美或许更有意义，因为这样的声音实在是太少了。

这样的声音是作者发自肺腑的呐喊，正如鲁迅先生般，像个勇士一样保持着自己的一种姿态。我相信，他的文字不是给教育泼冷水，而是冷茶。在冰冷之中，我们才可以战栗着清醒，而细品之后，会发现其中竟有茶的个中滋味，甚至可透过这些“冷茶”感受到作者的心跳。于是我们从中得到的绝不仅仅是警醒，而更多的是思考，跟着作者一起反观我们的教育生活，重新审视我们的教育理念，试着开始改变自己，试着有尊严地行走。

世上没有无缘无故的爱，也没有无缘无故的恨。从《不跪着教书》到《前方是什么》，吴非老师对教育、对社会的酣畅淋漓的批判，令我们肃然起敬。因为说真话需要勇气，敢于说这样的真话更是不易。这种勇气来自哪里？我想到了这样几个词语：悲悯、责任、经历。

悲悯的情怀是真正的教育者共有的。一个没有悲悯之心的人做不了好老师。因为懂得，所以悲悯，在悲悯的背后是体贴入微的懂得，只有柔软的心上才会长出最美好的教育。从吴非老师的文字里，我读到了这样的话语：“我喜欢孩子，特别是那些刚刚会说话的小孩子。看着他们清澈的眼睛，捧着他们白白的小手，我的心灵常常会有一种震颤，我的眼眶会莫名其妙地湿润。我畏惧，我担心。我们能把这个孩子教育成一个人吗？这个孩子纯洁的心灵究竟会在什么时候、在什么地方、会被什么人、用一种什么方式，洒上第一滴难以抹去的污垢呢？”

我似乎看到吴非老师那双满含眼泪的眼睛，看到他俯下身来捧起孩子的手，感受到他心里那一阵阵的爱与痛。第一滴污垢啊，孩子在成长的路上将会遇到多少伤害，想起那个母亲说的话：“我送给你一个天真烂漫的儿童，你将给我一个怎样的少年？”是啊，这个社会会造就什么样的孩子呢？一个思想深刻、文笔尖锐的作家，一个深谙教育、满腔热血的教师，对孩子竟有着如此细腻而真切的情感，正是在这样的爱与痛中，对教育、对孩子才始终保持着一种敏感，这种敏感厚积之后，就是悲悯的情怀。唯有悲悯是不够的，还要有智慧。有教育智慧，有悲悯之心，才会从容地行走在教育路上。教育本来就应该是一项从容的事业！

看封面上吴非老师的照片，沉思、凝视，目光深邃。这是一个有责任感的人，耕耘在教育的土地上，既埋头苦干，又抬头看天。只有仰望和慎思，才会找到前行的道路，而不至于走向迷途。捧着书，偶尔会浮现出吴非老师这样的形象：站在地头，一手扶锄把，一手眺望，脚下是茁壮的幼苗……

“中国的教育将往何处去？明天，谁来建设这个国家？这些问题，如果我们不思考，也许就没有人去思考了。”我们就处在教育之中，这样的思考决定了我们将会以什么样的态度面对孩子，这样的思考也彰显了一个教育者的心胸。教育兴衰，我的责任！如果，我们的每一个教育工作者都能够有这样的胸襟，面对这样种种的痛，不是逃向苍天，而是回到尘土既痛苦又痴迷于自己笨拙的努力。敢于担当，是一种高尚的教育情操，有责任感的人就会有幸福感；无所事事、疲于应付、荒诞无稽，我们的教育生活就会陷进无聊与无知的境地。在吴非老师的呐喊声中，我们是不是需要擦亮眼睛、鼓足精神、一起前行？担当起自己的责任，为每个孩子的幸福人生而努力，在这样的路上我们也成就了自己。

吴非老师的经历是坎坷的，充满酸楚的人生经历让他更加坚定了人文情怀的信念。我最初读到吴非老师的文字，印象是他在过去禁锢的教育体制下，以人文情怀感动了很多人，影响了很多人。他的文字中透着对生命的尊重，对教育的赤诚。走过来，他看到了教育中的污垢，于是他尽力地让现在的孩子少受一些迫害。可以说，他是毫不犹豫地站在孩子一边的，他要为孩子说话。这个世界上，有多少天真烂漫的孩子啊，却听不到他们的声音。在这个世界上似乎没有他们的发言权，他们的命运掌握在家长、教师、社会某些人的手中，耳提面命是最普遍的教育方式。我们的孩子们啊，哪里敢发出一丝的声音！吴非老师替孩子们说话了："经过千年的劳动，野兽变成了人；而在残忍的教育下人很快就能回变成野兽。""你小时候是第几名?"……

有人说，这个世界分为成人世界和儿童世界，而教师就是成人世界派到儿童世界的天使！多么美好的期许啊，我们能不能很好地担当呢？能不能站在孩子的一边，发出他们的声音呢?

鲁迅先生对自己的孩子周海婴特别宠爱，一个对社会、对人生有着深刻自醒的人在孩子那里得到了最温情的体验。吴非老师对待孩子的情感，也正如鲁迅先生一样。我相信，他们在发出震撼人心的呐喊的时候，一种责任、一种爱也在胸中燃烧。因了这份痛，走在教育的路上，心里更加坚定；因了这份爱，我们把痛放在心里，努力去做个建设者。

人可以没有宗教信仰，但是从事真正的教育需要宗教信仰般的执着精神。鲁迅先生说"背着因袭的重担，肩住了黑暗的闸门，放他们到宽阔光明的地方去"，这"是一件极困苦艰难的事"。正因为我们面临的也"是一件极困苦艰难的事"，所以我们只能朝前方走去。

走吧，走出光明来！

责任、坚守、孩子、幸福、悲悯……一个个的词语呼唤着我们，不能停下来，继续往前走。在吴非老师的呐喊声里，我愿做一个虔诚的行路人。

# 序言中的精彩

——读《接受我的爱：老师如何跟学生说话》有感

这是一位朋友送我的书，从很远的地方带来。送给我时，他反复地翻阅着，恋恋不舍。于是，我带回家之后，不敢轻易来读，生怕自己粗浅的阅读对不住朋友的千里相送。彷徨再三，终于试着从序言开始，没想到一下子就吸引了我。

《接受我的爱：老师如何跟学生说话》是美国著名心理学者汉恩·吉诺特博士写的三本书中的最后一本，也是最有代表性的一本，该书完成于他逝世的前一年（1972 年），正如他所说："你会看到我的书成为经典之作。"当时在美国风行一时。而我翻看这本书的出版日期是 2009 年的 1 月第 1 版。将近 40 年啊，这样一本经典之作才辗转来到大陆，才使我们有机会感受一种别样的教育理念和教育行为。教育其实可以更早地沟通和交流，或许这样的书与当时我们的教育目标有着某种出入吧。然而现在看来，我们是多么需要把眼睛放到整个世界的高度来看待我们的教育，来汲取其中有益的营养啊！这本书的翻译者许丽美和许丽玉两位女士秉承"信、达、雅"的理念，将汉恩·吉诺特博士的语言翻译过来，实属对教育的巨大贡献。

在汉恩·吉诺特博士的自序中有这样的文字，我需要完整地摘录在这里。

社会大众都期望老师以"不利"的工具完成达不到的目标。有时。老师们奇迹似的成就这种不可能的任务。然而，学校不能光靠奇迹而生存，每位老师都应该得到有效的工具与技术。

我们是不是也应该问问自己：我有多少教育教学的技术呢？我们在教育的理念下往往不知所措，究其缘由，是缺乏细致的、有效的、易于掌握的技术。回忆那些取得突出教育教学成绩的教师，很多是有自己的教学方法和措施的，在做中才会创造奇迹，而盲目地做，只会走弯路甚至走斜路。教育是科学，我们提了很多年，我们的科学更多地落脚在学术上，而真正利于一线教师实践的东西却少得可怜，因为这些科学是专家们在温暖的办公室里研究出来的，他们关注的是大问题，具体的方法是没时间过问的。在这样的教育环境下看到吉诺特博士的工具论、技术论，感觉很亲切，我们需要这样具体而实在的引领。

下面这段话，是汉恩·吉诺特博士身为教师时所写的，读后很受震动。

我得到一个恐怖的结论，发觉我是教学成败的决定因素。我可以用个人的方法去营造学习的环境，也能用每天的心情去决定学习的气氛。身为老师，我掌握无比的权力，使学生过得悲惨或快乐。我可以作为折磨人的工具或激发灵感的媒介。我能侮辱人或使人开心，也能伤人或救人。无论在什么情况下，我的反应决定了危机是扩大或是缩小，是教化或兽化学生。

这是一种多么深刻而独到的反思啊，我们作为整个课堂的协调者、组织者、参与者，创造良好的学习“场”是至关重要的。只有在安全的、舒适的、自由的、宽松的教学环境中，学生的心理才会得到保护，才会积极愉快地进行学习活动。回想我们的课堂，让人不禁汗颜。我们关注更多的是学生会不会，而不是学生快乐不快乐；我们关注学生听不听话，而不去思考问题的原因，不去洞察学生的心理活动。正是这样的重结果轻过程、重知识轻情感的教育让学生逐渐丧失了学习的兴趣，最终出现种种危机。这一切，用汉恩·吉诺特博士的观点来看，教师是逃脱不了干系的。

汉恩·吉诺特博士的一句“老师要营造学生的学习心理，再精良的机器都无法担任这项工作”意味深长。“学习心理”的提法，让我心头一亮：过去我们的关注点是不是太狭隘啊？关键的点是在学生的心理，而不是我们的教授方法或者其他。看来，一切好的教育必须先从读懂学生的心灵开始。越是这样的工作，越考验教师的职业敏感和素养，同时也为我们的探寻和创造提出了新的挑战。

汉恩·吉诺特博士的夫人艾丽斯·吉诺特也是一名心理学博士，这次20多年以后的再版，她亲自写了前言，言语之中对丈夫的感念之情溢于纸上。经她介绍，我知道了她的丈夫曾经是一名小学教师，因为感觉难以应付班里的学生而继续到哥伦比亚大学深造，并成为一名出色的儿童心理治疗师。正是站在心理治疗的角度，他的方法更有科学性。用他夫人的话说："要教出'好人'只能用'好的'方法，要知道过程就是方法。"他治疗的有效方式是什么呢？就是他以独特的方式跟儿童沟通。至为关键的是，他提出"老师和家长首先必须警觉，然后放弃排斥性的语言，同时学会使用接纳性的话语"。

在前言中，她还毫无保留地写下汉恩·吉诺特博士的一些观点。

沉默是金，然后是倾听；言简意赅才显得权威；学会多听少说；事故横生的时候，不是传授教诲的良好时机（"当一个人几乎溺毙的刹那，不是教他如何游泳的好时刻"）；心思不要用在指责上，而要用在找出解决办法上；努力对诉苦做出响应，而不是防卫或反驳；避免盘问尴尬的问题；说话要针对的是心灵而不是心意。

她还告诉我们汉恩·吉诺特博士的一句名言："不要做老师，要做一个为人师表的人。"站在人的角度来看待我们的学生，你才可能学会理解、学会宽容、学会呵护。张文质老师说过这样一句话："教育是中年人的事业。"自己有了孩子，知道了孩子的纯真和美好，于是开始慢慢丰盈自己的教育情怀。此刻的你，一定会有师者以外的角色体验。那个真实的自己，映在孩子心里的绝不仅仅是教师的形象，我想：面对孩子，教师不应该只是一种职业。

单序言就已经让人迷恋了，我期待着在后面的阅读中，能够透过序言的窗子窥到更广阔而美丽的世界。

# 当理想遭遇现实

## ——读《接受我的爱：老师如何跟学生说话》有感

在本书第一章《老师们的现身说法》中呈现了青年教师之间的一次谈话，他们面对教育，可谓痛彻心扉。有理想破灭的伤悲，有无计可施的无奈，有对制度的深恶痛绝，更有对学生的失望和厌烦。教育在他们的谈话中变得猥琐、无聊、空洞、虚幻……伤痛弥漫在每一个人的心头。

其实在我们的身边何尝没有这样的怨言呢？这些青年教师就是我们的翻版啊，汉恩·吉诺特博士透过这样的场景设计，把青年教师对教育的困惑一一罗列了出来，在他们中间，我们可以找到自己的影子。毋庸置疑，每个教师在成长的过程中都有着不同程度的困惑与迷茫。很多教师在困惑与迷茫中，在埋怨与痛恨中，慢慢麻木、消沉下去，最终成为教书的机器；有的教师却从教育之中找到了乐趣，怀揣着梦想，在教育的原野上尽情歌唱。虽然这样的教师很少，但他们让教育还不至于完全失去希望。

在这些教师的谈话中，艾萝老师无疑是一个有思想、有梦想的教师。艾萝老师的谈话积极地引导着大家的情绪，同时也折射出艾萝老师的教育品质，很喜欢艾萝老师的话语。

“爱是一种复杂的过程。惯于拒绝的孩子是被爱吓坏过的。他们怀疑勉强的亲近，需要的是一个愿意保持安全距离的老师。”这样的句子让我不禁反思和学生相处中的一些做法。常常因为要有目的地去温暖某一个人，而特意地亲近他——我一直以为这是对他的爱。现在想来，当我满脸笑容靠近他的时候，其实他的心里不见得就是舒服的。爱也需要距离，需要用稳妥的方式送出。

“当老师的首要条件是坚强，然后才会称职。你若是软弱，即使称职也只会生悲、招徕攻击。”教师个人的人格魅力和职业尊严，不是靠强制得来的。记得有位学者说过，教育是一项从容的事业。这里的从容就是要有教育智慧和教育情怀，从容应对学生成长中的种种问题。坚强，或许就是教师的教育情怀和教育技术的组合品吧。

“我喜欢被需要的感觉。我还学会逗学生发笑和进一步了解自己。”多么阳光的心态，对自己的价值有新的认识和体验，对学生有着某种深深的情结，把和学生在一起当作幸福快乐的事情，当作实现个人价值的方式，轻松愉快地与学生一起享受成长。被人需要的感觉——多么美妙的体验啊!

“学校容不下冷嘲热讽的人。学生需要学校保护，以隔绝冷酷无情的成人。”读这句话，一下子有一种被点名批评的感觉。心有戚戚然，我配不配在学校里和学生在一起呢？——是不是我们也要静下心来好好反思一下呢？语言是有力量的，可以是向善的力量，也可以是向恶的力量。

当理想遭遇现实的时候，我们能不能也像艾萝一样保持着对教育的敏感呢？当别人对教育失去信心的时候，我们能不能也像艾萝老师一样努力用自己的言行感染身边的伙伴呢？

迷茫依然存在，失望还在蔓延，汉恩·吉诺特博士用一个精悍的故事让我们深思。

一个犹太人遭遇绝境，去找法师求救。法师听后劝他说：“你要相信上帝！他会为你安排。”“谢谢，”那人回答，“可是请告诉我，在上帝为我安排之前，我该怎么办？”

老师提出相同的问题：“在制度改变以前，我该如何生存？”

反观我们的教育也落在了夹缝之中，困难种种，忧患重重。我们在夹缝中生存，需要勇气，也需要智慧。当我们改变不了大环境的时候，试着改变小环境；当我们没法左右大局势的时候，尝试决定小事情。在力所能及的范围之内，尽可能地做个建设者，为学生的心理提供安全舒适的成长环境，这还是可以做到的。想起陶继新老师的“戴着镣铐舞蹈”的精神的阐述，也想起了李茂老师的“教育就是尽可能”。本书就是要告诉我们要在力所能及的范围内改变自己的教育生活，它着眼于技巧，更透着深层次的心理学、教育学的知识，这是我所期待的。

给自己一份信心，用艾萝老师的话结尾：“教育如果无药可救，人类就没有希望。我不能接受这样的虚无论调。我相信人类的智慧和创造力。在教育本身、特殊教育以及不同的教育上都能找到解决的办法。”

我相信这位艾萝老师就是汉恩·吉诺特博士的代言人。

# 探寻属于自己的方式

## ——读《接受我的爱：老师如何跟学生说话》有感

在《有益的方法与实例》这一章节，汉恩·吉诺特博士为我们提供了一些可操作的程序与实例，用他的观点来说，这些程序和实例不同于教改，它们在小范围内就可以提高教学质量。

对于教学改革，我是赞同他的观点的。“教改的基础如果建立在相信‘量’的魔力上（更多的财力、更多的教师，更多的服务），结果只会事与愿违、达不到目标。学生需要的以及老师做得到的是‘质’，即教学的质量和尊严的平等。”课程改革的落脚点必须是人。单纯地以教材的改变、教法的改变，甚至是教学手段的改变来推进课程改革，实在不会有多大效应。研究人，改变人，唤醒人，或许是我们应该思考的有意义、有价值的内容。帕克·帕尔默在《教学勇气：漫步教师心灵》中，对人的心灵的深层次探究着实让我着迷。教学改革推进得步步有序却解决不了我们至为重要的教室境况，课程设计得琳琅满目却引不起师生之间情感的共鸣，单纯地对学生进行量的灌输，改革终究成为某些人的噱头，于师生都不会有质的提升。在这样的过程中，我们往往关注了课程、学生、手段，却忽视了一个重要的因素——教师。教师是连接这些内容的关键，单一的专业化并不能解决全部问题。要实现教学“质”的飞跃，必须洞察师生的心灵，从人性的高度来研究。所以，我赞同汉恩·吉诺特博士的这一观点，尝试着从沟通与改善师生关系的角度来实现教学的突破，这是一条有效的途径。

对于书中的案例，我更愿意从沟通的角度来理解。《由谁来发问》打破了教师“一言堂”的状况，为师生的沟通营造了氛围。课堂方式的改变意味着教学思想的拓展，也会带来新的教学效果。拓展了思想，更拓展了师生交流的方式，在学生提问的过程中，师生关系也打破原来的教师独角戏的权力失衡状况。教师和学生在课堂中都有自己的恐惧，教师担心自己的课堂失控，担心失去自己的话语权，担心学生发现自己的隐私……同样，学生也面临着担心教师的羞辱，担心别人的嘲笑，担心自己会很愚蠢……在两个心灵互相提防的教学环境里，要想取得良好的效果是困难的。学生提问的方式，无疑是打破这种窒息的教学氛围的有益尝试。但我也比较担心泛泛的提问不会让学生有很好的倾听而流于肤浅。完全放手学生的提问也不是可取的，需要针对课程的特点和教师本身的特点来设计。

案例《听话游戏》中也是讲沟通的必须。有效的沟通离不开有效的倾听。喜欢“倾听”这个词语，它彰示着一种尊重，更蕴含着一种姿态。我更愿意把倾听拓展成对他人心理需求的洞察，知道别人意图和需要的人才可以对自己的行为做出适当的调整。我们不仅仅要倾听他人，更要静下心来倾听自己的内心，对自己有很明确的定位。一个习惯的改变，塑造了一批优秀的学生。大的环境很难改变，我们是不是可以从这样的方式开始，实践我们的教学呢?

案例《停止批评》中讲的方式是教师自身的一种反省。这样的教师首先有强烈的个人职业梦想，能够自发地进行审视。这样的审视，从自身方面找出沟通中的问题，消除障碍，为改善师生关系创造了条件。想起秋尘老师推荐的紫手环活动，用紫手环记录自己的抱怨次数，以控制自己的情绪。我们不妨借用过来，帮助教师逐渐告别批评。

我比较喜欢《重要的信函》这个案例，虽然文字不多，却为我们提供了一种沟通的方式。它的意义不仅是在师生之间架起一座沟通的桥梁，更在于它告诉我们，学生需要用这种方式告别恐惧。学生的成长是不断面对恐惧、克服恐惧的过程，教师需要了解学生的恐惧，并从中获取帮助他们的信息，激活他们内心深处的智慧。如果说面谈还存在一定技巧的话，那么书信则可以随性而写。书中把它的价值定位在提升了学生的作文水平，我感觉有些可惜。其实每位教师都需要有与学生进行沟通的有效途径。与学生保持密切的联系，及时倾听学生的心声，需要这样的方式。再小的事情，如果用心都可以把它做得有声有色。

《数据指南》《让低成就者当小老师》《结伴学习》这三个案例，彰显了同伴的力量。沟通的情境是可以创设的，我们给学生创设这样的机会，让他们在交往中唤醒自身的责任意识，萌生更多前行的勇气，这是有意义的事情。

案例《让学生参与计划》注重了学生的体验，从学生的需要出发探寻学校改进的方向。让学校的每一个人都感觉到自己的重要，这是一所好学校应该有的品质。我们更多地强调了每个教职员工的主人翁意识，却忽略了学生是学校的灵魂。听取他们的意见，把学校办成学生喜欢的学校是一个校长应该确立的基本理念，而不是努力办成上级领导喜欢、师生痛不欲生的学校。当学生得到充分的尊重，每个学生都有“我的学校”的价值取向的时候，学习的动力会得到激发。

对案例《家长介入学校》中的做法我是有异议的。固然，家校联系是必要的，可经常性的家长介入必然改变学校独有的环境。最为严重的是，这样的方式是以为教师和学生制造恐惧来促进教学的。好的教育应该有好的方法，过去说的“管它黑猫白猫，逮住老鼠就是好猫”并不能用在教育上。学生的成绩可能在家长的监督下有所提高，然而对于学生自我的认识、自我的建构都会造成伤害。教师在家长存在的教室里上课也会充满恐惧，如果是有责任心、上进心的教师可能会把这样的介入当作一个提升自己的机会，然而更多的教师可能会因此而更封闭自己，对学生失去本真的沟通和交流。家长的存在阻断了师生真诚、有益的沟通，这不是一次好的考试成绩所能弥补的。

案例《老师的助手》中所讲述的是“许多学校不让老师处理例行工作和整理杂务，借以增进老师的教学效率。所有与教学无关的杂务一律交由助教处理”。“助教”这个词，我在沈丽新老师的《美丽的转身：28天英伦游学日记》中有所了解。他们资质严格，职责明确。不言而喻，这样细致的分工在一定程度上提高了教师对教学的关注。然而我又想到美国电影《热血教师》中的克拉克先生，他改变一群又一群顽劣的学生，单纯地通过教学的对话是不行的，他家访，他投入活动的组织，他竭尽全力地吸引学生……一个真正的教师，绝不仅仅是教学能手，更要是教育专家。教育、教学从来不会分开，如此操作，会不会削弱教师对学生人格与品格的影响力呢？我还是有所担忧。

从来没有这样一条条地来谈自己的感受，在这些案例中，我们看到的是他们成功经验的总结，其中的曲折谁也不曾经历。照搬模仿只会失去自我，唯有从中感受到某种思想，积极探寻属于自己的方式，才会走得坦然亦超然。

# 做个什么样的老师

## ——读《接受我的爱：老师如何跟学生说话》有感

孩子总有难忘的教师，这些教师有的像孩子生命里的春风，和煦而温情；有的像无边的暴雨，猛烈而残酷。或好或坏，他们都对孩子产生了影响。透过若干孩子的回忆，一个个教师的形象在汉恩·吉诺特博士的笔下呈现出来，此时的诉说已经没有了虚伪，每个记忆都是对自己生命中的教师的最真切的感受。虽然国籍不同，但教育是相通的，生命是相同的，在那些异国孩子的诉说中，我分明看到一个个同人的形象，当然有时也有自己。在这样的一个个零散的段落里，我在尝试着思考：我们做个什么样的教师才对得起孩子，对得起自己？

用美好的语言和行动去塑造心灵。那个孩子在回忆教师的时候用到这样的句子："他那腐蚀性的讽刺把我们的未来涂成凄凉的画面……"一个强势的教师，常常用近乎疯狂的语言来维持自己内心的那份所谓的"师道尊严"，殊不知，这样的话语不仅让孩子生活在恐惧当中，自己的尊严也荡然无存。这样的教室，分明是血淋淋的屠宰场，一颗颗幼小的心灵在话语的刀锋下瑟瑟发抖……伤痕累累的心灵，会给孩子一个怎样的人生？——不做一个强势的教师，愿用美好的语言温暖他们的行程，愿用耐心的陪伴见证他们的成长。那样的强势后面，我知道藏着一颗空虚的心，靠着讽刺、挖苦过日子的人，注定会心有余悸，在教育的路上，他所体会到的只是控制的快感，不会品尝到教育的芬芳。

给孩子希望。教育在，希望就应该在。一个教师，承载着若干孩子的希望，不能让梦想破灭，我们可以做点燃希望的火把，可以做放飞希望的使者，却万万不能让希望在我们这里搁浅。如书中所说："父母掌握第一把钥匙，去开启子女的生活内容与经验。老师却有另一把备用钥匙，可以开启儿童的心扉，决定他们经历的内涵。"如果把孩子的眼睛单单凝聚到考学上面，这种希望就会变成桎梏，对于一些孩子甚至造成毁灭性的打击。我更愿意把它理解为心灵的希望，小心地呵护，让每个孩子都有灿烂的笑容，都有自己甜蜜的梦想，不轻易地去否定某个孩子，不用成人的庸俗打破他们的心境。让孩子活在希望里，活在自己心灵的花园里，于教师而言，保护、包容、激发，或许是我们应该做的。

引导孩子认识自我，让他们感觉到自己的重要。认识自己不容易，意义却非凡。多少年，我们重视集体，忽视自我，好像一谈自我就是自私的表现。认识自我是对生命的尊重，唯有正确地看待自己，才会从容地面对成长中的挫折。心灵的成长就是一个认识自我、完善自我的过程。认识自我不是单靠说教就能实现的，需要在宽松、安全的环境中经历对话思考才行。在对话与活动中，慢慢渗透这样的理念，这样的实践是对孩子一生的福祉。

每个孩子都有自己的故事，每个孩子都有自己的成长需求，相信他们，理解他们，允许优秀有更多的表现方式。现实中的很多教师都明白这样的道理，都清楚因材施教的理念，然而在实践中却不愿意去面对孩子的参差不齐。脑海当中有一个“完美学生”的形象，任何孩子达不到这个“完美学生”的标准都会遭到羞辱，教师就像工厂里的高级技工，而可怜的孩子却成了任人加工的零件。我们的教师不正在做着这样的事情吗？脑子里应该有憧憬的，不过，那应该是怀有悲悯之心的百花齐放，而不是冷冰冰的标准和分数。

一直在教育的路上告诫自己：要站在孩子的一边说话；倾听他们的心声；试着去努力读懂孩子，如美国年度教师那般读懂孩子的故事，编织美好的故事。这些也同样融进我今天的思考，书中孩子们那些幸福的回忆让人坚信，这些是有意义的事情。

当我们用纯澈的眼光看学生的时候，就会越发地感受到自己生命的意义与价值所在。正如学生要认识自己一样，我们也要完善自我、认识自我。记得帕克·帕尔默在《教学勇气：漫步教师心灵》中有这样的句子：“真正好的教学不能降低到技术层面，真正好的教学来自于教师的自身认同与自身完整。”我们不仅要倾听孩子的心声，更要静下心来倾听自己的声音。这种声音来自心灵，那里有最真实的自己，也有最坚定的信仰。当认识了自己，认识了孩子，认识了教学，我们才会成为优秀的教师——确切地说，此刻，优秀与否已经不重要，我们的心灵融进了孩子的成长历程中，滋润着人性的光辉，毋庸置疑，那才是真实而动人的教育。

《接受我的爱：老师如何跟学生说话》这本书会成为影响我的重要书籍，一路阅读下来，被汉恩·吉诺特博士简洁的描述、深刻的哲理所打动。于我而言，教育的艺术是什么并不重要了，重要的是时刻拥有一颗教育的心灵。在本书最后的“结语”部分是一个故事，震撼心灵，我在这里全文敲下，与大家分享。

在一所私立学校开学的第一天，所有的老师都收到一封校长的信，信的内容如下：

亲爱的老师们：

我是集中营的幸存者。我的眼睛看到一般人看不到的事：

瓦斯房由“有学识的”工程师建造；

儿童被“受过教育的”医生毒死；

婴儿被“训练有素的”护士杀害；

妇女和婴孩被“高学历毕业生”射杀且焚毁。

因此，我怀疑教育。

我的要求是：希望你们帮助学生做个有人性的人。千万不要让你们的辛劳栽培出有学识的怪物、有技术的疯子或受过教育的纳粹。

阅读、写作、算术等学科只有在用来把孩子教得更有人性时，才算是重要。

# 走进那方纯澈的世界

——读《童年二十讲》有感

童年是一个永恒的话题，它关乎当下，关乎未来，关乎着每一个人一生的幸福。翻开这本书，心里满怀着崇敬，因为那是一方纯澈的世界。走进去，像一个淘气的孩子在原野上疯跑，我也在教育先哲们的文字中徜徉，在童年的世界里呼吸……

一位位先哲，带着对童年的独特理解，迎面而来，让人如沐春风。他们的眼里满含着对儿童世界由衷的关切、忧虑、期待、欣喜、痴狂，当然有时也会迷茫。在他们的教育世界里，毫不吝啬地为童年留下更多的文字，或许，他们有着同样的感慨：人生幸福的根就在这里。因为懂得，所以他们的观点有时是相通的，有时却是相悖的，理性与感性交织，共鸣与分歧同在。法国教育家卢梭曾经这样写道：“用理性去教育孩子，是洛克的一个重要原理。这个原理在今天是最时髦不过了；然而在我看来，它虽然是那样时髦，但远远不能说明它是可靠的。”他还指出，我们应该尊重自然赋予的儿童的样子，不应催促他们早熟……正是这样敢于质疑的争论，才对儿童的发展派生出更多的解读，让关乎儿童的教育思想五彩纷呈。

童年是人生中最温暖的地方，在那里，永远有说不完的憧憬与希冀；在那里，永远都深藏着无尽的财富与秘密。人生的悲喜在童年都可以找到最初的伏笔，在性格的背后，总会隐藏某种童年的印记。这种印记是深刻的，它镌刻在了心灵的最敏感区。我相信，每个儿童都是一笔财富，他们送给这个世界最独特、最真诚的心灵，那是因为，每个儿童都有自己的生命密码。正如意大利教育家蒙台梭利所说：“如果发展儿童个性的关键在于他自身，如果他有一种发展的进程和必须服从的规律，那肯定存在着一种微妙的力量，成人不合时宜的干预会阻挠这种力量的秘密发挥。”这种微妙的力量来自哪里？不正是来自每个儿童神奇的生命吗？而他们的表现形式不是千篇一律，而是或早或迟，或温或火，每个儿童都在用自己的方式秘密地成长。或许只有用爱、用期待与陪伴，才会让这种力量有效促进儿童的精神生长。记住了蒙台梭利的警示：每个正在实体化的儿童都是一个精神的胚胎。这样的发现，注定会打开儿童成长的一扇明亮之窗，让我们读懂更多童年的秘密。

在蒙台梭利那里，关于生长的敏感期无疑是充满魅力的发现。普通的蝴蝶幼虫凭借对光的敏感，向上努力地攀爬最终吃到树枝尖端的嫩芽；小小的雌幼虫被喂“蜜蜂食料”后，成长为蜂王。这些奇妙的动物现象也向我们揭示了“敏感期”的秘密。儿童也正是在这样的成长敏感期内学会自我调节和掌握某种东西的。在这样的敏感期内，他们对事物保持着足够的敏感，内心深处有一种求知的渴望和激情。在此时，如果我们及时为他们补充精神的营养，孩子会以超出平常的成长速度来成长。蒙台梭利这样意味深长地告诫我们：“儿童正在经历一个敏感期：此时的儿童有若神助，他的心灵能得到一种神秘的激发。他的内心深处仿佛在上演一部充满爱的戏剧。这种激发正在儿童心灵的秘密领域里展现出来，有时甚至会完全占据儿童的心灵。”感动于蒙台梭利对儿童性本善的解读，爱的教育只要在适宜的季节播种，每个儿童爱的剧本就会如画般展开……

教育即生长，是美国教育家杜威的教育观点。把成长看作一种尚未成熟的状态，由此萌生更多生长的力量。不管是依赖别人的帮助，还是依赖自己的可塑性，都是一种生长。在对依赖性的讲述中，杜威告诉我们，儿童与野兽相比，是孤弱的，“这种彻底的无依无靠性质，暗示着具有某种补偿的力量”。表面看，人是如此脆弱，在随后的生长中却彰显出作为人的灵性与高贵。这让我想起，教育是慢的艺术，在儿童生长的过程中，给他足够多的期待，让他在依赖中度过充裕的时日，不是放纵，而是一种生长的需要。只有这样，儿童才会实现高品质的生长。

即使卢梭曾经直言过与洛克教育观念的不同，但依然不能改变我对洛克教育观点的敬仰。在有关健康教育的选文中，我看到了一个对教育细致到极致的教育家，不管是睡觉还是饮食，都一一陈述，俨然一个周到的保姆的风范。关于健康的建议，我想每个家长都应该细读，那里不仅仅是培养绅士和淑女的，更多的是教会孩子怎样有序地生存。理性化的安排，彰显着对孩子未来的负责；细致的解说，随处可见专业人士的风采。这样的研究本身就是对儿童的一种关爱，不是空洞的理论，而是实践与操作的指南。

“儿童是他自己的教育者。”这样振聋发聩的话语，着实让人叹服。当我们把教育的视线更多地投向教师和家长的时候，多少人可以静下心来审视儿童的能量。我们习惯以教育者自居，习惯了在儿童面前居高临下，习惯了尽情地灌输……殊不知，最终的教育力量并不在我们这里，而在儿童的内心深处。记得《接受我的爱：老师如何跟孩子说话》一书中，曾经讲到这样一个故事：有间窄小的阁楼失火了，消防员到楼上救人，发现有个人正在沉睡。消防员想把他抬下楼，反复尝试都难以顺利出门……这时候，消防队长来到，“把他叫醒，他就会拯救自己”。是啊，只有唤醒，他自己才可能救自己！这样的一个故事所折射的不也正是我们教育中的现象吗？儿童的主动性得不到激发，教师的教育就只能是一厢情愿。在处理孩子们之间矛盾的时候，我们成人可能会知道是与非，一刀下去，教师很痛快，却难以对孩子起到最佳的效果。只有让孩子尝试着解决问题，才是最明智的选择。在解决矛盾的过程中，孩子们所收获的绝不仅仅是对与错，还有更为有价值的教育体验。对于那些孩子，我更愿意看到他们在游戏中构建自己的精神生活，在游戏中学会控制自我、认知自我。台湾的林女士在博客中介绍了很多玩中学的教学活动，我倾羡不已，那样的幼稚园走出的孩子，该是多么自信、聪慧、伶俐啊。

那所叫夏山的学校是英国教育家尼尔和他的妻子共同创建的。他们的理念如此打动人心：让学校适应学生，而不是让学生适应学校。也听到过很多国内的学校高喊“一切为了学生，为了学生的一切”。不再信了，实在有太多的“挂羊头卖狗肉”者。在夏山学校，孩子们和成人一样都是主人，平等地分享学校的一切权利。上课可以自由选择，可以跳舞，看电影，可以用整整一个下午做自己喜欢的手工，那些调皮的男生甚至可以随时跑到学校远处撒野造反。那里没有校长，如果谁不喜欢尼尔，可以随时让他走开……用尼尔的话来说，学校的“最大优点是培养出了未被恐惧与仇恨摧毁的健康自由的孩子”。在这样的教育行为的背后，所折射出的是尼尔的儿童观和教育观。尼尔说：“有人说我们勇敢，其实这并不需要勇气，所需要的不过是我们现在所做的一切：坚信孩子的天性是善良的而不是邪恶的。”假若成人不对孩子进行约束，他们就会尽可能地发展自己的潜能。“我情愿看到学校教出个快乐的清洁工，也不愿看到它培养出一个神经不正常的学者。”这是怎样的一种教育情怀，相信孩子，把人性中最美好的东西自然地孕育，用爱与善良、自由与民主浸润孩子的心灵，使之成为一个真正的人。想起《窗边的小豆豆》一书中的巴学园，那里的孩子也享受着学校带来的幸福。孩子们把巴学园当作自己的精神家园，多年过去，依然魂牵梦绕。虽然没有如夏山学校般如此的自由，但小林校长对儿童的心灵的关注却也不失为教育的典范。不管是夏山学校还是巴学园，都在努力为孩子的成长而改造学校，越来越坚信：眼睛里有学生的学校才是真正意义上的学校。

当我们的教育者倾情于儿童成长秘密的时候，美国著名学者尼尔·波兹曼在他的《童年的消逝》一书中毫不掩饰地道出：童年正处在消逝的境地。不管是生理上的提前成熟，还是心智上的成人化，都在告诉我们，童年与成人的界限越来越模糊。游戏的消失让我们看到儿童的娱乐项目更趋专业化甚至职业化；媒介的宣传已经丝毫不顾及儿童的成长；影视剧中的小演员一个个成为微型的成人……童年在消逝，很可怕的现实正在发生，社会环境的影响直接打乱孩子的成长规律，使孩子在焦虑与茫然中错失许多美好的人生幸福。作为学校和家庭，在孩子面前是做童年消逝的推手，还是做童年的守卫者，已经成为我们应该思考的命题。保卫童年的呼声已经响起，在这样的思潮中，愿更多的人肩负起对儿童的责任，让孩子像孩子一样生活，让每个孩子保持儿童的天性，有属于自己灿烂的童年。

看到书的封面有一句话：不要轻蔑小时候感动过的东西。蓦然，心里一阵温暖，那童年既是我们生命的过去，也是我们未来的基础。如序言中所说：“了解童年，才能帮我们更好地认识今天的自己。”——童年，那方纯澈的天地永远散发着迷人的芬芳……

# 贴着地面诗意地行走

## ——读《跟苏霍姆林斯基学当老师》有感

遇到这本书是在一家叫“思之源”的书店。琳琅满目的书籍中，它封面的色调里透着淡雅和睿智，一下子就把我吸引住了。捧在手里，慢慢翻阅，竟不愿释手。读《教育阅读的爱与怕》的时候，就被闫学老师那诗意的文字深深打动。这次亦然。朴实而真挚的文字如涓涓细流，满怀着对教育大家苏霍姆林斯基的深深敬意，娓娓道来。沐浴在这样的文字里，感受着经典的魅力，我愿意静下心来跟随闫学老师走近教育的这座丰碑，愿意对照着先哲永恒的思想，回看自己曾经迷惘的教育生活，并重新去发现自己。

“叩问”这个词在阅读的过程中一遍遍在我的心里激荡。闫学老师的文字中所表达出来的，不仅仅是对苏霍姆林斯基教育思想的解读，更是一种来自心灵的叩问。对照先哲的教育思想想开去，有个人生活的经验，有教育教学实践的体会，更有所读诸家的感悟。然而在这一切之中，叩问的声音是那么明晰，常常在书中读到类似这样的句子：“作为教师，我们应该有意识，也应该意识到，我们在教育教学中展现的是自我的智慧与精神。因此，我们每时每刻都应该去丰富自己的精神世界，最终把这完全属于自我的形象展现在学生面前。”不拘泥于对经典的解读与阐释，而把更多的文字放在了对个体教育生命的一次次认知上，透过这怀有温度的言说，一个教师的教育心灵跃然纸上，平和而隽永。我们的教育生活是否也如闫学老师一样有着如此丰盈的感悟？我们的内心是否也会涌起对自我心灵的叩问？在日复一日的教育生活中，我们只是在工作，像一个机器，麻木与冷漠使我们多少次走到了教育的对面！在这样的叩问中，教育心灵才会慢慢开启，我们的教育思想与教育精神才会逐渐形成。如果愿意，在先哲的经典中，如闫学老师那样，温暖自己、启迪自己、发现自己，这样的阅读才更有生命力。

“教师的智慧不仅仅是传授一定的知识，教师真正的智慧是如何激发学生自己寻求知识的动力，也就是如何帮助学生寻到通往智慧之堂的门口，在纷繁与迷茫中找到那条知识路，并且照亮它。”这是一段闫学老师的感悟。在这本书中，我们虔诚的读者何尝不也是一个个苏霍姆林斯基的学生呢？穿越时空，那些熠熠生辉的思想对我们的教育经历乃至教育心灵都是一次洗礼——这就是指引的智慧、经典的力量。书中的经典语句都是闫学老师从众多大师的专著中摘记而来，里面渗透着一个阅读者深深的敬意和无限的痴迷。正如书名所说《跟苏霍姆林斯基学当老师》，我们也在这样的一篇篇随笔中，走近了教师的教育智慧。苏霍姆林斯基是影响我国教育的大家，历经岁月沧桑，人们对他的景仰与折服从来没有淡去。他的思想超越了自身的时代局限性，影响着越来越多的教育人。李希贵校长谈及苏霍姆林斯基时曾经动情地说：“苏霍姆林斯基像一位长者，与我们促膝而坐，娓娓叙来，你丝毫察觉不出一位教育家的居高临下，他用非常朴素的语言，说了一些我们每天都经历着的事情，讲了许多令我们恍然大悟却又浅显易懂的道理。”苏霍姆林斯基对我们的指引，远远超越了教育理论、教育经验，他已经触及众多平凡而又普通的教育心灵。

这样的触及是多么美妙！如春天里的第一声雷响，宏大而深远；如冰河初融时的咔嚓声，细微而悠长。在闫学老师的文字中，可以品味到苏霍姆林斯基对一个教师心灵的震撼。“只有心灵方能直达心灵。”“当一种教育能够让孩子如此热爱生活，热爱这个世界，这种教育就是真正的教育，也是世界上最美好的教育；当一个教师能够帮助孩子用自己的眼睛和心灵发现生活的美，感受到世界的永恒，这样的教师就是真正的教师，也是最优秀的教师。”……听见闫学老师的心声，也真实地感受到那些句子对我的唤醒。苏霍姆林斯基说：“教学，这只不过是广义概念的教育这朵花上的一片花瓣而已。教育中没有主要次要之分，犹如在构成美丽花朵的许多花瓣之中没有主要花瓣一样。教学首先是教育，是人的个性的道德的形成，没有什么脱离教育的‘纯教学’。”在我们的教育生活中，是不是已经把教育退化成了教学？是不是在把教师和学生当作一种工具？人才是教育的目的所在！曾经目睹或者亲历许多变态的教育，痛彻心扉。苏霍姆林斯基这般的教诲，无疑是对这种痛最好的抚慰，也希望教师在孩子们面前保持做教师的尊严，给他们真正的教育，而不仅仅是教学。唤醒自己才能更好地让自己脱离那种身心矛盾的困惑，唤醒自己才能找回一个为师者的尊严与幸福。闫学老师的文字正是对更多教师心灵的唤醒，延续了一种对教育的虔诚，更提供一个新的视角来走进教育经典。正如在书中她写的：“当我在生命的某一时刻、某一关头与书相遇，我就有了着落。”我们遇到的不仅仅是苏霍姆林斯基的经典，还有中国新生代特级教师的心灵感悟。——从这样的意义上来说，读到这本精致的书，是一种幸运。

书的扉页上有一句话：“苏霍姆林斯基，一个为了爱孩子，而来到这个世界的人。”苏霍姆林斯基用他那悲悯的情怀，用心呵护着孩子的心灵。在他的世界里有着对教育近乎苛刻的追求，无数个鲜活而细腻的案例向我们展现了一个个生命精神成长的历程。有人把这些案例当作苏霍姆林斯基的实验档案，不敢苟同。那一本本的材料，是用心写成的，里面记录的是一个教育者对孩子心灵的关注，对弱小生命小心翼翼的呵护，更有一种返璞归真的大智慧。

苏霍姆林斯基的爱是清晰可见的，飘落于每一个跟孩子在一起的日子里。从教师到校长到局长，从来都没有离开课堂，离开孩子——由此而产生的若干教育经验，注定是有生命力的。如闫学老师所说：在任何时候，我们都应该紧贴着地面行走。而这，正是苏霍姆林斯基倾其一生所实践的东西。是的，紧贴着地面行走，让自己美好的教育梦想扎根在儿童的世界，用真诚而富有成效的行动，最终使梦想开花。在这样的教育过程中，就请守住我们的乌托邦，信奉每一个人的力量，虔诚而执着，像朝拜的信徒，心怀信仰，愿从脚下开始每一步的长途跋涉……

于是，在合上书的时候，内心深处有这样的声音出现：紧贴着地面诗意地行走……或许这就是在跟随闫学老师一起走近教育家苏霍姆林斯基后，我对自己最美好的期许。

# 教育就是播下一粒粒种子

## ——读《给我一个班，我就心满意足了》有感

读到过看云老师的文章，行云流水般的酣畅淋漓，透着一种非凡的思想魅力。后来知道，看云老师的真名叫薛瑞萍，当在书店碰到《给我一个班，我就心满意足了》的时候，便毫不犹疑地买了下来，开始了一段走近薛瑞萍老师的精神之旅。

这是一个对学生“不说爱”的教师，她说：“努力去做吧，因为——你是在为自己。”然而她对学生的爱又是那样自然，不缠绵，不悱恻，融在一种专业的素养当中，质朴而真诚。薛瑞萍老师记录的故事向我们展示了一个教师的教育智慧，更让我们明白怎样做有尊严的教师。一个教师单有悲悯的情怀是不够的，还需要有足够的专业素养或者说专业智慧，才可以从容优雅地在教育中行走，在学生的成长路上做个合格的陪伴者、引导者。对待学生出现的问题，薛瑞萍老师是从容不迫的，这种心态来自于她对学生的了解和对自身的认同。在那件关于借读生赵亮的事情中，薛瑞萍老师向我们呈现了一个教师的内心变化，由最初的防范和抵触，到认可和鼓励，以至于最终自己得出这样的体悟：“从今以后，无论他是谁，也无论他来自哪里，只要进到我的教室，喊我一声‘老师’，就都是‘我的孩子’。”从这一点来说，用心体会和在乎学生的教师，一定会在学生那里获得一种力量，这种力量让教师本身逐渐实现自我的认同。教师的发展在于教师心灵的成长，在记录与反思教育故事的过程中，我们的心灵涤荡着教育的美好，也日益变得柔顺而纯澈。

不说爱，只是在尽自己的所能去面对可爱、可敬的生命，为他们的成长献上最真诚的呵护。很多时候，我们需要像薛瑞萍老师那样，静下心来看看自己的姿态，看看我们的内心，让我们的行动更坚定，更能抵达学生的心灵。

总在脑海里闪过薛瑞萍老师站在教室门口被罚站的情景，“将作业写在黑板上，拉开门，再轻轻关上，我到走廊的墙角站定。隔着窗子，他们每个人能监视到我的一举一动……”多么优雅的人啊，轻巧地走开，在学生的目光中，她就是最美的教师。那是薛瑞萍老师对一段经典文字的演绎，“世界上重大的发明与发现，有时还面临着受到驱逐和迫害的风险”。想开去，她旁征博引，让学生明白：人生在世，是很需要一些抗击力和幽默感的。这样的课堂上，教师与学生之间是一种真正的平等，争论与共鸣交织在一起，浑然天成。薛瑞萍老师这种豁达与开明，不也正在学生心里播下了民主的种子吗？是的，教育就是播下一粒粒的种子。

“我是一只蜗牛，小小的壳里，有我自足完满的世界——因为这样的学生，每一节课都让我充满期待；每一个40分钟，都可能是心与心的美妙合奏。”这是薛瑞萍老师对自己课堂的一段情感表白，充满期待的课堂，心与心合奏的课堂，该是多么迷人啊！是的，在文字中走进薛瑞萍老师的课堂，别有洞天的感觉。“站在台上，我就是语文。”这样的话语让我为之一振。在薛瑞萍老师的课堂上，她用自己广博的阅读和厚实的积淀为学生打开一扇扇思想的窗户，把他们带进迷人的语文世界。她用自己的方式引领学生阅读思考，帮助学生认识自我。

尤其值得一提的是她所倡导实践的“朗读”，在每一天都有这样的倾情朗诵，精彩的文字化作声音，送给学生。一个教师持之以恒地做这样一件事情，给了学生独特的体验，更培养了学生阅读的兴趣。薛瑞萍老师说自己要一直做一个朗读者，为学生、为自己——为珍藏于心中、沉默于书中的美好世界，发声朗读起来！多了不起的人，看到她对朗读的一段描述：朗读时我们背离太久的太阳，是我们遗忘太久的篝火。因为在孤独与寒冷的荒漠里漂流得太久了，且让我们用心点燃心，用朗读带动朗读。在2010年第1期的《人民教育》上刊登了薛瑞萍老师的《做一个朗读者》一文，详细地介绍了她开展朗读活动的情况。细细读来，这样的语文给学生带来的影响是深远的。反思我们的语文，过多地关注了课文而忽略了最主要的生命的阅读，从早到晚一直在句、段、篇上打磨，没有培养学生的阅读兴趣，没有唤醒学生深层次的对知识的渴望、对伟大事物的敬畏与崇敬。苏霍姆林斯基说：“要无限相信书籍的力量。”作为语文教师，能不能也像薛瑞萍老师那样执着于学生的阅读，执着于对语文学科的超越呢？

关于课堂，薛瑞萍老师形象地将真实的课堂和打造的课堂比作“鲜花”和“绢花”。绢花可以成批地生产，而丝毫没有生气与灵气；鲜花长在自然，透着生机和活力。教师是选择做绢花，把教学当作一种技术、一种复制，还是培植鲜花，还课堂以自然和真实，对于每个人都是一种警醒。喜欢这样的隐喻，真假之间，我们能更清楚地知道自己的课堂该走向何处。

教师是学生的范本，这一点在薛瑞萍老师那里可以找到印证。读书读到如痴如醉，在任何的闲暇都喜欢拿一本书阅读，每天还要坚持给自己放声朗读的机会。渐渐地，四年级的学生也开始读《朝花夕拾》，读《悲惨世界》，读《张晓风散文》，很多好书在教师和学生之间传递，师生成为共同的读者……不需要叮嘱，不需要要求，一切都是那么自然。看到薛瑞萍老师的读书札记，一篇篇闪烁着思想的光芒，那样的阅读令人感佩。当然，薛瑞萍老师对学生的影响更为重要的是生命层面的熏陶与浸染。阅读给了学生一个崭新的精神世界，也让他们更能读懂他们的老师。薛瑞萍老师身上所彰显的思想魅力、人格魅力与学养远远胜过那些知识，这于学生是一笔更大的财富。

薛瑞萍老师喜欢王小波的文字，读到她摘录的“一个人只拥有此生此世是不够的，他还应该拥有诗意的世界”，也读到她这样的感慨：“自由从来不是自上而下赐予的，它是凭借信念和意志争取到的，自由的程度从来都取决于我们坚守正道、从善向美的信念和信心！”或许，正是这样的心境让薛瑞萍老师避开体制的束缚，始终保持着一种教育行者的姿态，骄傲地前行在通往教育梦想的路上吧。

真好，一路走，一路播种下美好的种子。

# 打开尘封的心灵

## ——读《教学勇气：漫步教师心灵》有感

“真正好的教学不能降低到技术层面，真正好的教学来自于教师的自身认同与自身完整。”这是在帕克·帕尔默撰写的《教学勇气：漫步教师心灵》一书中反复出现的句子。知道它诠释了一条新鲜的教学理解之路，我带着一种久违的喜悦，穿行在文字之中，竟然渐渐被感染，并开始自觉地审视自己，萌生出更多的对教学的信心和勇气，这真的是一本好书。

对教师心灵的关注无疑是帕克·帕尔默最智慧的发现。我们的教学更多地关注教材、关注学生，即使关注教师也仅仅停留在教学技能的层面。这样形成的教学出现了教师、教材、学生的分离，使学生的成长处在尴尬的境地，教师也把教学退化成了自己的一项技能。而在书中，帕克·帕尔默这样描写真正好的教学：“当优秀教师把他们和学生与学科结合在一起编织生活时，那么他们的心灵就是织布机，针线在这里牵引，力在这里绷紧，线梭子在这里转动，从而生活的方方面面被精密地编织伸展。”教学需要教师用心灵来编织，织布机的好坏在教学中起着至关重要的作用；同时也喜欢“编织”这样的描述，教学在很多人看来是“教授”，“编织”的观念所给我的印象是，教材、学生和教师是互动的，彼此影响，而不再是单一的灌输与接受的关系。

反思我们对教师心灵的忽视，可能跟我们所接受的教育有很大关系。重视外部的客观世界而忽略主观的感受，崇尚集体主义而淡化甚至鄙视个人主义的文化底色，让我们小心翼翼、鞠躬尽瘁地工作，不愿也不敢去坦然面对自己的心灵，在日复一日的工作中渐渐迷失了自我，这不能不说是一种悲哀。关注我们的心灵，就是要相信我们自身的力量，尊重我们的个体需求，解放我们的个性，唤醒内心深处真实的自己。换一种视角来看我们所面对的教学，才发现人的内部景观所产生的影响是深远的，正如书中对教育的诠释："教育就是试图从自我内部'引出'智慧内核，只有这智慧内核才有力量抵制谬误，用真理启迪生命。"

获取这种智慧内核，需要教师随时感知自己的心灵，并经常可以停下来听听自己的声音。美国印第安人有这样的告诫：别走得太快，要停下来等等自己的灵魂。这样的等待，其实就是一种对话，一种自我的对话。在自我对话的过程中我们会发现，这样的方式是影响我们前行的决定力量。保持良好的心态来倾听自己的声音应该成为每个人的选择。对于倾听自己的方式，书中提及独处静思、沉思默读、野外散步、坚持读报刊、找一个可以倾诉的朋友等。是的，给自己一些时间，尝试着看到自己，这无疑是一种独特而富有意义的体验。想起自己，在我的生活中，记录点点滴滴的自我言说，其实也是一种倾诉，一种自己对自己的诉说。选择和保持一种属于自己的话语方式，就是打开了一扇心灵的窗户，透过表达与沉思，照亮自我的心灵。

对于教学中的恐惧文化，曾经在其他的书中看到，几句带过而已，而在本书中，对于恐惧的剖析可谓入木三分。对于那些在教室内出现问题的学生，帕克·帕尔默是这样描述的："他们的沉默不是由于天生愚蠢或者平庸，而是出于一种想保护他们自己生存的愿望。那是一种对成人世界的恐惧所驱使的沉默，在这个成人世界里，他们感到疏离、无力。"何止是沉默，在班内的学生出现问题的背后，都有他们的心理背景，而这种背景的主旋律就是恐惧。多少年的师生关系把学生定格在"听话"的框框内，把教师抬升到神圣的三尺讲台，没有民主、宽松的氛围，没有沟通、交流的途径，这样的学习注定会滋生出众多的恐惧，把学生彻底湮没在一种令人窒息的心理阴影之中。

每个人都是有恐惧感的，教师亦然。"那些对学生如此恐惧的教师选择了停滞状态。他们把自己关在他们的资格、他们的讲台、他们的身份、他们的研究之内，不许别人接近。具有讽刺意味的是，这种对停滞的选择反映了一种教师与他所害怕的学生的分离：因受到惧怕的学生制约而彷徨的教师，惶恐地防范着他们的学生，这样就陷入了恐惧的恶性循环。"明白了为什么有的教师会对学生的一丝反应都紧张得要命，随时都会保持着严阵以待的上课状态，控制与打压成为管理学生的主要方式，把这种恐惧的心理弥漫在整个教室，甚至学生的整个学习生涯。面对恐惧，书中的观点是，可以有恐惧而不必置身于恐惧中。因为懂得，所以教学过程中如何去解读学生的恐惧，化解他们的恐惧，如何认识自己的恐惧，如何调整自己，就显得更有意义。沉湎于恐惧之中，就会失去自我。学会挣扎，学会调整，才是一个教师的健康心态。课堂上的恐惧，需要一种渴望来战胜，一种想和学生沟通、想和学生交流、想得到学生认同、想和学生建立良好关系的渴望。这种渴望能够帮助我们建立起教材与学生和自己之间的联系，并不断地把恐惧撕裂，实现优质的教学。

关于教与学的悖论，帕克·帕尔默的总结是很深刻的。细想来，正是这些理论在支撑我们的课堂焕发出新的生机和活力。如果把教学当作一个空间，那么“这个空间应该既是有界限又是开放的；这个空间应该既令人愉快又有紧张的气氛；这个空间应该既鼓励个人表达意见，也欢迎团体的意见；这个空间应该既尊重学生们琐碎的‘小故事’，也重视关乎传统与原则的‘大故事’；这个空间应该支持独处并用集体的智慧做充分的支撑；这个空间应该是沉默和争论并存的”。在这些悖论原理当中，我看到了有张力的课堂，动静结合，松弛结合，个体与群体的结合……同时，也认识到课堂中的一些我们原以为没有意义的情况里面其实也蕴含着教育的价值。比如，对于课堂上学生的沉默，很多教师都感到恐慌，其实沉默的背后正是学生思考与探索的过程，是学生调动已有知识进行整合的过程，是学生产生个人体验的最好时机。从这样的教学理解中，让人不难看到知识的获得不是靠灌输来实现的，在争论、思考、提炼、实践中形成的知识是有生命力的。把教学赋予生命的意蕴，尊重生命在课堂中的多样与规律，教学才会为我们打开明亮的人性之窗、真理之窗。

也难怪帕克·帕尔默要说：“教学就是要开创一个实践真正的共同体的空间。”在教与学的悖论之中，已经为共同体的构建提供了理想的原则。所有真理都是有生命力的，创建一个共同体的教学空间，就是要让伟大的知识自己说话，让学生彼此影响感受知识的伟大与崇高。在共同体内，教师的姿态十分重要，努力让我们像学生依赖我们那样去依赖学生，更加走近共同体需要的相互依赖的关系。教学的共同体所改变的不仅仅是课堂上的效益，更有更加真挚的师生关系。曾经以为要努力创造“我和你”的课堂，在两个人之间进行一种生命的、知识的对话，现在想来，这样的设想重视了教师与个体之间的对话，却忽视了共同体和知识之间的对话，也忽视了共同体之间的呼应。既要保持个体的对话，也要实现彼此的影响互动，这样的共同体才会更有价值。

教师的专业性很强，但它却常常成为一种“关起门来”的专业，很多“我的课堂我做主”的豪言成为“闭门造车”的借口。教学的革命必须从开放课堂开始，没有开放和交流，就不会有深入的课堂改革。我们在这个世界上都是孤单的个体，共同体帮助我们寻找一种慰藉和力量，更能实现彼此的资源共享以促成新的飞跃。在共同体中，我们需要倾听别人的建议，但更重要的是倾听自己的声音，审视自己的教学得失，实现自身的认同和完整。

阅读《教学勇气：漫步教师心灵》，第一遍的时候，很生涩，里面的词汇常常使我处于混沌的状态，和一位朋友交流，甚至都会说：那本书实在是不太好读。然而第二次读的时候，共鸣与反思常在，一次次重温自己在讲台上的体验，一次次重新去设想自己的教学。我知道，这本书正在唤醒我尘封的心灵，帮我抛却曾经的无助与迷茫，给我的教学带来奇妙的生机……

# 这束光，照亮我们前行的路

## ——读《致青年教师》有感

手里捧着吴非老师的著作《致青年教师》，封面上影印的两个遒劲大字——教师，慢慢从书里走出来。这是一本承载了对教师殷殷期望的书，字字真心，句句实意，在娓娓道来的文字里，师者的胸怀与操守渐渐明晰。我知道，这是一位教育前辈发自肺腑的箴言，像一束光照亮着青年教师前行的路……

从一个个故事里，我读到了吴非老师那历经沧桑之后愈加平和从容的心境。读过吴非老师的《不跪着教书》和《前方是什么》，言辞之激烈，陈情之慷慨，让人动容、动心。尤其是针对教育中的种种恶疾，痛心疾首地批判，更是令读者人心大快，恍然惊醒。于是，一种教育的使命感和教育者的尊严感油然而生。我愿意像吴非老师那样“把‘人的教育’写在我们的旗帜上”，为了一个个学生像人一样活着而默默坚守。而在这本书里，更多是对青年教师真诚的建议，没有居高临下的训导，没有虚无缥缈的理论，也没有愤世嫉俗的笔触。那是从容的诉说，一篇篇带着吴非老师生命印记的教育感悟在文字中涓涓而来，让人如沐春风。这份从容与平和里蕴含的是吴非老师对教育深刻的体悟和无限的期许。走过风雨几十载，教育梦想一直都在，感动一直都在，坚持一直都在。

吴非老师用了很多的文字来讲述“教育的常识”，在流派纷呈的教育洪流中，能够坚守“常识”需要勇气，更需要智慧。他动情地写下：“我半生做教师，越来越感到，我们日常工作中所做的一切，不过是遵守常识。当然，即便是常识，也需要学习，也需要发现，也需要维护。”教育的常识，在我们的教育生活里，确乎变得模糊了。尊重孩子是常识，而我们却不顾一切利用控制手段，让他们变成一个个“乖孩子”，并常常以自己“治班有方”而自诩；遵守教育的规律是常识，而我们却急功近利，动辄拔苗助长，荣耀了领导和教师的脸，却刺痛了孩子们的心；品格比分数重要是常识，而我们整天带着孩子们在题海里拼杀，还“美其名曰”为了孩子们的美好未来……当“常识”不再的时候，也就是我们的教育病入膏肓的时候。时常反思我们的教育行为是否违背了常识，是对孩子负责，更是对自己的职业操守负责。回到常识，回到学生作为人的本质上来，回到教育的科学规律上来，回到儿童心灵的成长上来，不苟合于世俗的功利，不急迫于体制的限制，不违背职业的良知。常识，不深奥，不高悬，它正是你每天的教育行为，你的一句话语，你的一次微笑，你与孩子的一次谈话，你的课堂……常识就渗透在这些细节里，成为教育的营养素。尊重常识，是我们教育行为的底线，也是根源所在。

吴非老师的《像太阳一样升起的白旗》一文，先前曾经读过，今天再读，依然泪流。在文中，他写道：“我在病中，想起一个又一个学生的面容，感叹生命的短暂，同时也赞叹生命的美丽。我感谢上天让我有机会认识这些美丽的生命，让我感受他们的仁爱和贤德，让我懂得什么是真正的教育，让我知道职业的使命与荣耀，让我敬重生命中的永恒。”字里行间流淌着他对学生深深的爱怜，更有对鲜花般生命的敬畏与赞美。吴非老师正是这样的人，他对学生的爱，已经超越职业的范畴，那是对生命的悲悯与同情，那是对未来的希冀与呵护。吴非老师在《前方是什么》一书中曾经有这样的段落：“我喜欢孩子，特别是那些刚刚会说话的小孩子。看着他们清澈的眼睛，捧着他们白白的小手，我的心灵常常会有一种震颤，我的眼眶会莫名其妙地湿润。我畏惧，我担心。我们能把这个孩子教育成一个人吗？这个孩子纯洁的心灵究竟会在什么时候、在什么地方、会被什么样的人、用一种什么方式，洒上第一滴难以抹去的污垢呢？”

一个教师仅仅把眼睛停留在职业的范畴，是远远不够的。教师不同于其他的职业，每天面对的是人，是正在成长的生命！如果不能从这样的高度去看待自己的教育行为，一切的理论只能是虚无的，一切的方法只能是可悲的。吴非老师流露出来的这种真实而感人的情感，不正在向我们讲述一个教育者最宝贵的东西吗？书中的最后一句话意蕴深远，读到的时候，我热泪盈眶，那句话也正是吴非老师对所有教师的期待——“爱所有的孩子”。

你爱所有的孩子，就会在孩子心里播下一粒善良的种子。吴非老师对生命的尊重，在孩子们身上得到了传承。《这些事，也需要勇敢》《山区来信》故事中，孩子们的人性之美展现了出来。善良是需要不断传承的，教育也正是让孩子们的生命绽放在爱与善良之中。在文中，吴非老师这样写道："让我们把传播仁爱当作教育理想吧。其他人有什么不同意见是他的事，哪怕周围开满了恶之花，我也坚信自己的选择是正确的。"是啊，今天我们在孩子的心灵播下善良的种子，许多年后，一个个生命将会因为今天的播种而变得更有意义。

吴非老师的教育情怀，还有一个关键词"理想"。"如果没有理想，不只是教育，任何一种职业也会是无趣的。人的选择如果过于现实，必然领略不到诗和梦的美。""看着那么多的同行，跪倒在馒头前，我无权干预他们的选择；但我对那些用生命吟咏教育之诗的灵魂，永远送上我崇高的敬意。"……走一条路，没有信仰，是很难坚持下来的。在诱惑频频的现实社会，匍匐在物质之下，只能获得一时的快感，而不能触及灵魂的幸福。教育者也是诗意的行走者，陪伴在学生的生命里行走，骄傲地在自我的精神里行走，怀揣梦想踏歌而行。学会品味自己的教育生活，试着寻找自己的教育梦想，生活会从此不同。尤其，当我们骄傲地坚持自己的梦想的时候，内心会渐渐变得强大起来，自我愈加完善，从而重拾一个教育者的尊严，成为学生成长中的重要他人。愿意记下吴非老师的这句话："在教育界，高贵与卑贱的距离也许只有一步，这就是能不能在任何情况下，都保持教育者的尊严。"没有理想的教育生活是枯燥乏味的，尊严也会消失殆尽。

感动于吴非老师用讲故事的方式将多年的经验一一呈现出来，为我们构建起一个教育宝库。那一条条中肯的建议、一句句暖心的话语、一个个真实的细节，都是吴非老师的良苦用心。他在序言里说，他愿再做引玉之砖、铺路之石，因为他相信，青年同行们一定能做得比他好。面对这份期许，我更多的是惭愧。于是，默默告诉自己：在吴非老师的这束光里，在孩子们的期待里，一直向前方……

# 做正确的事比正确地做事重要

## ——读《家庭作业的迷思》有感

这是一本关于家庭作业的书，断断续续地阅读之后，留给我的，是如题的感受。

能够围绕一个这样的专题去写一本书，并引用众多研究成果来说明自己的观点，可以看出作者艾尔菲·科恩具有非常严谨的科学精神。他从不同角度深刻地揭示了家庭作业的弊端，为我们的思考打开了一扇窗。

家庭作业，无疑是每个教师都要面对的问题，相信所有的家长也在纠结于家庭作业。细想来，家庭作业其实已经成了教师和家长之间建立联系的重要桥梁。

就是这个桥梁，往往充满了焦虑与无奈。教师们每天为了检查学生的作业而耗尽心思，尤其面对那些不做作业的学生更是各种“招数”使遍；家长们更是对家庭作业格外上心，孩子一进家门就是：“有作业吗?”“快做作业!”有时简直就是威逼利诱，像提防敌人一般监视孩子的作业情况。当教师和家长醉心于如何让孩子做好家庭作业的时候，有没有想过：这些家庭作业有用吗?这些家庭作业对孩子有多大的影响?能够给孩子带来什么?

在探讨如何让孩子做作业之前，其实我们更应该考虑作业的现实意义。而我们没有这样做，即使偶尔内心深处也有疑问，但依然听从了大多数人的声音，而大多数的声音不一定就是正确的啊。

不可否认，很多专家学者在积极地解读作业的重要意义，而家长和教师成了坚定的拥护者。在这里，背后的利益驱使我们相信，作业对孩子的成长有意义。不做作业的孩子怎么会有好成绩?作业多，可以锻炼人的意志品质，可以培养良好的学习习惯！——总是这样，生怕自己的孩子输在了作业上。

这种盲从的状态，确乎有些“犬儒主义”的味道了。被动与顺从成了我们的选择，这种不对任何事情表态，不采取任何行动的状态，最后只能使人生更糟地继续下去。用作者的观点：“从上学的头几天开始，学校仔细周密地教导我们：如何去做人们吩咐的事情，并且不要惹麻烦。对于那些举止合宜的人，学校给予实质的和象征性的奖赏，对于那些举止不当的人，学校施以惩处。作为学生，我们被训练纹风不动地坐着，听从老师所说的话，用荧光笔在书本上画下要记忆的每一个字。很快地，我们变得不太可能去问（甚或纳闷）被教导的事物是否真的合理。我们只想知道它是否会出现在测试考题之中。”

之前，我也一直把作业当作培养学生责任意识的一种途径。而对是否真的能够达到这样的目标，以及这样的想法是不是教师的一厢情愿，确实缺乏思考。其实，大家能够感觉到，让孩子做大量的作业，“竞争”的目的还是很强的。家长怕自己的孩子落到其他孩子的后面，教师担心自己的学生成绩不能超越其他班级的学生，在功利心的驱使下，学习成为一种近乎残酷的竞争。不得不承认，这是一种病态的学习状态。在这样的竞争中，学生的作业越来越多，负担越来越重。学生在竞争中，永远只能是输家，“他们像是负重的野兽，使劲地拉着成人朝荣耀前进”。这样的话语里，我们可以看到自己，也可以看到孩子。

看两个研究的结果：

教育心理学家哈里斯·科珀有这样的研究发现：“没有证据显示，任何家庭作业会提升小学生的学业表现。”六年级学生完成家庭作业的多寡与成绩和测验分数的相关性很微弱。对三年级学生研究的结果则显示，这两者之间呈负相关：越多的家庭作业与越低的学业成就有关。

美国国家教育进展评鉴常被视为“美国的成绩单”，从其“2000 年的数学考试成绩可以看到，四年级学生中，没有家庭作业的学生考出来的成绩，差不多和花了 30 分钟写家庭作业的学生的相同。引人关注的是，花了 45 分钟写家庭作业的学生，分数更低，花 1 小时以上的学生，分数最低”。

有没有教师也来做一下这样的实验，看一看自己的学生在家庭作业方面会有怎样的差异。毕竟，我们需要自己的数据。

家庭作业对孩子心理的影响无疑是明显的。被动的作业，成为学生外在的压力，失去了学科的美丽，淡化了学习的兴趣。当学生觉得某项活动是单调沉闷的苦差事时，学习的质量就容易受损。很多学生把家庭作业视为一件要尽快完成的事情，甚至把它视为紧张压力的主要来源，这就完全可以解释为什么几乎没有证据证明，家庭作业能够在学业上提供任何益处，即使对那些乖乖坐下来完成指定作业的学生来说。我们不能仅仅看到学生外在的行为，更应该关注其行为之后的态度、目标、情感、品质、感受。

关于家庭作业，艾尔菲·科恩提出了思考家庭作业正当性的三种方式，也就是适合给予学生的三种作业。

1. 适合家庭的活动。

2. 通常不会被想成是家庭作业的家庭活动。

3. 阅读。

“有股强大的势力把家庭作业塞进孩子的背包里，但是我们以前曾经挑战过这股势力。我们曾经揭露其他看法毫无事实根据，并呼吁人们为自己的兴趣和利益辩护，以及改变内定政策。如果家庭作业本身的存在是一个迷思，那么我们欠所有的孩子一个以真相、以合理为基础的家庭作业政策。”在艾尔菲·科恩这样的言语中，有一种力量，基于对真理的追寻，基于对教育的审思，基于对儿童的关注。敢于对传统的东西生出自己的思考，并不断探寻更适宜的举措，这样的品质对一个教育者尤为珍贵。

这是一本需要反复读的书，它不仅在讲道理，更在呈现一种思维的方式。新学期，我们能否对家庭作业做出自己的判断？能否对其他的一些看似“理所应当”的教育行为生出自己的思考？

# 给自己一个理由，让今天所做的更有意义

## ——读《我们为什么做教师》有感

这本书断断续续读了很久，近乎是两天一篇的进度。由于对翻译的语言风格不太认同，读起来有点伤神，往往刚刚明了上句，下句却跳跃到了另一个意思上。即使如此，我依然对尼托这本书中的文章充满兴趣，那些关于教育的感悟都由教师们现身说法，娓娓动人，意蕴深远。夹叙夹议的写作风格，容易让人触摸到那些跳动的心灵和执着的灵魂，他们的教育情怀与信仰，让人怦然心动。

“我很喜欢教书。我喜欢那种步调、那种挑战、那种回报、那些孩子、那些同事，还有我所教的科目。”碰巧做了教师的韦尔伯恩知道教书有多难，知道教书面对着怎样的挑战。他说：“不管我已经教了多少年书，这个责任一点也不会减轻。实际上，我教书的时间越长，就越觉得自己还有很多要学的东西。”只有把教书融入自己的生命，才会有这般的感悟。“喜欢”的背后，是对自我的认同。韦尔伯恩之所以愿意接受一个个新的挑战，是因为他认识到了教育的意义，通过科学课，培养孩子的科学品质，进而改变世界。“作为一名科学教师，我很希望我的学生能走出去融入世界，努力消除种族划分所造成的社会、政治和经济上的不公平现象。”由此看来，只有认识到自己的职业的价值，才能焕发出更多的激情与智慧。科学课的教学，在韦尔伯恩那里已经承载了更厚重的意义，其实，我们教师都应该重新审视自己所教学科的价值和意义。审视的过程，是深入探究知识的过程，更是培植职业尊严和责任的过程。超越教材，最为重要的是将学科与自己的价值观融合，与普世价值接轨，避免出现闭门造车的闹剧。教育是要让我们这个世界一代比一代更强大、更文明。基于这样的认识，我们的职业生涯注定要面临一个个新的挑战。把每一个挑战当作一次生命的洗礼，让内心更坚定，教学就会变得与众不同。那种步调，分明是

一种从容，是内心流露出的坚定与执着。

贝克老师在波士顿的一所中学教英语，她以分析性的视角深入思考自己所做的每件事。她说："我自己的体验和兴趣其实对我班上的孩子并没有明确的指导作用。我对当教师的恐惧至少也有部分来自自己做学生的经历，而并不是基于任何可信的普遍经验。"读到这句话的时候，我为之一动。我们很多教师不正存在着"这样对我有用，所以也会对他们有用"的想法吗？现实中，太多的教育，其实仅是经验的复制。很多教师还在以小时候自己求学的经历和感受来考量今天的学生。更有甚者，把自己的老师对自己的那些态度和方法，不加辨别地移到了今天的师生关系上来。教育成了简单的事情，手握从先师那里学来的"法宝"，就可以以不变应万变了。面对的学生不同，所处的时空不同，我们那些体验和兴趣只能当作参考，万万不能生搬硬套。任何时候都不要忘记我们面对的是活生生的人，他们有情感、有思维、有个性，任何一厢情愿的猜测都不可能真正抵达学生的内心。贝克老师的反思让我明白，"你只是你自己"，替代学生思考是愚蠢的。关于对教师恐惧的认识，贝克老师遵从了自己的内心，这种恐惧正是不断成长、不断求知的动力。因为时刻有职业的危机感，所以想打开自己的经验大门，去和人沟通，去找寻平静的心态，去聆听同行的心声。改变的力量来自内心深处，对于恐惧的剖析使得贝克老师有了更强大的职业生命。我们有没有类似的恐惧感呢？能不能抓住这样的契机呢？别让它湮没在烦琐与麻木中。

教师本身是最重要的教育资源，而作为教师要清楚地认识到其影响力，敬畏它，并慎之又慎地对学生进行积极的帮助。西尔维奥老师是一位富有创造力和奉献精神的教师，在成为教师之前她是美国和平之队到赞比亚的志愿者，她在那儿主要做社区健康教育工作。她说："我喜欢'教师'这个头衔。教育很多儿童，由此得到他们的信任，这是一种殊荣。然后我教会学生的过程又不着痕迹地让我自己一天天成长起来。回首往事的时候，我意识到自己是多么幸运。我有能力让一个孩子的生活发生根本性的转变，这是一件很了不起的事。然而，我也害怕自己要是说了什么真的伤害学生的话，会产生怎样的后果。我有这样的力量让我感到害怕。我只是个普通人；我也有不如意的时候。"很感动西尔维奥老师如此坦承自己的"害怕"。对教师权力的这种谨慎与不安，源于她对儿童真正的体恤。反观我们的教育现实，不难发现，有太多的教师在滥用权力。师道尊严的大旗高高飘扬，“一日为师，终生为父”的道德枷锁禁锢了学生的心灵。记得，一位教师在文章里曾经写道，他的父亲告诫他要敬畏学生对自己的信任，不要滥用权力。正是因为多了一份敬畏，才可以更清楚地认识学生，才可以更准确地服务学生。直面自己内心深处的这份“害怕”需要勇气，更需要智慧。由此产生的影响一定会波及教育教学的行为，促进教师专业化的提升。

“我相信语言的力量。一名教师能够帮助学生找到‘正确的’用词来让自己和他人认清事实。”戈登老师如是说。是的，我们需要经历“由尤金·甘德林所说的‘感受到的知觉’：我们感受到自己的生命存在这一事实，并用这样的情感来促使自己追寻最合适的言语，来给我们的经历命名并赋予更深刻的意义”。这是一个多么有意义的话题。语言的力量不应该被忽视。语言就是人本身，语言里有人的精神成长，有人的梦想与希冀。语言的丰富，实则是精神的不断丰盈。我们与学生在一起时，需要多一些对学生语言的关注，少一些唠叨。试着让学生正确地表达出自己的想法，那些话语要遵从他们内心的声音，然后，我们检验这些言语是否对他们自己和他人有积极的意义。在这样的反复练习与指导中，语言会成为净化心灵的美妙途径。“我知道，生命常常充满了耗尽体力的斗争和挑拨离间的不公正的现象，但这会儿我身处一个神圣的、对生命充满肯定的地方：一个回荡着塔莎有力的声音和坚定的言语的教室。”戈登老师在听到塔莎同学的诗歌朗诵后，动情地写下这样的句子，或许，可以表达出对语言的赞美。

为什么选择做教师？很多教师的答案令人感佩：为了和学生的家庭建立密切的联系；为了社会的公平与正义；为了给学生受教育的体验；为了让学生成为深入生活的人……有这些价值观做支撑，教师职业更具生命力。真的，我们需要给自己一个理由，让今天所做的更有意义。

有这样一个动画片，父亲和儿子在沙漠中骑着骆驼。字幕是这样的：“不要问我们到了没有。我们是游牧民族，儿子，我们是游牧民族。”有人曾经戏称教师职业是“沙漠里的跑车”，意思是，前途遥遥无期，再大的劲儿都会消失殆尽，表达了对职业倦怠的一种隐喻。而“我们是游牧民族”却从另一个角度诠释了教育的意蕴：对儿童的认识，对知识的探索，对教育的追求，没有终点。我们会在行进的过程中品尝到教育的甘甜，感受到心灵的丰盈……

# “人”是教学的关键

## ——读《优质教学的准则》有感

今天，《读写月报·新教育》上的一篇文章——《优质教学的准则》吸引了我。其中的很多观点透着朴素的教育意蕴，让人回味无穷。在真实经历的回忆中，作者用心阐释着对优质教学的理解，这样的叙述有一种魔力，打动着我的心。

“我很早就明白，我不是在教一门学科，而是在教‘人’。”关于学科教学，我们不可谓不用心。形形色色的教研活动、课堂评优、学科建设层出不穷，常常给我们一个错觉：一个教师的全部就是研究教学。而很多人把这个错觉更简易化：教学就是教书，教书就是教教材……仿佛一个教师只要在某一学科内有了“建树”就可以一劳永逸。很早，我们就把教育、教学并列来讲，且把教育放在前面，认为教育是最重要的。但事实上，又是谁在我们的教育生活中成了主宰？眼中有“人”的教育，才是真正的教育。如果我们把教育的目标建立在“成全人”上，那些琐碎的教学实践才会变得更有价值，更有人性美。因此，一个教师要做人师，为学生的成长铺就一条光明之路，帮助学生获得心灵的成长。

作者说：“教育的真正力量来自激发，而非恫吓。”简单的句子，内蕴厚重。我们在教育中彷徨：那些学生怎么不听话了？那些学生怎么学会逃避了？那些学生怎么蔫了？……总有太多的问题充斥着我们疲惫不堪的心。值得关注的是，在办公室文化中，常常是这样的情景：批判、讽刺、懊恼、沮丧……办公室是学生最不愿去的地方，那声“报告”里有胆怯，更有无奈。当批判成为一种常态，学生和教师都会处在痛苦中。几天前，看到有文章说，在恐吓环境中，人的智力成长会受到抑制，也就是说，越是批评，越是讽刺，越是挖苦，孩子的心智发展越会滞缓。可以说，问题学生的背后是问题家长或者问题教师。刘良华教授曾经戏谑地说：“那些好学生哪里是你教出来的，反倒是那些问题学生才是你的‘杰作’。”现在想来，在学困生那里，我们都需要多反思自己的言行。正是他们，让我们审视自我，正是他们，不断激发我们探寻新教育的热情，成就我们的专业成长。教育的真正力量来自激发，要相信学生都有潜力，都是可以开放的玫瑰花，只是花期不同，迟开的玫瑰照样芬芳。激发是把学生当作人来看待，尊重、理解，走进其心里，走进其生活，给他们持续不断的力量。而恫吓，却是以控制为目的，无视学生的生命特质，以师道尊严为幌子，践踏学生稚嫩的心灵。默默地再读一遍这句话：教育的真正力量来自激发，而非恫吓——字字千钧。

为什么要做教师？我的一个答案是，愿意相信教师的力量可以改变更多学生的命运，可以影响更多的人。而这篇文章里也有类似的文字：“教师群体是一个精英群体，他们能真正地改变世界。”教育者需要有信念的支持，内心的坚定比任何制度都有意义。当对自我的职业有了新的认识，当职业融进我们的生命，当对自我有了更多的认同，我们的教育生活就会发生质的改变。教师可以改变世界，文中用“涟漪效应”来讲述。“就像往池塘中扔入一枚鹅卵石（所激起的涟漪）——我无法改变一切，但我可以帮助我的学生去思考……”《世界因你不同：李开复自传》是一本写李开复的书，“世界因你不同”何尝不是我们每一个人都应该拥有的内在声音呢？改变世界，看似宏大，但我们每天的行动、每天的言语，何尝不是在影响着学生？何尝不是在播撒种子？何尝不是在影响着学生的生命，影响着社会的未来呢？这番担当，需要踏踏实实地践行，一点一滴地做，心怀信仰，认同自我，矢志不渝……

如果你想要修建一艘船，不要召集人们去堆积木料，也不要向他们布置任务和工作，而是要激发他们对无垠的大海产生渴望。

——圣埃克絮佩里

作者对自己女儿遇到的好老师们有这样的评价：“那么，这些老师到底有什么与众不同之处呢？我想是因为他们清晰地展示了学习的快乐，并将快乐传递给了他们的学生。他们的教学设计是为了学生的成功，他们的课堂能够容纳不同的观点；他们让学生感受到，学习的魔力每时每刻都可能发生；这些老师显然深爱自己的学生，将他们视为独立的个体，并乐于看到学生身上所展现出的独特性；这些老师永不停止学习的步伐，并与学生分享让他们着迷的新发现和新见解；他们使学习变得如此令人兴奋，以至于学生不愿待在家中，因为这样可能会错过很多很棒的东西；这些老师热爱自己的工作，而学生也深深地了解这一点。”

上面的这些句子，包含着诸多好老师的优秀品质。优质教学，并不单单是技术的问题，更有情感的互动和真诚的分享。把学习的快乐传递给学生，唤醒学生对学习的兴趣，比灌输给他们知识更重要。

优质教学绝不仅仅是技术的高超，更是对人的体谅，对人的解读。唤醒学生内心学习的力量，帮助他们实现一个个飞跃——这是我的一个体悟。教师要对学科有新的解读，对学生有新的认识，最好的教学方法不是控制学生，而是解放学生、激发学生，让个体的生命在学习中得到成全。优质教学同样需要教师的信念、技术、情感，教师在课堂教学中的价值不能就此忽视，他们永远是课堂中最重要的教育资源。

这篇文章，还有许多精彩之处：“教育让活跃的人安静下来，也让安静的人活跃起来。”“这份职业对你来说到底是天堂还是地狱，则完全取决于你自己的才能和性情。”……

作者在观察与实践中提炼着对教育的理解，我们能否有这么多感悟呢？还是埋头到学生中间去做事，去思考吧，教师的精彩就在那些美妙的时光里。

# 学校要有怎样的价值取向

## ——读《最棒的学校》有感

“只有推动人类发展信念的学校才是最棒的学校。”这是题写在书的封面上的一句话。这是一本很厚重的书，作者是托马斯·阿姆斯特朗，它着眼于人类发展的信念，赋予教育新的更高的价值取向。

“变成一个完整的人是学习最重要的观点。”学习的目的是成全人的生命，不断让自我完善起来。我是谁？我从哪里来？要到哪里去？透过丰富的知识去感知整个世界，同时，映照自己的内心。教育就是要帮助人慢慢获得成长，使人在彷徨与孤单中得到可以慰藉的力量。

“评量全人的成长是一件有意义、持续进行，并且是涵盖人们成长的质性历程。”学业成就信念主要通过标准化测试来进行监测，丢失了作为人的隐性质地。而人类发展信念重在记录过程，怀着情感去关注人的成长，而非标准化。每个教师都可以试着逃脱分数的禁锢，关注人的成长，坚持、执着，激发出人的潜质。

“人类发展信念偏好具有弹性、个别化且给予学生有意义的选项的课程。”课程是学校给学生的最好礼物，这些课程里凝聚着设计者的心血。不过，依然要记得尊重学生，让学生找到自己感兴趣的课程。提供的课程能否真正促进学生的发展，关键看课程是否满足学生的需要，是否可以关注到每一个个体的发展。

“人类发展信念对每一位学生的过往、现在和未来感兴趣。”人都是有故事的，并一直在延续着。“人类发展信念把当下的教学良机视为我们可以为学生幼时的教育创伤疗伤以及鼓励学生以正向的态度迈向未来挑战的最佳时机。”对过去的关切、对现在的珍视、对未来的憧憬，人类发展信念给予儿童立体而生动的支持。

“人类发展信念在本质上是自比性的。”尊重个体的差异，承认学生的努力。避免横向的对比，学生在比较中失去自信和尊严是令人心痛的。纵向的自比，可以引导学生更多地关注自身的成长，体会到成长带来的惊喜。自比的方式，是对人成长负责的好办法。

“人类发展信念是根据人类经验的丰富程度才获得正当性。”知识来自哪里？丰富的经验对学生的探索是大有裨益的，能让学生更感性地面对学习中的问题。如书中所说：“一个刚学习花朵是怎么成长的小孩最终发出那种‘啊哈！我知道了！’的惊叹、一个儿童在贫穷的环境下努力尝试学习阅读的勇气、在制作出一件艺术作品之后浮现在儿童眼睛里的那种灼热的闪光，这些无形的价值——在学业成就信念的讨论中通常被忽略——提供了一份真实的‘资料’，标示了人类发展的信念。”

“人类发展信念通常是因为实务工作者（例如，老师）受到一些教育学或心理学方面的伟大思想家的鼓励而做的草根性的努力所产生的结果。”人类信念的传递者往往是痴迷的教育行者，他们在践行的过程中，不断修正着对教育人文的追求方向，试图在学业成就之外找到一条更有益于生命成长的教育之路。草根性的模式，来自务实的工作者对伟大教育思想的叩问，只要心存梦想，每个教育者都可以生活在体现人类发展信念的教育情境中。

“人类发展信念的底线是快乐。”美国教育家亨利·范·戴克说：“快乐是内在的行为，不是外显的行为，而且它并非取决于我们拥有哪些东西，而是取决于我们是怎样的人。”人类发展信念需要成就一个在面对生命陆续出现的挑战和障碍时能够找出深层的满足感受的人。可以看出，人类发展信念对个体生命的关注是深刻的，既直面现实中的困惑和无助，又描摹着快乐的心灵图案。

关于儿童的游戏，书中进行了很精彩的陈述：“当他和其他儿童一起玩的时候，可以提升儿童的社交学习，其根据围绕他的社交世界所看到的现象去创造角色，并且调整自己的嬉戏行为来适应同伴的需求和要求。”当儿童可以把自己的喜、怒、哀、乐投注到玩具或者游戏中时，他便构建起一个小世界，周围的事物开始有了意义。游戏对于儿童的成长来说，至关重要。

书中给出的游戏的定义比较有意思，那些电脑中的游戏不是游戏，那些由成人组织的各类竞赛活动不是游戏，游戏只有在孩子自主发展的过程中，才可以保持原生态。目前原生态的游戏越来越少，成人的直接参与打破了孩子的世界。

……

很专业的一本书，读来感觉有些晦涩。在学业成就和人类信念讨论的背景下，我们唯有踏地而行，在面对学生的时候，拿出真实的情感，鼓励点拨，体贴入微。从一点一滴的小事开始，传递这些丰盈的教育理念，努力推动人类发展的信念，要像一只快乐的蚂蚁——有韧性，有担当。

# 换一种视角来思考

## ——读《中国文化与现代生活》有感

这是到北京的时候，朋友相赠的一本书。去南方考察期间曾经阅读了部分，放假后继续阅读，感到有些生涩，毕竟如此宏大的主题在我的阅读生活中是不常出现的。

记得有朋友说要适当阅读一些教育之外的书，从更广阔的角度来看待自己所处的教育环境，可能会有新的发现。在读韦政通先生的这本书的过程中，我始终没有脱离对教育的关注，放在中国文化发展历程的背景里看一些教育价值观，认识变得更清晰了。“无论对西方或是对自己的传统，采取怀恨或狂热的态度，都不是具有民族自信心的表现。”理性地看待中国文化对现代社会的影响，并把握下一步的走向，能给教育人以重要的启示。

关系到儿童养育问题，牵扯的面很广，各民族为了满足自己的需要而有各自的侧重点。结合中国传统提出的养育理念，在很长的时间里一直在延续：自律训练、责任训练、社交训练、服从训练。如此培养出来的人往往失却了个体的特质，成了“谦让、合群、顺从、忍耐，愿受人支配，予人以良好印象”的“顺应型”人物。创发性的潜能和独特的个性都难以得到发挥，传统的教养忽视了对儿童好奇心的满足和求知精神的培养。随着社会经济的发展、信息的传递，我们看到了西方教育的诸多优势，随着现代化进程，家长养育孩子的方式也在发生改变。过去，家长可以把孩子完全带在身边进行教育，孩子的依赖性比较强，如今家长要去上班，要求孩子具有独立性的愿望比较强烈；受过良好教育的家长多半喜欢玲珑活泼的孩子，不再欣赏“小大人”式的孩子；家长和教师开始用讲道理的方式来代替简单粗暴的体罚……

社会在儿童教养方面要向什么样的目标转变？韦政通先生提出了自己

的观点。

(1) 只能要求子女有限度的顺从。“从现代中国人身上所残留的一些痕迹，做粗浅的观察，似乎也可以看出，中国人一般看来缺乏意志，而表现为优柔寡断、游移不定、好依赖等性格，与父母们过分要求子女顺从的教养方式，有密切的关系。”《乖孩子的伤，最重》，单这名字就已经值得我们反思家庭教育中的问题了。顺从的孩子，是以牺牲自己的兴趣爱好、失去张扬的个性作为代价的。在有些家长眼里，孩子是自己的财产，言出即从的观念根深蒂固。当我们把顺从当作教育的重点去看待的时候，我们的教育也就走进了反教育的怪圈。过度的顺从教育，对社会间接造成了不良的影响，家庭培养出什么品质的孩子，社会就会有怎样的变革。在一篇博文里，我讲述了一个真实的故事：一对将近 20 岁的姐弟，整天窝在家里不出门，连最起码的与人交流、与人接触的能力都没有。造成这种情况的最重要的原因是他们的母亲从小就将他们与周围的环境隔离，严格要求他们必须顺从母亲的意愿。

(2) 不要干涉儿童的兴趣。“儿童时期是人一生兴趣蓬发的阶段，他们对许多事物，都富有新奇感，且有满足好奇的冲动。假如父母们能予以适当的诱导和鼓励，孩子们的潜能和自我意识，就自然能够得到顺利发展。”“干涉子女们的兴趣，极可能扼杀了他们的潜能，使他们将来没有能力去选择自己的志趣，造成学习过程中的许多挫折。”能够自己做出选择的人是愉快的，反之，是痛苦的、割裂的。不愉快的人，对社会是有潜在的危险性的。所以，明智的家长要在孩子小的时候注意培养他们决断事情的能力。

(3) 容忍并辅导超越规范的儿童。很敬佩韦政通先生这种提法，“超越规范的儿童”——我们过去喜欢称其为“问题儿童”，并时常对那些好动的孩子冠以多动症儿童的名称。“从人类学的观点，孩子们的精神状况是否正常或异常，常常只是根据所在社会的规范标准下判断的，在这个社会认为异常的，另一个社会可能视为正常；根据传统标准认为异常的，在现在反而认为是正常。”比如，超短裙在刚刚出现的时候，很多孩子与父母之间产生了争议，父母开始变得恐慌、焦虑，孩子开始叛逆。但，当时间走到今天，我们看到穿超短裙已经成为社会的正常现象，社会也已经开始接纳那些所谓的“新潮”。原本，我们可以不必有如此多的纠结。容忍并辅导“超越规范的儿童”是父母对孩子天性的尊重和爱护。孩子的成长本来就离不开犯错，“吃一堑，长一智”的格言阐明了成长的一个重要原则。

（4）调整旧有的价值观念，以适应现代社会。改变观念是很难的事情。过去，我们特别强调的是父母对孩子的恩惠，今天，我们要特别强调父母对孩子的责任。有责任地去爱孩子，无形之中会对孩子的成长产生积极的影响；恩惠，只会让孩子产生更多依赖。父母对孩子的爱，是以分离为目的的。我们的责任正是让孩子有一天可以自由地翱翔。放飞，小时候，父母要给予孩子的正是这一点。社会在转型期，父母与孩子之间的关系需要重建。

书中关于教育二元价值观的论述，对我很有启发。孩子观看影视剧的时候，常常会问父母剧中谁是好人，谁是坏人。父母往往不假思索地说出“这个是好人”或者“这个是坏人”这样的答案。看起来如此微小的事情，却可能把孩子引入二元价值观的误区。“二元价值观，培养孩子们对‘好’人生起崇敬的情绪，对‘坏’人激起仇视的情绪。如此盲目地培养孩子们的好恶情绪，会影响他们将来正确估量新事物新经验的能力。”简单的二元论，使得孩子缺乏了深刻的思考和辨析，不能全面地评价事物。值得关注的是，在这种思考模式下长大的人，情绪特别单一、强烈，容易把握不住自我。韦政通先生说：“一个有良好认知能力训练的人，是不会轻易成为法西斯主义的信徒的。”我们的教育生活中，是不是也有类似的问题出现？当对文本中的人物进行分析的时候，一味地“高、大、全”，总是用对错或者好坏来评价事物，对待某个具体的学生喜欢非此即彼地判断……民主自由的思想是应该建立在科学的认知基础上的，多元地认识事物会更客观。韦政通先生在书中这样写道：“我希望今后的父母们、教师们，以及儿童故事的作家和编剧家们，在日常用语，或故事、剧情的编排中，尽可能客观地展现事实，少做评价，尤其要避免做‘好’与‘坏’二极性的评价，这样将有助于孩子们认知心态的培养。”语重心长啊！我们教师是不是也应该多思考自己对孩子曾经做出的评价呢？或者，自己给了孩子怎样的价值观影响呢？

1936 年，爱因斯坦曾经针对人格缺失的教育提出这样的观点：“学校的目的应在培养青年平衡、调和的人格，而不是在训练专家，即使是技术学校的学生，我也认为发展独立思考和独立判断的能力，远比钻研专门知识重要。”书中的这段引用，让人反思。我们的教育教学要确定什么样的目标？在各种精英班、奥数班纷纷上场的社会现实中，我们该怎样进行教育价值的解读？

韦政通先生博古通今，多维度阐述了中国文化与现代生活的关系，翔实的史料信手拈来，为读者展现了多条较为清晰的文化线索，也为教育工作者展现了更多教育观点。读这样的书，长见识。看来，阅读生活中真的需要在某一个特殊的时段，注入新的主题，来激活、拓展、丰盈我们的思考。

# 珍视成长中的"贵人"

——读《每个孩子都爱学：美国 KIPP 学校的奇迹》有感

莱文和芬博格两个人能够在很短的时间内掌握优良的教育技艺，取得令人瞩目的教学成绩，不能不提哈瑞特·鲍尔和雷夫·艾斯奎斯。

书中有这样的段落："鲍尔是课堂魔术师，她的课堂充满了动感和乐趣，同时又重点突出，每一分钟都得到有效利用。鲍尔是'主内高手'，帮助莱文和芬博格把工作做得更加精深。她让他们知道如何在课堂上确保没有学生被忽视，如何在每节课上找到对每个孩子都有意义的东西。艾斯奎斯是'主外大师'，他的优势在于大策略——更长的在校时间，带孩子外出远足。"在这样的描述中，我看到了两位美国名师对两位"青年才俊"的积极影响，当然，这些句子还不能算完整——两位教师对教育的热情和执着以及创造奇迹的勇气也在潜移默化中迁移到了两位年轻人的身上。

每位教师都是学生成长中的"贵人"，而教师的成长也同样需要关键人物的引领。莱文和芬博格在专业成长的路上，能够遇到鲍尔和艾斯奎斯是他们的幸运。两位老师的出现，都是在两位年轻人处在"山穷水尽疑无路"的时刻，颇有"雪中送炭"般的传奇。

莱文和芬博格在学校里付出了热情，却依然困难重重：进度缓慢、管理不善、问题迭出……这个时候，莱文注意到了自己学校里的鲍尔老师——创造力、人格魅力、组织能力、时间管理能力，以及她的学生对她的"忠心耿耿"。随后的日子，他和芬博格成为鲍尔的粉丝、朋友、学生。在鲍尔那里，他们懂得了什么是炉火纯青的教学技艺，懂得了必须要将自己的个性特征融入课堂中去，懂得了特有的"门廊"文化……

与艾斯奎斯的相遇，也是在对自己学生的前途甚为担忧的情况下，在有一种挫败感和无助感的情况下。两个人意识到，"他们在小学生身上所做的所有努力，就像在科尼岛的海滩上建沙堡：他们建得再好，都会很快被粗暴的海滩游客或海浪摧毁”。怎样教给学生可以持续发展的知识？一个教师能否具有影响孩子一生的能力？在困惑中，两个年轻人遇到了艾斯奎斯，并通过网络、电话近乎疯狂地向他请教。

试着从两个青年教师的角度来思考。

他们遇到成长中的“贵人”，其实是他们发展内需的驱动赢得了一次绝好的机会。在挫败中，不失望，不放弃，试图寻找好的解决办法，才会主动寻找到促进自己发展的“贵人”。从一定意义上说，“贵人”是来扶持那些有准备、有困惑的有志之士的。在鲍尔所在的巴斯蒂安小学，她的优质教学技艺存在多年，别的青年教师没有发掘、借鉴，而在莱文和芬博格的分享中，最终焕发光彩，这说明什么？成长的机会都是自己主动创造的，而不是被赋予的。

有困惑，才会有发展；安于现状，只会一事无成。从两个青年人的成长过程中可以看到，他们感到茫然的时刻也正是他们不断获得飞跃的时机。鲍尔帮助他们解决了课堂技艺的问题，艾斯奎斯帮助他们完善了影响孩子一生的策略思考，从这样两个阶段也可以看到他们对教育问题的思考越来越专业、深刻。从课堂的控制与知识的传授到人的持续发展、全面发展，不能不说，两位名师的确是他们成长中的“贵人”。

在感性的钦佩之后，两个青年人将两位名师的技艺和理念迁移到了自己的课堂中，有的时候甚至是照搬。他们的做法开始变得管用——对学生的不良行为做出快速反应，对好的表现给予常规性的奖励，还有真诚的家访和外出参观学习。在这样的过程中，不得不感慨这两个青年人不断实践的精神。将有效的教学策略落实到自己的教育教学行为中，需要勇气，也需要智慧，他们做得很好。学习的最佳途径不是佩服，而是行动。

值得注意的是，两个青年人并不循规蹈矩，他们有自己的坚持，有自己的创新。比如，在纪律问题上，提出了 SLANT 规则：坐直、看和听、提问、点头、眼光跟随教师。苛刻的纪律管理导致他们与艾斯奎斯的观念发生了分歧。在办学理念上，他们修改了新的歌词：“知识就是力量/力量就是自由/我们想要它。”书中有一句话挺有意思：“艾斯奎斯之所以能获得全美教学大奖，不是因为他守规矩，而是因为他打破规矩。”从某种意义上讲，这两个青年人得到了教师的“衣钵”。

我在想：莱文和芬博格这两个有梦想的青年教师与他们遇到的“贵

人”有什么不同?

鲍尔是课堂教学专家，她精通如何掌握教学进度，如何调动学生的积极性，如何高效、幽默地实现课堂教学的高效，她立足于课堂教学；艾斯奎斯显然是一位伟大的教师，他从知识的旋涡中挣脱出来，通过知识来影响学生一生的品行，从他为学生创设的丰富的活动，可以看出他在乎学生作为一个人的真实发展，这已经从教学提升至教育的高度。两位所谓的“菜鸟教师”却将自己的所学演变成一次改革，通过 KIPP 学校的创建和推广，引发了一次教育教学的巨大变革。

一个有梦想的人是会努力发挥出最大潜质的。莱文和芬博格就像站在鲍尔和艾斯奎斯肩膀上的新星，将两位名师的强项进行了整合提升，形成了自己独特的风格。

珍视成长中的“贵人”，也是珍惜发展的机会。“博观而约取，厚积而薄发。”保持自己的判断力、思考力，主动学习，学会沉潜，梦想才会在合适的时机放飞。

# KIPP成功的“五大支柱”

## ——读《每个孩子都爱学：美国 KIPP 学校的奇迹》有感

在费尔蒙特酒店，学校的“五大支柱”浮出水面：高要求，选择与承诺，更多的时间，领导的力量，聚焦学习成绩。用比较通俗的话语来说就是，“对所有学生都高要求，更长的在校时间，校长完全负责，重视寻找最优秀的教师，奖励学生的成功，跟家长紧密联系，聚焦学习成绩，承诺为每一个孩子做好上好高中以及上大学的准备”。敲打着这些文字，我仿佛看到一所纯正的中国学校，也在面临着考试的压力，也在竭尽所能地让学生具备很强的应试能力。作为民间力量自发组建的学校，KIPP 学校需要有骄人的业绩来证明自己存在的价值——给贫民窟的孩子提供成功的机会，这本身就是一个很了不起的目标。他们做到了，还在精益求精，还在不断扩大他们的影响力，这注定会是一场有冲击力的变革。

抓住主要的问题来提升 KIPP 学校的影响力，无疑，两位教师做得很不一般。将学校的发展定位在聚焦学习成绩上，也是在为学生的成功打下最坚实的基础。值得关注的是，KIPP 学校的成绩不是依靠“水多泡倒墙”的方式赢得的，而是源于教师的热情投入，源于师生关系的融洽，源于家校合作的顺畅，源于教学智慧的精彩纷呈。围绕教学成绩这个中心，整个团队都在尽力而为，其中同事之间形成的相互影响力，也成为彼此有力的正向引导。在目标得到确定之后，内在心灵的共鸣会促进整个学校的成功。在书中，不管是鲍尔还是艾斯奎斯，又或是团队中的成员，都是对孩子有高期待、对成绩有高要求的。心有所想，携手并进，倾力而为，最终修成正果。

学习的过程看似简单，实则凝聚着各位教师的心血。在 KIPP 学校的课堂里，教师是个多面手，不仅要向孩子传授知识，更需要不断增强孩子对学问的认同感。“爱读书的孩子不会变坏。”曾在一本刊物上读到这句话，学习对人的影响是深远的。一些学校招收新的教师，其中学历成为最主要的条件之一。那些在学校苦心阅读的研究生往往受到学校的青睐。我认为，最有价值的不是那些研究生所掌握的丰富的知识，而是他们身上那种长年累月的学习所积淀下来的内在品质。学习的过程也是磨炼心智的过程，思考力、观察力、批判意识、民主意识等都是看不见的成果。

在学校里，教师主要在课堂教学中对学生产生影响，而如果单把教学简化成知识的传授，就会将师生引入枯燥乏力、焦虑紧张的泥潭，学生在学校里也不会生发出梦想来。教师要关注学习的内容，更要关注学习的过程和形式，学习本身就是最好的教育内容。在学习中要向学生传递怎样的价值观、学习观？学习的品质如何得以修炼？学习的魅力如何得以展现？跳出单一的知识教学，教师才会对自己的课堂有更深入的观察与思考。

原本昏昏欲睡的学习状态在 KIPP 学校里得到唤醒，其中的经历对于个体的成长是有价值的。KIPP 学校就像一个大火炉，孩子们在其中激情燃烧，相聚在一堂堂迸发思想火花的课上，彼此之间的影响也会对他们的学习产生积极的促进作用。教师的教学需要克服师生之间单向互动的弊端，激发同伴间的讨论与竞争，发掘来自同伴的正向影响力，让孩子一坐到教室里，即使教师不在，也会产生强烈的学习欲望——这正是自主学习、自主发展的原动力之一。

何为优秀的教师？对于 KIPP 学校的发展来说，具有较强的教学能力，能够尽快领会教学的若干原则，实践学校的理念，从而成为推动学校发展的关键链条，就是优秀的表现。优秀还体现为对学生有来自本性的亲近感，有足够的魅力让学生喜欢你，能够通过学习传递更深厚的生存、生活之道，能够懂得自己在团队中的责任和义务。其实，优秀的教师除了可以去寻找，也可以培养，如一粒落在土里的种子，一个教师扎根在了孩子的世界里，只要给他足够的关注和期待，他就会从平凡走向优秀，从优秀走向卓越。

# 做一个敢担当的教育者

## ——读《当教育界群星闪耀时：民国教育家小传》有感

在回乡的路上，在商场的停车场，在拥挤的阳台，我一直被这本书感染着，随身携带，随时阅读，仅用了两天时间就读完了。这不同于以往的阅读，我既是读书，也是读人，更是读自己的感动与敬仰。在民国，一颗颗璀璨的文化巨星幻化成民族的精神，映照千秋。站在他们面前，我明白了什么是“国家有难，匹夫有责”；站在他们面前，我知道了教育对于一个民族的意义；站在他们面前，我懂得了知行合一，教育才有希望；站在他们面前，我看到了顶天立地活着是怎样的一种姿态。怀着这份谦卑，我愿意记录下自己的阅读体会，以表内心的崇敬。

民国期间，怀着救国兴国的理想和目标，一批优秀的知识分子投身于教育事业，成为一个时代的丰碑。他们对教育的贡献，影响了中国，也影响了世界。蔡元培、梅贻琦、张伯苓、晏阳初……一位位文化巨人，从书卷中走来，带着他们的人生故事，带着他们的教育思考，也带着他们对中华民族存亡的忧思。阅读他们，让我看到文人身上的大儒风采，也看到近代中国教育发展历程的艰辛与不易。读完这本书，我不禁问自己：为什么会在一个时期涌现出如此多的教育家？

国家危亡、社会变革时期，他们喊出“中国有我”，他们内在强烈的历史责任感被激发出来。四处奔走，艰辛办学，目的不仅仅是教会孩童知识，而是要推动整个社会的进步。晏阳初推行60年平民教育，他说“平民教育，平天下不平”，他尽己所能让世界在他手中发生改变，钟情于提升卑微者的尊严。张伯苓在南开提出“公”和“能”二字，当年南开遭遇劫难，他又在重庆专心建设涅槃中的“新南开”。张伯苓说：“南开、南开，越难越开。”“我不是魔术师，我是个不倒翁，日本人摧毁了南开校园，但摧毁不了南开的精神。”纵观那个时候的教育家，他们身上都有一种历史担当，有大儒风范，他们使教育与社会紧密相联，成为影响中国历史发展的重要因素。

有这般境界源于他们自身所接受的教育。从家庭教育到成长中的教育履历，我看到每个教育家成长途径虽然有所不同，但大的规律是存在的。他们年少之时常习中华传统文化，大儒大雅，以出世之心而立于世。他们在年少时都曾经受过很好的家庭教育和私塾教育。无论是母亲还是父亲，总有一人在教育中起着重要的作用。蔡元培的母亲慎言，“教育子女言行之前要多思考。子女有错，母亲不怒骂，讲明错误缘由，督促其改过。若屡教不改，便于清晨用竹条打孩子的屁股和大腿”。蔡元培 5 岁入家塾读书，13 岁学习八股文，而后中秀才，熟读各类中华经典。钱穆祖父留下《史记》让家族保留几颗读书种子，其情感人至深。梁漱溟在晚年时说过：“我是一个佛教徒，从来没有向人说过，怕人家笑话。一个人有前生，有来生。我前生是一个和尚，一个禅宗的和尚。”以出家的心态来做教育，何其壮哉！他们都接受过中华传统文化的熏陶，同时都有国外留学的经历，了解西方国家的教育形态。从某种意义上来讲，各位教育家的视野是超现实的，也是站在世界前沿的。只有大视野，才可能产生大境界，才可能进行大的教育改革。

他们之所以成为教育家，一个重要的标志是知行合一，扎根在具体的教育环境中，思想从做中来。“陶行知把当时的教育家分为三种：一种是只会说官话的政客教育家，一种是只会教书做文章的书生教育家，一种是闷头盲目行动的经验教育家。”他认为最合格的教育家应该“敢于探索未知的疆界，在国家未开化的土地上，找到那些未能受教育的人民，尽一份教育的责任”。践行大职业教育主义的黄炎培先生着眼于城市平民和乡村平民，大力倡导职业教育，以务实的方式推动中国劳动观念、教育观念的变革，并为社会提供了新的活力。梁漱溟先生在 30 天里建设 90 所平民学校，推动了乡村建设，也推动了社会政治变革。曾任北京大学校长的蒋梦麟先生为北京大学的存亡竭尽所能。马相伯先生创办复旦大学，他说：“我是一条狗，只会叫，叫了一百年，还没有把中国叫醒。”读着教育家们的故事，我看到他们做教育不是单一的为教育而教育，而是把教育放在历史中去审视，跳出教育的狭隘空间，看到整个社会面临的困境。教育者应该从更宽泛的范围来看待今天的教育。是的，我们不能仅仅局限于知识和能力，更要看到社会前进需要教育的力量。

总有一些细节让人唏嘘。那些在危难之时的本能之举，恰恰折射出教育家们的伟大。梅贻琦先生说过：“所谓大学者，非谓有大楼之谓也，有大师之谓也。”他治校提倡民主，将“教授治校”的形式发扬光大。除了校长，还有教授会、评议会、校务会三个机构发挥着重要作用。当时的云南省主席龙云的女儿曾经想托关系入西南联大附中，结果未被批准。事后龙云得知梅贻琦的女儿也同样没有被录取，心生敬佩。还有晏阳初，当初蒋介石不支持他的平民运动，而后他争取美国的支持，美国通过了第一个针对个人的“晏阳初条款”。陈鹤琴用心记录儿子的成长历程，持续 808 天，积累十多本资料，他把儿童的特点总结为四心：好动心、模仿心、好奇心、游戏心。吴怡芳终身未嫁，她的学生在舞台上给出答案：她是把自己嫁给了金陵女子大学。张伯苓先生为南开穷其一生，1950 年南开大学校庆时，他却因为曾经出任过南京国民政府考试院院长而被拒之门外，黯然神伤，次年离世……他们站在历史的洪流中，他们挺直了腰板儿为中国而努力，他们却又如片片秋叶般落入泥土中。

写这篇文章，最初我用了《为什么是他们》这个题目，是想试着探寻教育家的成长路径。而写到这里，我觉得路径已经不再重要，重要的是教育家必须要成为一个敢于担当的人，他用自己的全力来做事，他知道会遇到一个个苦难，他选择过这样的生活。在教育先哲们的身上，我看到家国情怀，我看到教育信仰，我看到生而为之痴。在中国，他们是立在这片神奇土地上的一棵棵大树，他们坚定了我们的教育信仰，也为我们指明了方向……

# 做有灵魂的教育

## ——读《善待教育的背景与实践》有感

董春玲校长的新书《善待教育的背景与实践》正式出版了，为她高兴，也对她多年以来的教育实践由衷钦佩。这是一本实践者的智慧之书，也是一本教育者的灵魂之书。她躬耕在教育的沃土上，边走边唱，为乡村孩子创造着美好的当下体验，为乡村教育注入着源源不竭的动力。一所学校成功变革的背后，一定有一群人的热情实践，而其中的那位领导者一定是理性而富有魅力的人——董春玲校长就是这样的人。

董春玲校长与魏传国校长都是拥有教育热情的人，他们的热情里有理性的规划，他们的热情里有睿智的选择。基于现实，突破现实，超越现实，在学校发展的路上，他们夫妻二人都是如此优秀，成为令同行敬佩的“夫妻校长档”。我读魏传国校长为此书写的序，看到了一个丈夫对妻子的理解与支持：“我理解她的执着。如果，因为一个人的努力，去改变一群人，改变一个世界，这就是一种功德。”常常，一家人围绕学校生活，在同一片屋檐下谈论，这样的教育之家让我想到：当教育融入生活，教育是有温度的，是满含善待之心的，是可以更容易走进师生心灵的。有时候，我们常常喜欢把工作和生活割裂开，八小时之外就是安静的生活。殊不知，万事皆教育，在生活中的种种都可以与教育有联系，都会有启迪。会生活的人，其教育生活自然也别有一番韵味。从某种意义上讲，这本书既是一所学校的教育实践，也是董春玲校长多年的教育之旅，她一直在做有灵魂的教育。

做有灵魂的教育，学校要有自己的办学思想。董春玲校长提出了“善待教育”的思想，她认为，作为校长和教师，要善待教师，要善待每个孩子，要善待每一天。善待学生，用心成就每一个；善待教师，用心学习每一天；善待自我，用心超越每一次。善待就是对生命的敬畏，对教育的敬畏。看到山东省莱芜市钢城区黄庄镇丈八丘联小（以下简称“丈八丘小学”）创造性开设的各种课程，看到丈八丘小学日新月异的完善发展，看到丈八丘小学资源社会化的整合，看到丈八丘小学基于问题的自组织变革……我想到当年陶行知先生的乡村教育实践——创办晓庄学校，提出“生活即教育”“社会即学校”“教学做合一”等教育思想。在丈八丘小学，教育的意义已经不仅仅是对儿童的影响，而且成了当地社区的文化中心。用教育之力，带动民风民俗，人人因教育而精彩，人人因教育而从善。一所学校有文化，不一定是校园内部装饰多么精美、设施多么先进，至关重要的是这所学校能否成为当地百姓、全校师生的情感归属地、文化启蒙地，能否让每个人都因为这所学校的存在而精神富足、心安若素。

做有灵魂的教育，学校要始终保持对人的关注。丈八丘小学多年的实践都是为了乡村孩子的成长：学校努力让孩子吃上营养的午餐；董春玲校长为改善办学条件四处“化缘”；开设丰富的课程满足孩子们的选择需要；“双十双百”工程夯实孩子们的技能；读书、实践、游戏……好多好多的教育活动都是从儿童出发，基于儿童，成就儿童。董春玲校长的许多做法令人感动，比如，在城市化进程中，一个个村庄正在消失，孩子们的生活环境也在发生着变化。农村孩子的优势是什么？是那种自然赋予的淳朴、善良、坚强……当今天的孩子没有了乡村的生活体验，就无法传承传统。于是丈八丘小学实施走向自然的行动计划，让孩子们走进田间地头，走进实践基地，寻找土地的讯息，感受民俗的魅力。还有什么能比让孩子的心灵富足更有意义？董春玲校长带领她的团队，为孩子们创造着一个又一个惊喜，学校已经超越了围墙。在教育改革轰轰烈烈的时代，太需要有这样的学校出现，不随波逐流，不一意孤行，眼中有孩子，心中有教育，踏踏实实让每个孩子长得茁壮而快乐。学校是为人而来，终究，也因人的精彩而功垂千秋。

做有灵魂的教育，学校需要一批有教育梦想的教师。董春玲校长到丈八丘小学的时候，面临的最大困难是学校师资紧缺、年龄老化。但，今天再看他们学校的教师，虽然有的年龄已老，但热情很高——第二技能开发，老教师也积极参与，颇有“八仙过海，各显神通”的架势。青年教师走科研发展之路，培训学习、交流分享、实践探索……一个教师最幸福的事情莫过于跟着一个对的人做对的事。就像《陋室铭》中所言：“山不在高，有仙则名；水不在深，有龙则灵。”现实条件是一方面，更为重要的是每个人对自己的定位。乡村教师也要有梦想，乡村教师也要爱读书，乡村教师更要让自己的想法落地生根、开花结果……我在书中读到了教师们的肯学与求实，读到了大家对教育的热爱与坚守，也读到了他们对自我的反思与超越。教师与学生之间的关系是如此微妙——当我们的教师竭尽所能地去帮助孩子们成长，为他们助梦的时候，教师也在被感动、感化、感染……这其实就是最好的教育状态。

做有灵魂的教育，学校要有一位有情怀的校长。董春玲校长在书中写道：“我没有为薪水而工作，而是在为责任和梦想工作，我是在用行动努力地坚守这一方净土，我希望能够用爱、用情擎起一片教育晴空。”读完此书，我相信这是她的肺腑之言，她用自己的教育激情，点燃一个团队的教育梦想，引领大家一步步走向教育的本真。其间的体验只有她自己深深懂得，有情怀的人，有梦想的人，有责任的人，是可以不畏世俗蹉跎的。董春玲校长在后记中说自己“只要想到‘为了孩子们，让孩子们接受好教育’就会不知疲倦地去想，诸多灵感也会频频光顾”。有大爱的人，才可以为责任和梦想如此执着。今天的教育，急需有更多的人像董春玲校长一样坚守梦想、担起责任、贴地行走。

做有灵魂的教育，我们每一个人都应该永不言弃。

# 一本书的意义

## ——读《读书是教师最好的修行》有感

在上海，常生龙先生赠我一本他的专著《读书是教师最好的修行》，书的封面上有一句很诗意的文字："坚持不懈地阅读，就是与最美景致一次次的邂逅。"打动我的，是坚持不懈的精神，是邂逅的美妙，是阅读的神奇。

常生龙先生的博客是我常去的地方，那里有管理的经验、阅读的勇气、实践的智慧。渐渐懂得大家称他为"船长"是有道理的，他一直在用阅读和写作引领着众多教育者们前行。从某种程度上说，他是众多"博友"的精神榜样，读他的文章，你会觉得教育是一件特别值得坚守的事情；读他的文章，你会觉得阅读应该成为一日中的第四餐；读他的文章，你会觉得生命的意义在于不断地思考与磨砺。从网络到纸媒，今天能够手捧先生的著作真是一种荣幸，阅读本身就是一种最好的遇见，而我愿意在这种心境中写下那些"一闪念"……

这是一张有品质的阅读地图。常生龙先生博览教育书籍，已经形成了自己的体系——"教学即创造""教育即生活""学校即社会""理论即支点""变革即未来"。书中提到的每一本书都是他在众多书籍中用心选择的，每一篇文章都是他阅读后的深刻思考。他在梳理的过程中，已经为读者画出了一张阅读地图。这张地图告诉我们：一个教师的专业阅读需要有系统的规划，既要有技术的智慧，也要有理论的点润；既要有现实的坚守，也要有对未来的探寻。阅读的地图也映射着一个教师的专业发展之路，眼界决定境界，读什么样的书，就会有什么样的教育品质。常生龙先生的阅读地图里藏满宝藏，只要愿意，依循这本书出发，我们会走向教育阅读的深层次。

这是一段有温度的阅读记忆。在后记中常生龙先生这样写道："在阅读的过程中，我逐渐体会到读书的美妙。每当我在工作和生活中遇到难题的时候，总有一本书在那里等着我，给我启迪，让我豁然开朗。”我亦有同感，书确实像开山的斧头，像涉水的轻舟，像茫茫大海上的灯塔。当你安静阅读的时候，总有一些心仪的观点跳出来，令你怦然心动，有一种“蓦然回首，那人却在灯火阑珊处”的感觉。透过这本书中理性而深刻的文字，你可以想象从读者到作者的那种神圣感、责任感、意义感。当很多人已经进入梦乡，常生龙先生依然在敲打键盘、用心思考——阅读时的幸福、写作时的畅快，该是一种多么自我的人生体验！读这本书，也会唤醒我们曾经的阅读记忆，苏明进老师别具一格的教育实践，夏山学校尊重个性的教育生活，芬兰教育的秘密……阅读让我们的世界彼此相连。

这是一本有品味的成长档案。读一本书容易，读一批书难，读万卷书更难。而在常生龙先生这里，读书已经成了他的一种生活方式，读再多的书都不是难事，而是快事了。在阅读的过程中，将所思所感付诸文字，坚持不懈，可以让自己变成有思考力的阅读者，打开视野，博览教育经典，可以让自己对教育的理解更为透彻通达。这也应了那句话：一个人的阅读史就是一个人的精神成长史。阅读犹如一日三餐，天长日久，终会内化在一个人的精神样貌里，终会助力于一个人的心灵成长。阅读这本书，可以感受到作者的厚重，更可以感受到阅读的魅力。

这是一次有力量的阅读感召。常生龙先生将一本本书中的精髓提炼、升华，并融入自己的思考与实践，让阅读与工作、与梦想有机结合。他擦亮书中的珍宝，告诉我们，读书就是最好的修行——拥有阅读的能力，才能做最好的自己。我们的阅读有时候会困于事务繁忙，但当你捧着这本书，想到常生龙先生也是一方主管、事务众多的时候，内心是否也有了想开始阅读的热情？我们的阅读有时候会困于看不到成效，但当你捧读这本书，想到作者笔耕不辍、思想深刻的时候，是不是也跃跃欲试？我们的阅读有时候会困于不知道该从何读起，但当你读完这本书，或许就会有属于自己的答案……今天，常生龙先生用自己的阅读反思感召了众多有梦想的人，这是一本书的意义，也是一个人的意义所在。

来吧，从这本书出发，开启一段别样的阅读生活。

# 燃灯者

## ——读《做有生命感的教育者》有感

李政涛这个名字第一次走进我的教育生活，缘于一篇文章——《教育是一项需要从容的事业》。他在这篇文章里道出了教育者的从业品质：悲悯、宁静和从容。他告诉我们：“带有悲悯之心的教育者，面对着那些艰难成长着的孩童的生命，脸上带着微笑，内心充满柔情，灵魂深处则在流泪甚至滴血。”这是有生命感的写作，在他的文章里我读到一种对儿童生命的深刻感知和对成长的本质把握。于是，期待着有机会可以多读一读他的书。终在“思之源”书店淘得此书，反复阅读多次，折页良多，受益匪浅。

《做有生命感的教育者》一书记录了李政涛教授对教育独特、深刻的思考和自我成长的体悟，字里行间满是学者的真诚与踏实，书生意气中的那份执着与坚守，让我在阅读中心生敬佩。一个可以用生命来关照教育的学者，他的文字是有强大能量的。这些文字是带着作者独有的特质的，正如他在《等待灵魂的配偶》一文中所写：“在困顿、焦虑和病痛中，终于把平生的第一本书写完了。对我来说，这是一个打开自我枷锁的过程，是一个揭示沉睡的自我潜能的过程，更是一个追寻自我和他人完善的过程。……写作本身就是一种善行。”我特别中意这样的文字，即使博览群书，也不用生涩的专业术语来迷惑读者，愿意用一颗心的感悟来诠释那些我们习以为常的现象，愿意用安静的沉思来唤醒一个个走向麻木的教育从业者。文字是有力量的，它带着作者的表达节奏和心理波动，一次次激起读者的共鸣。从某种意义上讲，写作就是寻找，通过永恒的文字来寻找一个个尺码相近的灵魂，实现跨越时空的对话，让灵魂相互慰藉。

他的思想来自凝视之中。在《教育与生命的重负》一文中，李政涛教授直面教育中的重负，将生命成长中不可避免的困境一一道来，使得教育的面部更加真实。他这样写道："真正的教育不会是轻松的，不是冰面上的滑行和舞蹈，而是要在严寒冷酷的生存状态下，挥舞着冰刀，用全部内心的激情和冷静，去对冰进行雕刻。"形象而生动的文字，阐释了教育的另类之美。只有当生命在经受足够深刻的考验之后，我们才学会珍惜，学会勇毅，学会应对，学会与沉重事物打交道的经验。可以说，这样的观点对当前铺天盖地的"愉快教育""幸福教育""快乐教育"无疑是一种警醒，当教育趋向表面的浮躁和感官的愉悦之时，能够有学者发出这样的声音，实乃教育之幸。李政涛教授在书中一再重申："真正的愉快教育是学会以一颗坦然平和的心，面对生命成长中的种种压力，在解决问题的过程中保持乐观愉悦的心态。所获得的愉快是在承担重负过程中的创造的欢乐。……这样的重负应该是循序渐进的，必须顾及儿童的年龄特征和心理特征，要避免把重负变成儿童的不可承受之重。"

他的思想来自对真理的坚定认同。"只有教不好的老师，没有教不好的学生"这样一句话，成为教育界的名言很久了。教师们虽然心存不满，却鲜有跳出来反驳的，毕竟教师没有发言权，一旦争辩就成了"死不认账"。听过大大小小上百个讲座，也不见有教授、专家站出来为教师们说说话。而李政涛教授在他的文章中，坦诚道破教育真实："教育者的重负也可能是由教育过程中的挫折和失败带来的，人们往往对教育带有不切实际的设想，希望所有的教育都是成功的，希望教育的光辉能够普照到每一个心灵。所谓'只有教不好的老师，没有教不好的学生'，这是一种理想主义的信念，但实际情况是：存在着教不好的老师，也存在着教不好的学生。如果将教不好的学生都归于教师本身，那就是勉为其难，就是为教师压上其不可承受之重。"我感到一个有生命感的教育学者一定是站在生命的角度来看待教育的，他会从教师和学生的真实体验出发，而不是单单站在理论推断的高处指手画脚。一个着眼于生命成长的教育学者，一方面，他承认教育的局限，为教师、为学生还原真实的样貌；另一方面，他始终对生命充满期待，相信师生在教育的重负之中，生命内涵会更丰富更有质感。

他的思想来自对教育本质的深切体察。"教育者只有把教育的学问变成生命的学问，把学生的生命落在自我生命的核心里，同时又把自我的生命化进学生的生命里，成为其今后生命成长中的核心资源，教育者才将是一个有学问的人，而且是一个有真学问的人。”教育的本真之意就是“回归生命之家”，教育者与受教育者彼此生命成全，彼此生命映照，彼此生命激励，找到此生的归属，也就是实现了教育的价值。好的教育一定源于好的师生关系，而师生关系中散发出来的生命气息，令人感动。李政涛教授站在生命的高度来思考教育的本质，为我们打开一扇宽敞之窗。他对儿童生命的秘密有着超乎一般的体察，在一个教育情境中，他看到生命的特别：“每一个幼小的生命都是迷宫，这个迷宫成长延伸的路线则是更大的迷宫，不同迷宫之间的相互纠结，又组合成了更为复杂的迷宫群。要真正走出迷宫，教师需要的是：倾听与对话。”是啊，只有懂得，才会有更理性的判断。倾听儿童、对话儿童，一个教师需要蹲下身子来用心面对，我们始终应该保持对儿童的敬畏，并心存以学生为师的信念，一步步改善我们内心的固执，一次次重塑我们新的价值观念。整本书中，随处可以读到李政涛教授关于教育的真知灼见，都是基于教育真实的贴心之语，读来，眼前一亮。

他的思想来自对自我生命的不倦探索。书的后半部分，是李政涛教授自我成长的故事和体悟，我看到一个捧着心而来的教育者。他今天的写作，其实是教育生命的烛火在燃烧，照亮更多前行者的路。我确信：一个人只有经历深刻的人生体验，才会更专注于某一项事业，并成为其中的领航人。李政涛教授有过迷茫，有过彷徨，他也一次次叩问过自己的选择，最终，知道此生为教育而来，注定要做教育的守护者。在回顾自己的教育经历时，他讲述了自己的父母亲、教师、书籍、疾病对自己的影响；在专业变化过程中，他动情地回忆了叶澜先生对自己的影响，并最终定位在教育学……一个人走多远取决于他是否知道自己从哪里来、到哪里去。李政涛教授以阅读和写作丰富自己的生活，以研究教育学为己任，以推动教育改革为使命，成为教育界的领军人物。他自身的成长经历就是一部很精彩的“教育史”，我看到他思想的产生也与其经历有着密切的关联。

读这本书，我喜欢其中充满生发之气的教育言辞；读这本书，我敬佩李政涛教授探索教育的书生精神；读这本书，我更感动于生命可以如此向前不止……

# 学校存在的意义

——读《教育是什么：一所学校的百年故事》有感

最近读了《教育是什么：一所学校的百年故事》这本书，感受了一所学校的百年历史，对“最中国的学校”产生了由衷的敬佩。作为江苏省苏州第十中学（以下简称“苏州十中”）的校长，柳袁照用细腻而真诚的写作来重现了这所伟大学校的历史，尤其是其中的故事，让人读来历历在目、心潮澎湃。书里面记叙的是一所学校的历史，更是中国教育的一个缩影，让人不禁回味教育的意义，思考一所学校的价值所在。

学校为什么而存在？学校该有怎样的价值追求？读完这本书，我感觉到学校存在的意义在于成为师生生活、生命的温暖港湾，成为文化精神的传承地，成为厚载每个生命的故事书。

不管到什么时候，人应该始终处在学校的中央，对每个个体生命的尊重与成全是大爱所致，是教育基于当下的人文关怀。人即目的，师生在学校都可以拥有不一样的人生体验，都可以自由发现生命中的色彩，都可以创造属于自己的未来。从这种意义上讲，学校是爱的港湾，也是生命的舞台。学校孕育这种生命在场的力量，更因为这种力量的强大而走向卓越，创造出特有的学校精神。在苏州十中的历史上，从苏州振华女校（今苏州十中）走出的一批批优秀学生有思想、有品格、有追求，她们在校园里潜心求知，她们在历史的洪流中创造精彩，她们成为学校的骄傲。一个个精彩的生命彰显了一所学校的精神所在，也为学校精神注入了新的元素。

一所名校的“名”，最核心的是精神的磅礴与大气。从今天的苏州十中到清华、北大等名校都有一种历史的承受与担当，步入其中，彻骨铭心的是学校的精神。我一直以为，精神传承是一所学校最有价值的教育力量，在前辈中看到精神的存在，在同行者身上体味到精神的意蕴，在内心深处给自己一个精神的许诺。我在其中，精神浸润；同时，我即精神，助力传承。认同一所学校的精神，个体的生命也就获得了超越现实的皈依，求学与工作也便有了不竭动力。爱一所学校，不仅仅是爱它优雅的环境，更重要的是爱它的精神，从而成就一方心中的净土。一所好的学校会成为每个师生一生的学校，人人以在此求学、在此工作过而倍感荣幸。一所好的学校就像是一个独立而富足的王国，不卑不亢、优雅从容，孕育一方精神，成就一方英杰。

当每个人在学校里有担当地存在着，就会创造出精彩的生命故事来。在苏州十中的校园里，柳袁照校长记录了诸多故事。蔡元培、胡适、竺可桢、李根源等名家当初都曾来校与师生交流，这些与苏州振华女校有渊源的名家固然令人敬仰，可最打动我的是那些了不起的师生们——苏雪林、杨绛、沈骊英、蒋恩钿、何泽慧……从昨天到今天，苏州十中的师生们从没有停止对卓越的追求。学校就应该是一个生长故事的地方，或长或短，或喜或悲，都在岁月里留下了痕迹。珍视这些故事，就是对学校历史的尊重、对学校精神的尊重。一所伟大的学校一定存储着丰富而生动的教育故事，而这些故事都是带着生命气息的。学校就像一本书，厚厚的书，每个人都应该有相应的页码，每个人都应该成为其中的文字，每个人都可以读到与自己关联的故事。

这所“最中国的学校”景观迷人，而更重要的是景观后面的历史积淀和人文故事，从一个个侧面展现了近百年来中国教育者们的艰辛与欣慰。记录教师的故事，为一个个教师扬名立传，体现了学校的人文情怀，也为每个教师的价值提供了传承的途径。当一个人选择将工作放在或者功利的，或者任务的，或者生命的，或者历史的层面去审视的时候，他们一定会获得不同的教育姿态。能够如此精彩地记录一所学校的故事，柳袁照校长功不可没。柳袁照校长的书写是沉浸式的、生命相托般的讲述，他在用心做事，也在用情写作，那些细节都被他一一记录下来，带着浓郁的书生情怀，也带着生命在场的体验。这让我想到，校长应该是学校里的发现者、记录者、提炼者、弘扬者，教育文化的营造首先要有一个有教育家情怀的校长。像柳袁照校长一样在校园驻足、静坐、出神，文化离不开人，当我们沉浸其中的时候，其实也变成了一种新的文化元素。

掩卷沉思，内心久久难以平静。打开电脑，敲下这样的文字自勉：我们不是一所学校的过客，我们是这所学校的孩子，我们在这里快乐工作、用心成长，我们在这里创造历史、体味教育，我们今天把自己融进校园，我们的生命旅程里就有了不一样的色彩。

# 今天如何做教师

## ——读《做一个大写的教师》有感

越是随性写就的文字越有生命的印记，在读薛法根校长的《做一个大写的教师》一书时，我被文章中的那份真诚和率真打动——在现实与梦想之间，他一直坚守着对教育、对儿童的挚爱，从未放弃。一路知行，他从课堂走向更广阔的教育世界，走向更深邃的儿童世界。如清风一缕，他的文字带我领略到一段颇具质感的教育人生。

薛法根校长的“大写”源于对教育的追问，他始终保持着教育观点的独立，始终做那个敢于发声的人。思想独立才会行动果敢，教育者应该秉持对教育的敏感，一次次追问教育的本质与根源，最终发现真实的教育。在现实中，常见把教育当作工作而为的状态，把完成某项任务作为目标，至于为什么这样做，没有人关心。这也就不难理解职业倦怠的产生了。保持思想的独立，就是要不断锤炼自己的教育存在感。教育在场，思想流淌，生命有光。

面对繁重的课业负担，薛法根校长说：“长时间的紧张忙碌，让学生学习的心态变得浮躁，消磨了学生求知的欲望。没有了闲适，教育变得越来越忙碌，越来越短视，也越来越逼仄。如果我们知道这一点，却依然深陷其中，或者推波助澜，那就是学生的不幸，更是教育的悲哀了!”面对孩子们失去游戏的童年，他写道：“过重的负担剥夺了孩子的游戏闲暇，就有可能淡化、扭曲，甚至剥夺儿童以游戏的精神理解和把握世界，催生出‘年纪轻轻的博士和老态龙钟的儿童’。”面对教师尴尬无助的社会处境，他呐喊：“君不见，为拆迁而让教师停课做家属思想工作，甚至扬言做不通就别回来上班。试问：谁给了你剥夺教师上课的权力？尊师重教，难道仅仅是教师节期间的口号？教师法难道仅仅是几张可有可无的薄纸？报纸揭露出的很多贪官，都有法学硕士、博士文凭，可是他们不是缺少法律常识，而是缺少法律制裁。”面对“不做教书匠”的热议，他说：“做个‘教书匠’又有何妨？重要的是我们可以通过不断的阅读思考以及‘独具匠心’的教学实践，少些‘匠气’，多些‘书卷气’，这样的‘教书匠’，不也是很可爱的吗?”当我读到这些句子之后，原本那个柔弱的书生形象完全颠覆，在他的内心深处有对教育痛彻心扉的爱恋。他一次次地书写，一次次地发声，让我想到吴非老师，在今天的教育体制下能够保持一份对教育的敏感，对教育使命的责任感，实属不易。只有此心常存，教育才有希望。

薛法根校长的“大写”源于对课堂的坚守与对学生的成全。一个教师要想获得专业的尊严，必须要依赖对教学的独特建树。在薛法根校长的专业发展路途上，你可以读到一个个经典的教学案例，一次次深刻的自省。在对课堂的坚守历程中，他始终保持对儿童的关注，从未远离对童年的尊重和解读，他的课堂是洋溢着人性魅力的，这种魅力深植在每个孩子的成长记忆里。常见教师对专业成长一次次期待，却难以得到理想的效果，究其原因，是没有为专业成长寻得立足的原野，空洞而缥缈的理论固然让人心潮澎湃，却最终只是空中楼阁。课堂是教师传递教育能量的关键所在，如果不能从课堂之处找到尊严的存在，教师的职业感觉也会出现海市蜃楼的失落感。

薛法根校长在书中说：“作为语文教师，面对学困生，面对教学中的难题，不应回避，而要迎难而上，竭尽全力去解困、去解难。有了这样的专业精神，才会在求解的过程中，获得专业知识和专业能力，才会建构起属于你自己的教育学，获得属于你的专业尊严!”掷地有声，一位优秀的教师将所有的挑战当作提高的机会，这种心态其实也是专业的态度。生活中有“没有金刚钻，不揽瓷器活”的说法，拥有高超的教育技术，才会“艺高人胆大”。而在一次次专业提升的过程中，构建起自己的教育学又是另一个境界。我在薛法根校长的教学案例中感受到一位语文教师深邃而独特的思考，他总是在看似平易中寻得语文的特有味道。这些语文论断不是没有依据的，而是他独立思考的结晶。如《当讲则讲》《落差的教学转化》《语文教学中“五重”与“五轻”》《简约之美——我的好课设计观》，等等，这些观念的背后站着一个大写的语文教师，他可以在众人的随波逐流中守得一方宁静，可以在人云亦云中做真自我。我很高兴在这本书的众多章节中读到了他对儿童的呵护与潜心解读。这是一位语文教师的人文情怀中最闪光的地方，一个没有心怀童年世界的教师不可能迸发出颇具灵感的教学体悟来。在薛法根校长心里，儿童始终有着特别的地位，他知道自己教学的对象是儿童，他知道儿童对文本的认知有着独特的规律，他知道自己要先成为孩子课堂才会充满童趣。从一定程度上讲，他对儿童的成全和对课堂的坚守成就了他的专业的高度，使得他的教育人生有了更伟大的意义。

薛法根校长的“大写”源于成长的勇气与不停歇的状态。在教师的生涯中，能够诠释自己的方式就是教学的业绩和成长的状态。我们不能够改变环境，却能够决定内在的选择；我们不能改变别人的评价，却能够寻找到自己的方向。从教的时间，其实是一部史诗，一部个人的史诗，每一步的奔走都带着青春的印记，每一次的冲击都带着对梦想的坚持。我不知道多少人曾经试图超越今天、超越自我，却最终选择放弃。我只知道，只要坚持就一定能够赢得未来。在薛法根校长的成长路上，我读到了一份执着，一份近乎痴迷的执着。

在从教的最初，薛法根校长也经历过滑铁卢，他的导师对他的评价甚至到了一针见血的状态——庄杏珍老师对他上的《十六年前的回忆》点评：“这是在上课吗？上课不是表演，要走语文教学的正道！”良药苦口，而且不止一副，在作文教学的评比中他也曾经黯然失色，但他决定从哪里跌倒就从哪里站起来。在从教的最初，摔几个跟头是有益的，薛法根校长更坚定了对语文教学的探索。他从模仿开始，拿着贾志敏老师的作文教学录像带，一部部看，一部部模仿，最终有模有样。从模仿到自己的风格创立，再到自然的境界，薛法根校长的语文教学愈发炉火纯青，他成为全国小语界的领军人物。我读到关于他与管建刚老师交往的文字，两个人相距不远，都是语文界精英，在不同的领域坚持着语文教学，两个人亦师亦友的关系令人羡慕。在个人反思与同行互助的路途上，薛法根校长的专业成长实现了阶段性的提升，每个阶段都是清晰的，每个突破都是自然而然的。在他一路前行的状态中，我越发感觉到一个教师的专业尊严不是来自外部评价，而是来自内心的自我认同。

纵观薛法根校长已铸就的教育人生，你会被他特有的文化风范深深感染。从一介书生到名校校长，他最有力量的资源是文化。这种文化不是单纯的固有知识，而是对教育的深刻解读和对儿童世界的精心呵护。懂教育的人，在教育的路途上，知道如何抱持自己的教育梦想，知道如何将梦想变成现实，知道如何用柔韧的状态来改变现状……我曾经听专家讲解那些国学中的精粹，深奥而博大，却难以触动我的心灵。那些经典陈放在某处，不能与现实建立联系，就缺乏了生命。我在薛法根校长身上感受到的，是立体的教育文化，如何对待学生、对待课堂、对待社会、对待自己，在这本书里如果你愿意倾听，这些都会在文字中款款而来。如何做一个“大写”的教师，在薛法根校长的文字里我已经找到答案——痴心教育、守住本真、回归真我、捍卫童年。

读这本书，没有停歇的想法，这是一本用心写就的书，文字里跳跃着令人怦然心动的教育者之心。谢谢，这个夏天的夜晚可以与薛法根老师如此近距离相处。

# 在行走中学习

## ——读《向美国学教育》有感

万玮老师的《向美国学教育》一书出版了。这是一本关于行走于美国教育的随笔。在美国进修学习期间，万玮老师用细腻而真诚地笔触记录了自己的所见所闻、所思所感，其内容都关联着教育。在一定程度上，这本书可以帮助国内的教师全面细致地认识美国的教育，反思自己所处的教育现状，促进新的教育行为的变革。

在去黑龙江参加活动期间，我带了这本书。都是出发，万玮老师带我走进的是熟悉而陌生的美国教育。说熟悉，是因为美国的“模范教师”——当然他们称为年度教师或者国家英雄，在最近几年艾斯奎斯老师的《第56号教室的奇迹》，罗恩·克拉克老师的《优秀是教出来的：创造教育奇迹的55个细节》，以及由李茂老师翻译的《每个孩子都爱学：美国KIPP学校的奇迹》，从教师层面介绍了美国英雄教师们的工作状态，尤其是艾斯奎斯连续几次来中国与一线教师面对面交流，道出了许多美国教育的真实处境。说陌生，是指对于美国教育中的具体问题，只能隔靴搔痒，浅尝辄止，没办法进行更系统深入的了解。万玮老师的这次美国之行所做的记录和思考无疑对帮助我感受美国教育文化的独特魅力，辨析中美教育的差异有着重要的意义。

阅读伊始，我就对万玮老师生活化的文笔打动，他摒弃空洞枯燥的理论说教，用亲身经历来讲述，娓娓道来，如沐春风。在文字中可以感觉到万玮老师置身其中的那种在场感，不仅仅是观察者，更是参与者，美国教育文化中的点滴被万玮老师捕捉到，提炼出来，蕴含在讲述中。作为一名教师，要学会用生活化的讲述来阐释自己的观点，也就是要会讲故事，讲自己的教育故事，也讲自己听到或者感受到的教育道理。可以明显感觉到，较之《班主任兵法》中的诙谐幽默、斗智斗勇，在《向美国学教育》

中万玮老师的心境更沉潜稳重，颇具诗意行走和思考的意蕴。

在记录中，万玮老师大量采用对比的方式来进行思考。用他的话说："对比不是目的，对比只是一种方式——生活方式、思维方式，对比让我们感知到宇宙的辽阔，感知到自己的位置，让我们思考，我们应该去往何方。"在认识了阿米什人之后，他想到了云南、贵州等少数民族聚居的地方的少数民族青年的情况，感叹文化需要坚守。阿米什人总数大概有25万多，主要生活在美国宾州境内和加拿大，被包围在高度现代化的社会丛林中，他们竟然以一种100多年前的原始方式生活。如果孩子外出读大学选择进入现代社会，他就要与原来的家庭和部落断绝关系，目的只是为了保持他们这个种族的纯洁本性不被现代社会污染。而现在我们的一些地方，正在面临着被文化科技改变，最原始的民族风貌开始发生变化。这是文化的一种消亡。在倡导开放自主的社会中，还可以允许阿米什人族群的存在，意味着文化要回归对人本身的尊重。对比的方式，可以帮助我们更清晰地来判断教育中的价值取向。

在书中，美国人对中国教育的见解令人耳目一新。我们知道，美国的数学教育是相对容易的，中国的任何一位教师如果语言过关，都可以到美国做小学数学教师。美国的格雷格老师一语道破："理科的东西答案通常很明确，因此，受到大力鼓励。文科方面，因为涉及很多思想方面的东西，如果一个社会不够开放的话，必然要加以控制。"这确实是一个关于文理科的有意思的课题，在很久之前我们就在喊：学会数理化，走遍天下都不怕。这或许是为了国内经济建设的需要，需要有大批的建设者，需要有数理化方面的人才。而文科过于倾向于思想的自由化，关注人文，关注人的生存现状，对于整个社会的架构和发展都会有所洞察。在教育的今天，我们所要关注的绝不仅仅是数理化，还有孩子作为人的发展元素。中国有句话：先做人，再做事。我们的教育是要让孩子成人，成为站起来的人，成为真正的人，而不是要培养一批数理化的"精英利己主义者"。

万玮老师在书中对中美教育及文化的差异，以及从高中到大学的课程管理、教学方式、评价体系等都有较为翔实的记录，这些思考涉及教育的各个方面，甚至有社会学的相关内容。作为一个教育思想者，万玮老师的行走始终坚定有力，他在美国的日子里所记录东西的令人感佩，而其中洋溢着的学者风范更是让我肃然起敬。走一路，学一路，思一路，行一路。

对照中美教育，从中汲取积极的价值取向，借鉴一些具体的行为措施，创新一些因地制宜的做法，让自己在相对开阔的教育视野中品鉴、践行我们的教育。

感谢万玮老师。

# 在实践中寻求改良的智慧

## ——读《把学校交出来：一个青年记者笔下的中国教育》有感

假期刚刚开始，收到新书《把学校交出来：一个青年记者笔下的中国教育》，厚厚的一本，作者是《中国青年报》资深教育记者李斌。封面语简洁明了："在这里，发现教育改善的智慧与希望。"一个大大的感叹号造型似乎是在隐喻对中国教育观察之后发出来的一种由衷感慨。于是，怀着格外期待的心情，用三天时间我读完了这本书。

这是一本内容宽泛而专一的书。说宽泛，是指它的内容涉及中国教育的各个层面，从课堂改革到管理创新，从留守儿童到高考制度，从乡村教育到大学生活，作者从一个教育观察者的角度诠释了他眼中的中国教育。说专一，是指在整本书中，我都能够明晰地感觉到作为一名教育媒体人身上的那种社会担当——每一篇报道，都在为教育鼓与呼，都在向社会展现教育所面临的困境和教育者们做出的努力。书中的专题都指向目前中国教育的"深水区"，课堂改革涉及中国教育发展前途，乡村教育是中国教育的基础，高考制度是社会关注的热点。形散而神聚，这本书为我们展现了当今中国教育所面临的困境，同时也激发广大教育工作者循着榜样的力量默默前行，用行动改良今天之教育。

北京十一学校是中国基础教育改革的一面旗帜，很多媒体上都关注过这所学校的发展与突破。尤其是李希贵校长的两本书《新学校十讲》和《学生第一》，从理论和实践两个层面诠释了十一学校正在进行的一些改革。当然这仅能得到一些初步信息，一系列的改革措施在十一学校正在春风化雨般进行着。在李斌老师《课堂里走出教育家》的报道中，我看到了这所学校的伟大之处是不断地把成长的机会还给学生，从学生出发，将课堂变为学生生命成长的关键元素，让学生成为学校真正的主人。在《十一学校行动纲要》里有这样一段话："学生在你心目中的地位有多高，那么你在学校中的价值就有多大。任何一位老师都可以有自己的个性甚至缺憾，但都不可以轻慢学生、忽视教学。”这样的描述，充满对教师个体的尊重，对不同个性、不同经历的尊重，同时更有对教育者之心的唤醒。做心中有人的教育，十一学校的改革令人振奋。特别认同李斌老师的一段话：“只有当教育家是从课堂里面走出来的时候，这个时代的教育才是成熟的教育，这个国家的教育才可能充满智慧。”教育家一定是根植在一线的，他们洞悉到教育的种种痛与苦，他们感受到学生的种种困与难，他们力求变革，坚守岗位而锐意进取。报道中，李希贵校长讲道：“只有当一所学校的大批优秀教师，以教育家的情怀、教育家的境界、教育家的心态和教育家的教育艺术，来推动学校发展、影响学生成长的时候，这所学校才实现了‘教育家办学’。”豁然开朗——教育家办学，不仅仅是校长是教育家，关键是拥有一批在教育一线的教育家教师。

吉林省抚松县创造了一方教育快速、健康发展的奇迹。在李振村、朱文君、陈金铭著的《为什么是抚松：中国乡村教育再造》这本书中，我读到了抚松教育人为给孩子创造更好的教育所付出的艰辛和努力，也读到了抚松教育中那跳跃、细腻、生动的教育智慧，然后再来读李斌老师 2011 年 11 月 14 日的报道，感觉格外亲切。抚松的教育之所以发生质的转变，与局长和校长们的行动力是分不开的，更关键的是大家在短时间内对教育有了新的理解和界定，观念转变，思路转变，行为随之转变。原本的那份墨守成规的心态被打破，人人都成了改革者，成了素质教育的实践者，教育才会有了质的飞跃。“博学、博爱比单纯的知识更重要”“用生活教育改造农村孩子”“校长在乎教师，教师才会在乎学校”……这些实践中得出来的经验，凝聚成新的智慧推广到学校中，变成行动的不竭动力。李斌老师在手记中这样写：抚松教育工作者“带给我们最重要的启示——不论是在城市还是在农村，对于培养人的事业，其活力只会由尊重教育规律，并对办学充满感情的人来激发”。是的，抚松教育的奇迹离不开陆世德局长和他的 46 名校长，这是一群有教育梦想的人。想起那句诗：总得有人去擦亮星星。在教育的天空里，我们需要有更多的行动者去改革教育，也需要我们自身如星星般努力地闪耀。

什么样的学生才算人才？李斌老师在《创造“匠士学位”的木工学校》一文中呈现了一所木工学校的价值追求。这是一所只有一个专业、两个班的微型学校，它诞生在号称“中国第一状元县”的安徽省休宁县。他们每年都要给毕业生颁发“匠士学位”，手捧这个学位，至少意味着：第一，获得者将很有可能成为能工巧匠；第二，他们在逐步养成或者接近“诚实、勤劳、有爱心、不走捷径”的品质，这11个字是学校的办学宗旨。学校把培养学生做人当作重要的目标，有技术、高素养的人是这个社会的需要。他们走上社会之后，得到了公司的高度认可。从这一技术学校，我们也看到了教育所追求的最终是人的内在优秀。在书中的另一篇文章中讲到崔永元采访美国部长的故事，部长家非常豪华，一看他的邻居就应该也是社会精英。没想到部长笑着告诉崔永元自己的邻居一个是维修下水道的水管工，一个是超市营业员，他们虽然是蓝领，但是和部长收入不相上下。当然这是从经济价值说的，高素质的人会获得更多经济报酬，在社会中得到认可，这对学校的培养目标也是一种提醒。

留守儿童是乡村教育绕不过去的难题，也是社会之痛。那些长期与父母分离的孩子，在情感上得不到滋养，在心灵上得不到守护，其中的一些案例读来，令人心酸。这个社会真的对不起孩子，需要从体制等诸方面来探索保护留守儿童或者减少留守儿童，让每个孩子共享同一片蓝天。

为什么要把学校交出来？在后记中，李斌老师这样来诠释书的题目：“我采用此名的用意，可以借用教育部长袁贵仁的一句话来表达，他说：凡是学校自己能做好的事，我们都不要干预。实践也证明：管得越少，发展越好。经济领域的改革如此，教育也不会例外。学校应该属于专业化的校长、追求进步的教师与千差万别的学生。”整本书，李斌老师都在努力为教育的发展宣传正能量，并努力挖掘实践中的教育智慧和经验，为了教育可以有更多自由发展的空间而撰文呼吁——这是每一个教育人最应该持有的担当。

# 重新阅读叶圣陶先生

## ——读《如果我当教师》有感

读这本《如果我当教师》，被叶圣陶先生对教育的深刻理解所感动，感动曾经在遥远的年代他就开始系统地思考教育的价值所在，感动他多年一直关注着教育的动向，为教育奔走呼喊。虽然他的教育观一度被湮没在时代的洪流中，但经历岁月的冲刷，依然于今天的教育有太多的意义。他所思考的，是基于国际教育视野的在地化，是基于对人本身的高度关注。就这一点而言，不管过多久，叶圣陶先生所留下的教育观念都是值得后人反复品味的。

“我如果当小学教师，决不将投到学校里来的儿童认作讨厌的小家伙，惹人心烦的小魔王；无论聪明的，愚蠢的，干净的，肮脏的，我都要称他们为‘小朋友’。那不是假意殷勤，仅仅浮在嘴唇边，油腔滑调地喊一声；而是出于忠诚，真心认他们做朋友，真心要他们做朋友的亲切表示。”这是叶圣陶先生文章中的句子，读这本书一开始，我就被这通俗而非凡的文字所吸引。言为心声，文字中流淌着叶圣陶先生对儿童的真心喜爱，这是他做教育的情感基础。虔诚地对待儿童，一视同仁，这是做一个好教师的重要标准。看过一个调查资料，孩子对教师是否公平格外敏感，而这份公平并不是说出来的，而是做出来的，用心而做。这也是一种师生关系的诠释，完全地接纳孩子、悦纳孩子，让孩子有安全感、归属感，教育才会自然地展开。

对于教师的角色定位叶圣陶先生这样说：“教师对儿童自然要担负帮助和指导的责任，但是教师自身也随时长进经验，随时有所创作有所进步。教学事业就是教师的社会生活，帮助和指导儿童就是他的‘尽其所能’。”在这样的描述中我读到了教学相长，教师的成长也是随时存在的，需要不断从社会中汲取最先进的经验，以此来帮助学生的发展。特别认同“教育事业就是教师的社会生活”这一观点，教师如何对自己的工作进行角色定位直接影响着他本人的从业状态。如果单纯地将教学视为工作，就很难达成师生之间的情感互动，帮助也变得徒有虚名。就在今天，我们很多教师依然仅仅把教师职业当作谋生的手段，在备受煎熬中想尽一切办法地做功利教育的“刽子手”。最后才发现，自己的教师生活不过是在充当利益集团的帮手罢了，心中所真正向往的教育越来越模糊，似乎真的找不到来时的路，或者根本不愿意再去想当初为了什么而选择教师职业。有的教师根本没有职业倦怠，他们竭尽全力地压榨学生的生存空间，近乎癫狂地让分数把自己和学生俘虏，那所谓的“职业倦怠”只是失去竞争机会时的另一种休闲。值得注意的是，当职业目标不明晰的时候，做出来的努力可能不是学生的福音，而是另一种畸形的教育。叶圣陶先生提出的“帮助”和“指导”的观念，比起教学实践中的“控制”欲望来，更适合学生的发展。

民国期间的教育家对人的本质发展有着特别清醒的认识。教育的使命，依叶圣陶先生看来，发掘学生身上的善良和爱意应该不能忽略。今后的教育，第一要发展人间的爱，彻头彻尾，无条件、无例外的爱，要绝对排斥遗留在人性中的兽性，也就是狠心与私心，这种兽性发展起来就是法西斯主义。从最小的善意开始，从最小的行动开始，一点点积蓄教育的正能量，我们的社会才会有希望，我们的教育才会有担当。当一个人在小时候就在心里播下仇恨的种子，将来就特别容易在某一个时刻做出偏激的行为。学校教育需要教师用自己的人格魅力，用自己的学识，来营造一个净心的活动场所，在同伴的交流中，在师生的互动中，渐渐消弭那些仇恨和私欲。美国的艾斯奎斯老师在中国演讲的时候，他讲到自己班上一个孩子的父母很早就离婚了，这个男孩对婚姻充满不信任甚至恐惧。艾斯奎斯的做法是邀请小男孩到自己的家里去生活两个月，通过对老师的家庭的感悟来逐渐改善他对婚姻、对家庭的看法，这就是在传递善意和爱意。艾斯奎斯老师的教育是润物无声的，是对人性的关怀。

教育的意义必须在受教育者的身上得到体现。叶圣陶先生认为，教育与人生的关系有三，即以教育认识自己、以教育革新自己、以教育成就自己。苏格拉底说：“认识你自己。”尼采说：“成为你自己。”哲学家们所提出的都是基于个体生命必须要面对的问题。“认识你自己”是对自己内在灵魂的一种拷问和熟知，而“成为你自己”则是一种态度和价值取向。教育的重要目标就是要让学生成为他自己。从这样的思考出发，我们可以设想学校需要有怎样的课程设置，学校需要为学生提供怎样的选择方式，学校需要有怎样的教师队伍，学校需要有怎样的教育文化……学生在学校生活中发生改变或者说是蜕变，由蚕茧到蝴蝶，作为教师要给予怎样的关注。多深刻的思考，我们的教育生活如果缺失了这些取向，自然会变得呆板和枯燥，甚至是令人窒息。

当前的教育界有大力提倡“体验教育”的趋向，这是一种积极的导向。最有效的知识来自于学习者亲身的体验和思考，而不是单凭课本，或者听讲获得的。所以，我们看到课本的设置也越来越生活化，以解决生活中的问题作为联系社会、联系生活的方式，不断增加学生实践的机会。但不可否认，以不变应万变的情况还大量存在，因为受安全、经济、环境等条件的限制，真正的生活化教育距离我们还很遥远。我们在让学生学习的时候，需要警惕生活经验不是随便谈谈、随便听听就可以取得的，必须把外界的一切融化在我们的生命里，使我们的生命丰富而有所作为，才算真正取得了生活经验。当年叶圣陶先生就提到生活经验要融入生命的观点，将近百年，我们的教育者如何创造性地开展“体验教育”，实在需要智慧，这一原则必须要坚持——它是基于人个体成长和发展规律得出的教育经验。叶圣陶先生幽默地写道：“教科书好比一张旅行的路程单，你要熟识那些地方必须亲自到那些地方去旅行，不能够单单记住一张路程单。”

叶圣陶先生还是著名的语文教育家，我看到他关于教育的几篇系统论述，写成的时间都在1919年前后，那个时候他才二三十岁，就已经著作颇丰了，令人敬佩。关键是他对教育的思考已经不仅仅局限于亲历的教育教学活动，而是延伸到了教育哲学、社会学、人文学等诸多领域，甚至借鉴辨析了大量国外教育名家的思想，使得他所提到的教育观点高屋建瓴，能够切中教育的本质问题，穿越时光，依然令今天的教育者们振聋发聩。叶圣陶先生所提到的重要教育观点有“学校教育应当使受教育者一辈子受用”“教育就是要养成良好习惯”“教是为了达到不需要教”“受教育的人的确跟种子一样”“国文是发展儿童心灵的学科”“教育工作者的全部工作就是为人师表”……

越来越觉得，今天的教育者需要重新阅读一个个近现代教育家的文字，并以此来反思、改善今天的教育。

# 回到教育原点去思考

## ——读《追寻失落的中国教育传统》有感

我在读《教育力》一书时，对私塾教学中的一些做法深感兴趣。从小在课本上学到的私塾形态是先生板着一张老脸，板子拍得啪啪响，人们认为“板子不响，学问不长”。那是多少孩子都恐惧的课堂——鲁迅先生在《从百草园到三味书屋》一文中那种对自由的向往、对读书的恭谨，让人更是想来就生出一些逃跑的欲望来。然而，日本教育家对私塾教学的分析，让我看到教师的示范力量，看到学长与学弟间的影响，看到做研究的美好氛围。中国也有太多的教育传统，历经风雨，有的已经沉淀在时光中，今天如果谁能将其采撷出来，该是多么有意义的事情！看到王丽老师的专著《追寻失落的中国教育传统》，眼前一亮，细读，多了一分敬畏，多了一些感想。

书中讲到一份 1903 年《奏定学堂章程》颁布的初等小学堂必修科课程表。一年级的历史课内容为“‘乡土之大端故事及本地古先名人事实’，即当地流传的民间故事及本乡本土古代先贤名人事迹”。文中说其背后蕴含了这样的教育理念：“一个人在开启童蒙之时，历史知识的进入应当首先从身边、从脚下这块土地始，从祖祖辈辈生息繁衍的土地始，而不是从‘国家’‘民族’这些人类学和社会学的大词始。”

这样的课程理念无疑是从儿童的成长需要出发的，知识只有与儿童的生活建立联系，才更容易深植在儿童的心里。对于乡土文化历史的认知，也从另一个角度在告诉孩子：“我从哪里来？我带着怎样的文化背景？”乡愁仿佛离现代人越来越远，这或许也与人所经历的教育生活有关。“国家”二字，应由“家”始。对家族历史、村史、乡史的学习是特别有意义的事情。中国很多地方的大户人家都有宗祠，家族的历史一目了然，对于精神的传承与身份的认同极其重要，家族中有什么英明人士、家族遭遇过何种历史波澜、家族如何繁衍生息、家族处事的根本信条是什么，这些都会找到相应的讯息。家族在中国是一种特殊的社会存在方式，它联结着一些看不见的情感，建立了超越地域和时间的关系。村史、乡史亦如此。

这样的历史课程是基于儿童认知范围的考量，同时也能够与儿童的生活建立必然的联系，对今天的学校课程建设颇有启发。当地的历史有哪些？名人名士有何文稿或者文物传世？民间有什么样的故事？……可以带领孩子现场学习体悟，可以从网络搜集相关材料，可以访谈老人，这是多好的社会实践课。我们学校有丰富的历史人文资源，但一直没有得到开发。明代的李攀龙就生在韩仓，有多篇作品传世；附近的鲍山，更是鲍叔牙和管仲故事的见证，鲍叔牙的墓碑就在山下；民间还有一些革命烈士的故事；村庄的变迁历史；村名的由来……在农村城市化进程中，老百姓住进了高楼，俨然是城里人了，但大批的人文文化就此得到割裂般的待遇。淳朴的乡情开始发生变化，家族的认同开始平淡，在忙忙碌碌的经济发展中没有人去顾及那些隐性文化的缺失，将来必然造成人的精神世界的虚无。无根无文化的发展对整个社会是一种不可逆转的损失。学校能否成为社会的文化博物馆，也是一个重要课题。

“再来看‘地理课’和‘格致课’，其思路如出一辙，同样是由近及远——从乡土开始，慢慢扩及本县本府，进而扩及‘中国’，最后扩及与中国毗邻国家之地理关系，如涟漪般一圈圈向外推扩。‘格致’课略为不同的是先从乡土常见的‘动植矿’，再提升到‘重要动植矿之形象’，即由一般到特殊，最后回落到对人自身的认知——‘人生生理及卫生之大略’。”从课程安排的顺序来看，蕴含着儒家“道不远人”的思想。

让儿童的学习与生活建立联系，让课程更具有在地化和人文化，让学校有文化传承的担当，这是从这份课程表中得到的深刻教益。

书中还讲到一份1934年度的《淮安新安小学第六年计划大纲》（以下简称《大纲》），这所小学是按照陶行知的生活教育思想来办学的乡村小学。“《大纲》分四部分：一、经费；二、生活；三、环境；四、口号。”“生活”部分有五项“生活目标”：“1. 康健的体魄；2. 科学的头脑；3. 艺术的兴趣；4. 生产的技能；5. 自由、平等、互助的精神。”为了保证这五项目标的落实，又制订了详细的“生活的方法”，部分摘抄如下。

一、每天做内体运动一次。

二、每天整洁一次。

三、每天写日记一篇。

四、每天吃开水五大碗和豆浆一大碗。

五、每天大便一次，且有定时。

六、每天看本埠和外埠报各一份。

……

这些每天都要做的事情，从孩子的生理需要出发，关注健康成长，着实让人感动。每天饮水量的规定体现了办学者的细致。提到大便一次，仿佛无法登大雅之堂，但确乎是孩子成长的关键。刘良华教授就曾提出孩子必须要养成的三个好习惯：按时大便；快速吃饭；早睡早起。这样孩子的身体才会健康茁壮，才会更有力量感。

每年要做的事情也有规定：

七、每年种痘一次。

八、每年洗澡约八十次到一百次。

九、每年和国内外小朋友通信十二封。

……

可以看出，这样的规定不仅在关注孩子的身体健康，也在关注孩子的社会沟通能力，与更广阔的社会空间建立联系，有利于孩子更好地认识世界。我们的学校是否有这样有个性、有见地的规定？

对人对环境的认识这个部分，《大纲》是这样规定的：

十五、要认识环境中最易见的动植物各十种以上，并且要观察各一种以上的生长过程及对人类的关系。

十六、要认识每晚容易看见的恒星和行星十二颗以上，并能懂得风云雨露等自然现象的成因和人生的关系。

十七、能欣赏名歌名画和自然风景。

……

这些是多么具有生活化的知识，我们很多学生不能认识世界，只会死读课本，对世间万物感受冷漠，对人生自然迷惘。看到第十六的时候，特别注意到“自然现象的成因与人生的关系”，这是有高度的教育行为，人在自然中，体味自然之道。这与单纯地看星星和月亮不同，看见与想到，让孩子对自然更有敬畏之感。这样的教育也会特别打动人。如此具体细腻的目标能够写进学校教育的《大纲》，实在令人钦佩。

廿七、会运用十种以上的普通药品。

廿八、要认识社会生活，并择一种构成社会生活之基本的工人生活，如，种蒲田者、瓦匠、木匠、铁匠……的生活，详细观察，并加记载，为研究社会科学的基础。

廿九、要学会游泳和撑船。

此外，在“团体生活”部分还有“每日轮流烧饭和抬水”“每年长途旅行一次”“养鸡五对狗两只”“征集社会批判”等。

摘抄过程中，我一再在脑海里浮现这些画面：孩子们在社会大课堂中记录、体验、积累、提升……各种技能的学习都可以找到实践操作的环境，各种知识都是为了塑造一个完整而幸福的社会人，帮助他们融入社会进步的洪流。掌握最重要的生活知识，培养与自然、与社会的相处之道，培植自由、平等、民主的思想，成长不是负担而是一种快乐。当看到养鸡和养狗都被列入《大纲》的时候，我很受感动。“鸡五对狗两只”这样的数量要求恰到好处，能够锻炼孩子的劳动、服务意识，同时也没有超越孩子负荷。或者说，在喂养的过程中，孩子会收获美妙的快乐。责任的培养需要从感兴趣的地方做起，我从中看到教育者的良苦用心。

回看今天我们的学校教育，竟然有些羞愧。很多学校像是鸟笼，让原本有各种飞翔梦想的鸟儿，最终失去了展翅的勇气；让原本有各种美妙嗓音的鸟儿，放弃了歌唱的欲望。学校与社会仿佛很遥远，教师在抱着书本把学生引向生涩枯燥的字母和符号，把学生引向虚渺而浮空的理论教导。家长与教师的面谈都是在谈学习，而忽略了成长比成绩更重要，教育比教学更重要。学校教育与社会的隔离，掐断了孩子求知的重要途径。为什么孩子对课本不感兴趣？为什么孩子没有获得更为良好的人文素养——好孩子不是关在教室里教出来的，而是在实践和体验中慢慢浸润出来的。学校的课程是到了该改变的时候了！

在所谓的教育模式、教育思潮此起彼伏的年代，我们需要回到教育的常识、回到教育的原点、回到对人的成全中去寻找行动的指引。盲从只会成为某些“教育商人”的帮凶。从这本书出发，在中国教育发展的长河里，让我们去寻找那些依然熠熠生辉的教育大家，去寻找那些感人至深的教育坚守，去寻找那些去伪存真的教育思想。

# 向内而求

## ——读《幸福教师五项修炼：禅里的教育》有感

最近一直在读谢云老师的《幸福教师五项修炼：禅里的教育》，这是一本有故事、有情怀的书。像是牧师，谢云老师在书中传递出一种巨大的精神力量，让人在教育的逼仄现实中多了一分安宁，多了一分温暖，也多了一分执着前行的勇气。谢云老师网名“江湖一刀”，纵横“教育江湖”多年，一支笔从犀利到柔软，从奔放不羁到恬淡从容。是岁月的手抚平了刀哥的心，还是刀哥的字止息了岁月的风？不得而知，只知道读他的书，仿若沉醉，作为一个教育者，你无法拒绝那些经典的禅门公案和故事，你无法拒绝谢云老师直抒胸臆的教育感言。

“一切阅读，都不过是借他人之酒杯，浇自己之块垒。这一次，借助禅，通过公案和故事，我对教育作了一次‘自以为是’的发现之旅。”这是谢云老师在书的后记中的一段文字，通过对故事的解读来不断梳理自己对教育的理解，不断丰盈对教育的认识，所念之处皆散发着浓郁的教育情结。禅是凭借，言我本心才是根本——怀有教育之心者才会从禅学经典中品出教育之新意。如果没有对教育情真意切的体悟，哪会有如此坦坦荡荡的言说？“自以为是”从另一个角度讲，其实是对自我的高度认同，对教育的踌躇满志。发现之旅即精神之旅，谢云老师带我们穿行在他所构筑的教育城堡中，看到信念、技艺、胸怀……渐渐地，开始发现教育是多么值得托付一生的命业，开始发现我们的教育生活本可以抵达更高的境界，开始发现换一个角度看教育是如此既有趣又有意义。

禅里的教育是有缘人才可以顿悟的。在阅读中，一个念想跳了出来：佛法无边，启悟有缘人。世间一切本都含有深意，只是人心太匆忙、太急躁、太功利，难以再看到事物本来的面目，更遗忘了来时的路。教育也常常遭遇如此的尴尬。校园里，教学是主色调，学啊学，教啊教，忙评比，赛成绩，无论是教师还是学生，都在背着沉重的包袱马不停蹄地赶路。如果哪个教师别出心裁搞点活动，冷嘲热讽随即而来，“花架子”“无用功”——有多少有个性、有想法的教师就此停止了追梦，湮没在滚滚洪流中。可曾想到教育和教学之间并不是可以画等号的，教育有温度，教育有情意，教育有梦想。特别佩服那些在困境中坚持的教师，他们心中有自己的教育价值观，不随波逐流，敢于为学生撑起一片“人的教育”的天空。读谢云老师的书，既仰慕他与禅之缘，更敬佩他把经典的故事化作一盏盏明灯，让那莹莹烛火点润了所有教育人的心灵。有一点我确信，教师今天发生改变，学生明天就会获得温暖。

“勾引和挑逗，是语文教师必修的功课。”谢云老师善于运用这样幽默的语言来表达深刻的内涵。正如苏格拉底所言：“教育是把我们的内心勾引出来的工具和方法。”谢云老师也在尝试用教育把我们的内心“勾引”出来——他文字里所透着的那种信念，对阅读者来说是美好的引领。我所了解的谢云老师不仅是写作者、思想者，更是行动主义者。他点燃火把，牵引着越来越多的人向光明行进……那个了不起的知行社，已经走出了一片春天。那是怎样的一个团队啊，在遥远的四川，一群热情似火的教育人呼朋引伴、携手并肩，在谢云老师的带领下寻求到了职业的价值和幸福所在。

回到写作本身，谢云老师用心选择了一个个故事，确是为教师的职业倦怠开出一剂剂良药，甜心暖胃。翻阅目录就可看出作者对主题的架构颇费心思，匠心独运，每一组文章都是从人出发——心、眼、胸怀、手、肩，这种人本理念与教师个体的心灵修炼紧密相连，更具有感染力。一个卓越的写作者也必然是一个广博的阅读者——在书中，谢云老师用大量信手拈来的资料印证了故事里的禅意，从一个侧面也看到了他阅读的深度与广度。书中传递了较为经典的教育信念，从某种意义上讲，这也是谢云老师另一种方式的思想“盘点”。

阅读中我深切地感受到，要幸福，就要努力过一种有意蕴的教育生活。阅读就是生活；教育就是生活；懂自己才会懂他人。所谓的修炼，并不是装扮出一副万事无忧的幸福模样，而是要不断求索，不断探寻自我的内心世界，使生命更澄澈无瑕。一次，在临沂一座寺庙里我抬头望见一块横匾——“向内而求”，驻足良久，内心久久不能平静。向内而求，其实也是向心而求，安顿好自己的心灵，幸福才会来敲门。向内而求表明了一种姿态，一种用心生活、乐观求知的姿态，也是一种超然脱俗的生命姿态。在读谢云老师这本书的时候，我的脑海里多次闪过那四个遒劲有力的大字，我知道，谢云老师所讲述的幸福修炼正是在提醒我们，反观内心，润泽生命，拥有更丰富的教育智慧和更充沛的教育情感，渡人渡己。

在我的办公室，有朋友问我阅读《幸福教师五项修炼：禅里的教育》的体会，我的回答明快而坚定：这是一本温暖教师心灵的好书。

# 站成一棵木棉树

## ——读《身为教师：一个特级教师的反思》有感

木棉花开，若盈盈的酒杯，探出来，一簇簇的，娇艳、热烈、尊贵——这是我拿到《身为教师：一个特级教师的反思》这本书时，看到封面立刻就生发出来的感觉。我知道，那是木棉花，虽然我没有见过真正的木棉树，但在王木春老师的文章里常常读到，读到他对木棉树的款款深情，读到他与树的静静相对，读到他在教室里一边朗诵一边眺望校园里那棵高大的木棉树——那是王木春老师的树啊，已经长在了他晶莹透亮、诗意盎然的生命里，成为他精神追求的美好意象。

王木春老师本身就像一棵树，一棵坚守在校园里的木棉树，用爱与责任陪伴着学生成长。有太多的故事值得反复回味，有太多的细节历历在目，王木春老师的讲述带着为人师的谦卑与悲悯，一字一词皆是情。文字是心灵的一扇窗户，内心深处的感悟会在书写中流淌出来，于是，我看到了一个并非光环四射，并非事事成功的特级教师。他没有渲染自己的教学业绩，没有表露自己的荣誉事迹，恰恰相反，他诚挚地讲述了自己曾经有过的迷茫和困惑，毫不掩饰那些关于教育的痛楚与纠结。这是一个真实的特级教师，“身为教师”四个字多么厚重，他踏踏实实实践着，时时刻刻叩问着，他在乎的荣誉是来自学生的评价，是听一个个生命发出拔节的声响，可以让那颗心更安于宁静高远。他在后记中这样写道：“呈现在您面前的这本小书，其实就是一本关于‘错误’的书，书里记录着一连串发生在我身上的‘失败’的故事。”这是一种坦诚布公的勇气，袒露心扉，去伪存真，其文自然感人至深。

一个真诚的教师本身就是学生成长的典范。每个人都是一本书，有修养、有梦想的教师会向学生传递出教科书中所没有的人生体悟。王木春老师就是一本有巨大磁场的书，他把学生的目光吸引过来，并为他们翻开一页页的人生之道。当学生遇到困惑，或面谈，或书信，他一直在用自己的亲身体验现身说法——爱学生，就义无反顾地保护、包容、引领他们，他与学生的故事里流淌着“传道、授业、解惑”的智慧。“经师易得，人师难求！”那些学生在东山岛遇到王木春老师是多么幸运的事情啊！真诚、真实、真切，我敲下这几个词语的同时仿佛看到木春兄就坐在我的对面，平静如清澈湛蓝的海水。我愈发感觉到一个教师对学生的影响力不是在控制技术的高超与否，而是在身体力行，做心灵的牵引。

在教育的体制内，时间与现实会让我们忘记了出发时的梦想，怀着初心做教育已经显得那么艰难。真正的教育似乎距离我们越来越远，应试的高超技术得到追捧，名校效应一波未平一波又起，职业倦怠愈演愈烈……教师淹没在这浪潮之中，渐渐淡化了刚刚从教时的激情与追求。王木春老师曾经也有过这样的迷茫，他在文中谈到自己曾经热衷于高考的成绩，热衷于竞赛评比。改变他的是一个个鲜活的生命，是一段段亲历的学生故事。教师心灵的苏醒，已经迫在眉睫。在书中，我读到学生对教师职业观念的影响。当一个教师可以安静下来欣赏学生的时候，会发现生命的神奇与美妙，会平添出无限的爱意与善意。从一定意义上讲，教师灵魂要苏醒，需从学生身上不断汲取育人的经验与教训，用行动践行教师的职业操守，爱一个个活脱脱的生命才能走出职业倦怠的瓶颈——瓶颈不在别处，在我们每个人的心里。

“带着镣铐舞蹈，在夹缝里歌唱。”在功利横行的今天，能够耐得住寂寞、守得住尊严，已经成为一个教师所必须要面对的课题。是随波逐流，还是坚持走少有人走的路，坚持追寻教育的乌托邦，考量着教师的良心。我看到王木春老师在用诗点亮学生的前程，在用阅读丰富学生的体验，在考试的夹缝里，他努力地给学生更多有营养、有价值的东西——即使面对着某些不同的声音。他为学生朗读，读得潸然泪下，读得感慨万千，读得寂静深沉。“那就摸摸书吧”轻轻一句话，饱含着王木春老师对学生美好的期待和希冀，也袒露出师者的真情。我忽然想起吴非老师在《前方是什么》中的句子：“我喜欢孩子，特别是那些刚刚会说话的小孩子。看着他们清澈的眼睛，捧着他们白白的小手，我的心灵常常会有一种震颤，我的眼眶会莫名其妙地湿润。我畏惧，我担心。我们能把这个孩子教育成一个人吗？这个孩子纯洁的心灵究竟会在什么时候、在什么地方、会被什么样的人、用一种什么方式，洒上第一滴难以抹去的污垢呢?”王木春老师也是如此小心翼翼地善待着每一个孩子，他的歌唱到了孩子们的心灵世界里。

敢于坚持自己最初的梦想是需要勇气的，更需要面对孤独，然而孤独者自有孤独者的幸福，王木春老师在后记中写道：“当我选择走进书籍，走进文字，就意味着成为孤独者。我时刻享受着自己的孤独。”我理解这种孤独感正是沉潜的精髓所在，沉心静气，专注于自己喜欢的事情，发现另一个独特的自己。真挚的文字幻化成一滴滴露珠，在阳光下闪烁着人性之美。

木棉树，东山岛，一直是我向往之所在，都是缘于王木春老师，一个既遥远又可亲的兄长。读完这本书，特别想有机会去坐坐，那里的树，那里的岛，那里的故事，都因为一个纯粹教师的存在而格外令人心动。

# 数学可以这样教

## ——读《让小学生恋上数学》有感

收到河南省董文华老师的著作《让小学生恋上数学》，沉甸甸的一本，凝聚着董文华老师教育教学实践的血汗和智慧。封面上那些灵动的符号，像是舞蹈的精灵，更像是神奇的乐谱，我想在这背后，定是教师和学生对数学学科、数学课堂的浓厚情意。有情意、有智慧的课堂可以帮助学生获得学习的愉悦感，更可以将学生带进一个令人神往的知识王国，让教师和学生都能享受到教学的魅力。在董文华老师的课堂里，我读到了这样的意蕴。

课堂最核心的问题是让教学更有效，而有效教学的本质是可以促进学生的发展。判断一节课的优劣，要关注课堂内在的生成，关注学生在原来基础上的提升。一直以为，教学的内容不是目的，而是手段，是让学生通过知识的获得而促就内涵的发展。在课堂上，我们不仅要教给学生知识，还要让学生掌握一定的能力，开拓一定的视野，积累一定的经验，丰盈一些珍贵的情感，从而让学生更有热情、更有智慧地走进学科文化。由爱一堂课到爱一门学科，再到具备始终保持对知识敬畏和思考的良好素养，这是一个隐性的教学成果，但它是最有价值的，值得我们孜孜以求。在董文华老师的课堂实录中，我深切地感受到她一直在和学生共同享受数学，倾心为学生编织着一节节的数学课，并乐此不疲。在她的课堂里，教学知识变成了良好的载体，思维、情感、素养……得以呈现。读着读着，我就会有酣畅淋漓或茅塞顿开的现场感。所有的教学本身都是在实现教育的价值，这一理念在董文华老师的课堂上得到了很好的诠释。

德国一位学者曾经有过这样一个比喻。他说，将 15 克盐放在你的面前，让你立刻吃下去，你会难以下咽，但是如果将 15 克盐放进一大碗美味可口的汤中，你就会在享用这美味佳肴时，不知不觉地将 15 克盐全部吸收。将这个比喻引申到教学中，我们可以看到教学情境的妙处。余文森教授在《有效教学十讲》一书中也谈到，情境之于知识，犹如汤之于盐，盐需要溶入汤中才能被吸收，知识也需要融入情境之中才能显示出活力和美感，才容易被学生理解、消化、吸收。董文华老师的数学课堂在情境创设上颇下功夫，也很有成效。读到她带着孩子们玩石子的案例，捡石子、数石子、摆石子、猜石子、说石子，学生的思维一步步走向深入，由具体到抽象，若行云流水，润物细无声。玩中学的理念不仅仅是解决了学习兴趣的问题，更重要的是它将数学与自然和孩子们的体验建立了联系，让知识在个体的学习过程中有了生命。我不禁感慨数学也可以这样诗意——教师有情感的教学会生发出一个个美好的创意来。用好的方式来呈现的你的教学，让教学中的“盐”化在你美妙的“汤”中，董文华老师为我们呈现的一节节课堂写真里珍珠无数。

书的目录中可以清晰地看到董文华老师的数学教学理念：赋予知识生命的体验；根植于生活，绽放在课堂；让美在数学课上流淌……在生动具体的教学实例中，这些理念得到体现。尤其是“课后解读”环节更是体现了董文华老师对教学的真诚思考。我认为她是在用案例讲故事，讲自己课堂的精彩生成，讲自己教学理念的构建，讲自己心中的数学教育。整本书传达出的讯息厚重而真切——她是那么在乎学生，那么痴迷于数学课堂。正如她在后记中所写：“学生快乐我快乐，我和学生是一个生命共同体，是一对共同成长的伙伴。”北京的李茂老师曾经提到一个新的优秀教师标准：有课程、有故事、有成绩、有研究。一个有教学深情的教师，投入在课堂里，投入在对儿童世界的关注中，她一定会发现更多成长的秘密，收获更多触及内心的职业体验。

我在“课堂写真”里，读到了教师与学生间思维的互动，读到了情感的共融，读到了数学学科所散发出来的美妙。情不自禁，我在一旁写下这样一句话：一个好的教师应该有丰沛的教学现场感。课堂上的三尺讲台，一是要让学生看到教师，从教师身上汲取到成长的动力，二是要让教师看到学生的表现，及时调控自己的教学策略。还有至关重要的一点，就是要让教师找到存在感、现场感。教师对学生的反应是敏感的，同样对自己的教学也要有足够的关注，教育更看重人对人的影响。每节课后，当回忆自己的课堂，历历在目、如数家珍的时候，教师就找到了自己的教学现场感。这种感觉会激励着教师一次次去尝试新的教学技艺，去同学生创造不一样的教学体验。如果也如董文华老师一样，将这些珍贵的思考与感觉付诸以文字，教育者就可以从中找到职业的幸福感和成就感。

董文华老师沉浸在课堂教学的世界里，带学生感受数学的魅力，相信：一个有思想的教师，一个对教育、对学生钟情的教师，会在躬耕中听见鸟鸣，赏到虫趣，找到人生的归属感。

# 虔诚的教育守望者

## ——读《优秀校长 8 堂修炼课》有感

收到葫芦岛陈兴杰校长寄来的专著《优秀校长 8 堂修炼课》，有种及时雨的感觉——我特别需要重新审视自己的职业规划，需要这样一本具有实践智慧的“管理秘籍”。封面上那一棵颇具意象的大树，绿色、希望、生机，根牢牢扎在泥土里；幻影里的人在思考，也在守望着一方梦想……

陈兴杰校长就是那个一直在思考、一直在实践的人。在她的文字中可以读到馨香，读到温暖，读到一个校长面对困境时的执着与坚守。一个个为“修炼智慧”佐证的案例，不仅阐释了精妙的管理智慧，也真诚地呈现了陈兴杰校长个人的生命姿态。

这是一本用心、用爱、用情写就的书，正如后记中作者深情的表述：“也许我的‘孩子’不如你想象中的漂亮。如果您有幸看到‘她’，请以宽容之心相待，以真诚之意珍视。”拥有自己的“孩子”——怀着这般心情反复雕琢而出的书页，读之，常会产生一些久违的共鸣，并由此生发出更多对陈兴杰校长的敬意来。

学校具有其复杂性，像是一道密密麻麻的网，人事关系、工作安排、外部协调，往往会把校长拖进事务的沼泽，渐渐消磨了发展创新的锐气和勇气。而陈兴杰校长却将最初的层层困境一一化解，并最终实现了整所学校的凝神聚气、条理有序。在阅读这本书的过程中，我深切地感受到校长的智慧与情意应该成为学校发展中最重要的源动力。管理的最高境界是人影响人，校长作为管理当中的重要人物，需要有精神领袖的担当。有人说：“一个好校长就是一所好学校。”一个好的校长应该会谋事、成事，更应该会成全人、影响人、塑造人、温暖人。在陈兴杰校长讲述的实践案例中，我读到了她为这所学校所奉献出的热情与才智，每天，她都在做成全人的发光体。

当一个校长把关注点投向教师和学生的生命成长，她所从事的管理工作就会拥有更崇高的意义。书中呈现的诸多故事都是带有生命印记的。我感动于一个校长可以拥有这么多真实、真切的故事，她在平凡的校园生活中捕捉到了教育的动人画面，她在捧着一颗诚挚的心去面对每一天、每个人。她的眼睛就是一所学校的录像机，所记录的一幕幕凝成了历久弥新的学校精神。看来，作为校长，不仅需要有雄韬伟略，更要能捡拾起一个个细节，精心打磨，从力所能及的地方开始，让学校发生改变。

在《你就是榜样》一节中，陈兴杰校长身体力行，带病感化同事的经历令人动容。盖茨说过的话记忆犹新："请不要走在我的前面，因为我不想跟随你；请不要走在我的后面，因为我不想领导你；请你走在我的身边，我想与你走在一起。"一所学校和一个企业的区别在于学校关注人的发展，而企业重在效益。学校具有丰富的、多样的生命个体体验，每个生命都值得管理者敬畏和尊重。学校的主题不应该只有发展，更要有尊重、感动、呼吸、共融、情意、梦想……"走在一起"的理念，将管理扁平化，也让工作拥有新的机遇与挑战。

一个个经典的故事，包含着陈兴杰校长的良苦用心。古今中外尽有，用故事来讲述哲理，诠释得简洁而明快、意味悠长。而操作实践的故事与之形成呼应，道与术之间找到了妥帖的链接点。反观实践中的难题，都可以在经典故事中得到启发，这使得陈兴杰校长的行动意义提升到新的层次。一个人的眼界决定着"心"界，并润养出不一样的境界来。在学校管理的具体行为中，道存于心，法立足于人，才是艺术。从这个意义上讲，书中的呈现方式也彰显了陈兴杰校长道法自然的价值追求。

这本书所提及的8堂修炼课，分别是决策修炼、规则修炼、教学修炼、德育修炼、人才修炼、文化修炼、服务修炼、魅力修炼。内容丰富，视角精准。它不同于想当然的长篇大论，而是陈兴杰校长真实的实践积累。她一边实践，一边思考，一边写作。所以，她写出来的管理文章颇有现场感，会给人感同身受的体验。文章中所折射出来的思想也如露珠般晶莹。在不断实践、不断创新的过程中，校长的思想才会日趋敏锐，日趋丰盈、鲜活。

有句经典台词——"活着就是一种修行。"活着需要用宽容、坦荡、平和的心态去面对人世间的是是非非，并以此来安顿好自己的心灵。而作为一名校长、一名教师来说，教育何尝不是一种修行呢？潜心于此，默默耕耘，随时倾听到自己内心真正的声音，愿意相信教育可以因为我们每个人的执着更精彩。陈兴杰校长在书中所呈现的正是这样一种生命姿态，她是虔诚的教育守望者。

# 为最高目标而活

## ——读《这一生，你为何而来》有感

由麦可·雷伊所著的《这一生，你为何而来》这本书是台湾的林老师送我的，在我生命处在混沌、焦虑、迷惘的时候，这本书恰似甘泉一泓，为我平添许多勇气和温暖。感谢林老师在如此遥远的地方依然可以体察到我的处境，通过书的力量来帮助我走过一段艰涩的路程。“相信阅读”四个字在扉页中，精致而细小，与黑色的背景形成强烈的对比，仿若宇宙之间，阅读唯其珍贵。是的，阅读带我们通抵精神圣地，通抵心灵净土，通抵自己的过去与未来，“相信阅读”正是相信自己的感觉，相信可以在字里行间找到自己的信仰，同样，我也相信林老师的叮嘱会点亮我前行的路。

过一种有创意的生活，让自己的生命绽放出绚丽的色彩。书中相信人人都有创意，只是创意常常被掩盖。每个人都有一个创意宝盒，被放在心灵的角落，而我们要做的就是要定期去打扫，清除盖住宝盒的垃圾，这样才能打开它，看到里面有什么。每个人都要完成这个基本的任务，让生活本身成为创意艺术的作品。不是我们没有创意，是常常有东西遮蔽了我们的眼睛和心灵，长此以往，不愿意去尝试，不愿意去挑战，渐渐地，我们落在尘土中，变得颓废而倦怠。

而突破阴霾的利剑正是你内心的最高目标。如书中所写：“在这世上，几乎有无穷的差异。尽管如此，说到心灵的宝藏，差异就消失不见了。在心灵之处只有一道灵光，此光万物皆同。揭开真理，体验此光，就是精神追求的目标。”拥有最高目标的人，就能度过最困苦的环境，事实上，他们发现自己能够依靠这个有利的资源，面对生活中的任何挑战。生命是要有目标的，你内心深处的声音是什么？你要到哪里去？你靠什么来支撑你的行动？这些都需要不断地追问。其实，想一想自己所经历的，很多时候正是因为有了目标，我们才竭尽全力去做，最终实现自己的目标。短期目标让我们头脑清醒，长远目标让我们变得勇敢。我曾经在很长的一段时间里以上好一节课为目标，要层层磨砺，各级评比，才能够脱颖而出。为此，我多次参赛，愈挫愈勇，最终在语文教学上有了自己的体悟；我曾经以阅读为自己的目标，用两年的时间阅读近百本教育书籍，以此来提升自己对教育的理解。同时，我用写作不断支撑自己的教育行走，用一篇篇叙事记录了我和学生的故事，我的目标是要铭记这段经历，不负青春。而经历了这些之后，我越来越发现，自己其实真正想要的是心灵的自由飞翔，能够用自己的行动与实践来阐释教师某些特别的含义，从而改善更多孩子的教育环境。我提炼出两个字“责任”，并为此甘愿经历那些风风雨雨，即使遇到一些异样的眼光，经受一些流言蜚语，我也不会沮丧，不会伤心，我还要笑，正如我跟学生分享的话：把所有的风雨化作生命成长的能量。因为目标在，梦在，困难再多也不怕。

到底什么是最高目标？它如何影响你的生活？请允许我摘录书中的语段来和各位分享。

许多哲学的传统告诉我们，每个人都蕴藏着犹如整个宇宙能量的惊人潜力。圣徒说，体验这种潜力的经验，就像是看到蓝色珍珠闪烁着微光。当注视着蓝色珍珠时，蓝光注入他们体内；或者他们感觉到蓝珍珠爆发，显露整个宇宙。

最高目标就像是一直有这种联结的经验或事实（无论叫作什么）。当然，这还是一个目标，因为这是你终生追求，而不是获得的。你的努力能激励、激发并指引你的旅程，使得这种联结的时间更多。

如果你注意到生活中较重要的价值观，而且照着行事，永远不忘记最高目标的力量让你生气蓬勃的时刻，那么，利用这些记忆来处理新的状况，你将生活在最高目标中。

我在想，灵光闪现的一刻，并不是真的看到了什么，而是自己灵魂的舞蹈，当为某一目标竭尽全力的时候，你就会发现别人难以察觉的感动，尤其是那种内心深处的感动与温暖，是旁观者难以体味的。特别对“你的努力能激励、激发并指引你的旅程”深有感触，心态、状态、姿态，我们在前行的路上可能遭受暴风雨，但同样可以迎来彩虹般的盛典。心之所及，心之所恋，心之所痴，我们就在幸福之中了。人生不正是一场场的体验吗？有力量、有激情、有目标地体验，就能发挥出最大的潜能。

当我们确定要活在伟大目标中的时候，还需要一些箴言为我们指引。

(1) 热情没那么重要。为最高目标而活，跟一般人所认为的最高成就，像是达成外在形式上的成功，以及对所做的事情怀抱热情，其实有很大的不同。大多数人追求的是短暂的目标，但你必须超越这些，利用生命赐给你的礼物。

(2) 踏上自己的英雄旅程。只要注意你最好的表现，就可以走出自己的路。当你觉得自己状况甚佳，跟最高目标契合，这就是生命中重要的时刻。记住这时候的经验，应用在新的状况，不断改善追求最高目标的路径。

(3) 问一些愚蠢的问题。世界上的每件事情都有关联，你无法动摇这个系统，只能加入。加入这世界最好的方法是为最高目标而活，具体的实践方法之一，就是利用“生活箴言”启发你，像是“问一些愚蠢的问题”。

(4) 只做简单有趣的事。越是经常表现与体验你的最佳特质，你愈能感觉到自我的价值和真正的成就。你可以从经验中找出能够支持你的成就感，并且不断增加它的强度。

(5) 恐惧是一种正面的能量。有最高目标做基础，你就可以看清心中的恐惧，向它学习，将恐惧的力量转变为能量，成为突破与机会。

(6) 用爱完成的事，每一件都完美。如果你对自己的价值有完整丰富的感觉，你已经有了具备同理心的第一步。从这个观点看别人，就能改善人际关系的本质，也更接近最高目标。

(7) 不是“是”，就是“不是”。你可以根据最高目标以及直觉发展出一个组织架构，让生活的各部分达成综效，这比身心平衡、生活平衡的状态更有力量。

(8) 今天你给别人什么礼物。将最高目标的经验传承下去，并激发他人的创意；与他人分享你追求最高目标的成果，在良性循环中发挥影响力。

一旦知道自己的最高目标，以及这八个要点，你就掌握了一切的奥秘。但是除非你为最高目标而活，否则你只是“拥有”这些知识而已。你必须“利用”这些发现，超越知识，活得更有智慧。这是你内在的智慧，在生命旅程中它将一路支持你。

# 师生关系篇

# 心在哪里，哪里就有幸福

——读《夕会故事：孩子，我讲给你听》有感

读彭荣辉老师的这本书，恰逢济南的雨季，淅淅沥沥的雨亲吻着窗外的大树，迎面而来久违的凉爽。在这样的空气里，一杯茶，一本书，让自己浸润在美好的文字中，于是渐渐看见一个俊朗的青年在夕会中的精彩。那是怎样的一幅图景啊：走在孩子中间，面含微笑，娓娓诉说，一个个故事蕴含着做人的道理如数家珍般地撒播在孩子们的心田。再看孩子们：一张张小脸上也写满了感动、责任、爱心、美好……我相信，这是一种生命的唤醒，更是一种生命的润泽，这样的润泽不恰如窗外的细雨吗？一下子，我的心里盈满了暖暖的感动。

刘铁芳教授说："没有故事的世界是单调苍白的，没有美德故事可述可听的人类生活是不值得欲求的。"这个世界的精神传递除了文字、图象、文物，应该还有我们的语言，用言说的方式，用故事的形式代代相传，薪火不熄。而童年里的每个人不都需要故事的滋润吗？故事又何尝不是每个人童年里最贴心的伙伴呢？故事在儿童世界里闪烁着耀眼的光芒，映射着一颗颗纯真透明的心。我相信，一个幸福的童年一定能够听到很多很多美妙的故事，一个健康快乐的孩子一定会编织一个个精彩、诙谐、美好的故事。彭荣辉老师的夕会故事，正在做这样的事情：给孩子讲故事，帮助孩子编织故事，并以此为乐。

夕会的时间很短暂，仅仅十分钟，然而彭荣辉老师赋予它的意义却承载了对孩子一生的期许。一个个做人的故事、一件件身边的事情春风化雨般地走进孩子的心灵，像一粒粒饱满的种子，培植在爱与善良的土壤中，这，注定要影响孩子的一生。或许他们在将来要遭遇污垢，或许他们在将来会面对失败，但有这些故事打底，他们定然会多一分自信，多一分坚强，多一分谨慎。到那个时候，此时的故事会穿越时空，给孩子更多前行

的勇气和力量。

我把夕会故事看作彭荣辉老师与孩子交流的一种美好的方式。那些故事很多都是来自于孩子自己，把儿童的经历与美好的品德结合起来，这不能不说是彭荣辉老师的智慧。有这样的内容，教师在讲故事的时候就不再是泛泛地、呆板地说教，而是一种对现实生活、对成长的反思和警醒。孩子们在聆听的过程中必然会产生某种真切的共鸣，易于形成积极的价值取向，所以在夕会故事的十分钟中里会有孩子愿意上前去讲述的情景……一个优秀的教师应该与孩子之间有独特、新颖的沟通交流方式。不流于形式，不专制，用某种沟通方式，搭建起与孩子心灵对话的桥梁，这个时候，教育才会变得鲜活而丰盈。好关系才会有好教育，而好的教育需要好的方法，寻求一种触摸孩子心灵的美好的方式，对绝大多数教师来说是迫切的，在彭荣辉老师这里我们可以获取这样的有效借鉴。

其实，夕会故事的价值不仅仅在于对孩子们的影响，我相信彭荣辉老师在这样的讲述当中，一定会有发自内心的成长体验。我思，故我在。其实，我说，也故我在。说的过程就是一个思考的过程，在故事的准备以及讲述过程之中，还原一个个情境，并且要提炼出教育的意义，这需要教育智慧。至为重要的是，把班级孩子中的个案拿到全班来讲的时候，如何呵护孩子的心灵，对其他孩子会产生什么样的价值引导，故事每天都在发生，我们选择什么样的故事，给孩子一种什么样的讯息都是需要斟酌的。我从书中可以体会到彭荣辉老师对故事中人物心灵的关注，很多地方，彭荣辉老师都做了巧妙的引导。这种教育的智慧，绝不是一朝一夕的结果，从一定程度上来说，我认为夕会故事丰富了教师的教育智慧，为教师的提升搭建了舞台。彭荣辉老师自谦地说自己口拙，需要精心准备，常常是像狄更斯一样从黑夜里偷用几个小时。勤奋，我是相信的，口拙，不敢苟同。看文字，彭荣辉老师自是口吐莲花之人。正是因为他的勤奋和坚持，促成了夕会故事今天的精彩。

夕会的故事内容相当广泛，经典的，现代的，媒体的，身边的。这些故事都是彭荣辉老师精心准备的结果。这里的准备有两种理解，一是对资料的搜集查找，二是对孩子们学习生活的观察。提炼之后，奉献给可爱的孩子们。这样的一个过程让我有一种体会：好教师应该做孩子的眼睛。孩子在成长的时候，对整个世界是困惑的、好奇的，他们的价值观正在或者还没有形成，辨别力尚不强。什么是有价值的东西，什么会带来不良的影响，他们还不能很好地做出判断。同时，很多孩子的信息搜集途径并不丰富，自主获得更多、更好的信息有很大困难，尤其是小学生更是如此。这个时候，是不是需要我们做孩子的一双眼睛呢？这双眼睛不是用成人的价值观去寻找一些东西，而是站在孩子的角度多思考，这样，孩子才会领你的情。

一个个来自于身边的故事成为教育的好素材，这与彭荣辉老师的观察和思考是分不开的。做一个教育的观察者、记录者，是做好教师的一种素养。观察和记录的过程就会有思考，这样的思考必然引发教学行为、教育观念的转变。更为重要的是，在这样的过程中，教师对孩子会有新的认识，爱上孩子，爱上教育。我可以想象的到，站在楼道里的彭荣辉老师是如何用温暖的目光去静静地面对一个个孩子的，爱就在老师的眼睛里透着温情，爱就在老师的脸上闪着幸福。一个个夜里，彭荣辉老师笔耕不辍，用文字记录着他的思考，并像放电影一般把教育情境重现。夕会上的讲述，又进一步加深了他的思考。在观察、记录、讲述之中，我相信彭荣辉老师眼中的孩子、眼中的教育都在发生着变化。

在观察、思考的基础上来写夕会故事、讲夕会故事，这也是一种教育叙事的方式。书中灵活生动的文字再现了一幕幕师生交流的画面，有事件，有反思。较之平常的叙事不同的是，夕会故事从孩子中间来，还要回到孩子中间去。站在孩子的角度来写故事，就显得尤为重要。风趣、幽默、深情……要知道，孩子都有被接纳、被尊重、被喜爱、被信任、被鼓励、被支持、被激励、被逗乐的需要。基于这样的需求，在夕会故事的写作上，彭荣辉老师在努力保持着与孩子亲密沟通的姿态，因为他知道，这些故事不仅仅是记录给自己看的，更重要的是在孩子那里得到共鸣。这一挑战性的教育叙事方式，一定会有别样的惊喜和收获。

彭荣辉老师在这本书的序中说：“我想，我能说的，或许只有一句话：‘一切为了孩子，为了一切孩子，为了孩子的一切！’……我也曾经是个孩子，将心比心吧。”

好个将心比心，有这种情怀，有这种行动，有理由相信，把心放在孩子那里，每一位老师都会在教育的原野上收获幸福和甜蜜。

# 你是优秀教师吗

## ——读《接受我的爱：老师如何跟学生说话》有感

“老师处于课堂危机的愁云惨雾中，每间图书馆里的所有藏书，无一堪用。一切的著作和所上过的课都爱莫能助，此时真正有用的，只有技巧。”

这是汉恩·吉诺特博士的一段感言，当教师的理想与现实相去甚远的时候，在现实中就要有实用的技巧，才能顺利渡过一个个课堂危机。确切地说，课堂危机无时不在，每个人的课堂里都有这样或者那样的问题，只是因为我们的眼睛或者心灵的问题没有觉察罢了。我所理解的危机是从心理安全的角度来考虑的，教室里的学习不是单纯知识的传授，更是心灵的对话。一句话，一个举动，都有可能产生危机——这不是危言耸听。

技巧不是枯燥的，汉恩·吉诺特博士说：“教书最重要的是有技巧的教学态度。”这里的技巧不是为了达成某一项知识的获得，而是如何创造一种和善宽松的教学态度。就这一点来说就足以让我们钦佩。基于心理感受方面的技巧，其实就是如何温暖感化学生的方式，这是充满人性化的做法。

记得朋友介绍这本书时，就兴奋地背出下面的话：“学生需要被接纳、被尊重、被喜爱、被信任、被鼓励、被支持、被激励、被逗乐，还要有机会让他探讨和实验，而且都得有成就。”学生在教室里学习不仅仅有获取新知的需要，更有以上这么多或者更多心理方面的需求，如果以偏概全，以单纯的知识传授统领一切，则可以想象学生会遭受怎样的禁锢、失望、冷漠、孤立……我知道，朋友之所以如此推崇这个句子，是因为它是站在学生心理的角度来思考的，而教师只有获取学生心理深处的感受，才会在教学行为中谨慎、谨慎、再谨慎，小心翼翼地呵护着学生的心灵。用书中的话说：“心理层面的事实决定教与学的成败。”在这样的理解中，汉恩·吉诺特博士告诫我们：“学习永远是现在时，而且因人而异。”现在时，关注学生目前的感受，而不是为了着眼于将来而摒弃目前的人道。

一个个生动的故事像图画般展开，它们来自于异国一线的教师们。读着，慢慢感觉教育的魅力就在这样的细节和话语之中。教师的话语抚慰了学生受伤的心灵，教师的谈心鼓足了学生前行的信心，教师的智慧维护了学生的尊严。一段段的讲述，有故事，有简洁精辟的分析，每一个故事都是一个绝好的小专题。

同情心是优秀教师的基本品质。同情心能够拉近教师与学生的距离，更容易让学生接受教师。那个叫志伟的同学因为发书的事儿愤愤不平："我讨厌我的身材，我讨厌学校，我讨厌每一个人。"多么容易让教师生气的话语啊。"不就是发书吗？什么觉悟！"或许这是一般教师的反应，可志伟的老师没有这样做，而是写了一张字条给志伟。

亲爱的志伟：

我知道你一定很伤心，你急切地等待收到新书，却突然间出现这样的失望情形。除了你以外，每个同学都拿到新书。我会亲自留意，让你收到新书。

你的老师　　上

同情不仅仅在心里，还要通过语言表达出来，让学生明白我们理解他。这样的同情或许只是一句话，可足以让学生失衡的心理得到安慰。而教师这种递纸条的做法也是如此巧妙，让志伟感觉到自己的重要，矛盾就此化解——学生的心里没有了疙瘩，事情就成功了一半。

有一些问题，仅同情是远远不够的，还需要帮助学生寻求到解决问题的办法。

珠恩不满意老师指定的社会家庭作业题目。当她向老师要求改题目时，老师说："珠恩，我知道你不喜欢这个题目，你对埃及的宗教没有兴趣，你喜欢的是艺术。菊娜的指定题目是埃及艺术，去跟她商量，看看她是否愿意跟你换或跟你一起写。"

珠恩感谢老师了解她的心意，于是去找菊娜商量。

解决问题的原则就是就事论事，不用道德标准来衡量。在这里，这位教师面对学生的要求，没有生气，没有呵斥，反倒顺应学生的需要，并帮助她找到问题的解决办法。如果批评会是什么样的结果呢？珠恩一定沮丧不已，或者内心生出仇恨，或者产生罪恶感。教师的语言实在是一门艺术，该说的必须说，不该说的一个字也不说，惜字如金才对啊。

面对一些学生的哭诉或者告状，我们会怎么做呢？煞有其事地教育一番吗？或者刨根问底？不，汉恩·吉诺特博士告诉我们，有时候，学生只是想在我们这里找到一种理解，你只要抚摸他，告诉他“我懂”，或许就完全解决了。这让我想起小时候，我们总爱跑到教师那里“告状”，有的教师会把我们叫到办公室好好地批一顿，结果彼此走出办公室都对对方“咬牙切齿”；而有的教师听你说完，一句话“回去告诉他，别再欺负人了……”学生就会破涕而笑，一溜烟领着“圣旨”跑出去了，矛盾自然解决了。给学生倾诉的机会，让他明白你懂他，这就是最好的安慰，同时这也是对学生矛盾双方的一种尊重。如果教师一味地批评责备，必然在学生心里种下不良的种子，当时也许看起来风平浪静，然而保不准一出办公室还要打起来。

教师的幽默也会化解很多课堂危机。当面对学生的调皮，如何尽快地组织好课堂，这是很有挑战性的事情。书中讲到这样一个情形：

有位代课老师问一个男生叫什么名字。那个男生回答：“甘地。”全班轰然大笑。老师说：“甘地是个好人，值得我们效法和敬爱。”全班听完后安静下来。老师继续上课。

幽默的言语比严厉的批评更有效果。声嘶力竭的对抗只能和学生的关系越来越糟，学习效果也越来越差。中学时，我的一位老师品性善良、温和，但是在学生调皮时就会变得暴躁不安，曾记得他用大皮靴惩罚那些冬天跺脚的人，然而结果是愈演愈烈，他刚回身，后面就又会响起来，课根本上不下去。

读完这些优秀教师的优秀做法，我才恍然明白，汉恩·吉诺特先生是按照学生的需要这样的思路来编排这些故事的。这些案例都是充分考虑学生的需要，尊重学生、同情学生、就事论事、逗乐……看来，站在学生的角度思考问题，总会找到最好的解决危机的办法。

让我们记住表现优秀的教师的一个共同倾向吧：

他们都不相信霸道，不会说教，也不会抬出伦理道德。他们没有散播罪恶感或要求承诺。他们没有对轻微的不当行为分析来龙去脉，或对意外事件追根究底。他们不会对学生的过往经历或长远未来保持成见。他们处理眼前的事，关心学生此时此地是否无恙……

# 别让你的语言伤害孩子

## ——读《接受我的爱：老师如何跟学生说话》有感

“许多教育问题根源于师生关系。任何的学校改革要有成效，首先必须改变师生关系。”

一开始就在大大的标题下面读到这样的句子，这让我想起：有好关系才会有好教育。当我们试图改变学校现状的时候，不考虑师生关系的因素，而一味地采用强硬手段和措施，改变只会昙花一现。师生关系的主要场所——教室里会发生什么呢？接下来的一个个案例，让我们看到异国课堂里的种种伤害。在这一幕幕的课堂伤害中，我们同样能找到自己的影子——教育是跨国界的，问题往往也是共通的。

体无完肤的辱骂实在不应该是教师的作风，然而在课堂上，一些教师竟然以此为乐。“你真笨!”“没见过脸皮这样厚的人。”……打击孩子自尊的辱骂，就像一条条毒蛇吞噬着一颗颗幼稚的心。其结果可能表面上孩子会顺从，然而内心深处一定会产生仇恨。语言是有力量的，任何一个词汇都有可能对一个人产生致命的打击。尤其当我们面对敏感稚嫩的孩子的时候，慎言是必须的。想想自己工作之后，在课堂上也曾险些说出可怕的话，每一次都要提醒自己：理智，千万别说离谱的话。没有不生气的教师，教师毕竟不是神仙，可我们表达愤怒不一定必须用辱骂的方式。记住这样的话：“老师像外科医生，绝对不可以随意下刀，因为，伤口可能永远存在。”

刨根问底也会是一种伤害，每个孩子都有自己的隐私。如果单纯地追问而不考虑孩子的感受，无疑会对孩子产生伤害。书中那位教师的话“我比你还了解你自己”是多么刻薄的话语，或许他是在向孩子示威，是在向孩子展示自己的智慧。其实他错了，这样只会让孩子更恐慌和不安。面对这种对孩子轻蔑的看法，孩子只会封闭自己的心灵。其实有很多事情，孩子是喜欢用自己的方式来解决的，电影《长江七号》里的孩子们，因为宠物狗而大打出手，当教师来质询的时候，所有的孩子又站在了一条战线上，谁也不愿意说出宠物狗的事情。有时，成人的插手反倒会使事情越来越糟，这一点我们也要特别注意。即使有的事情需要教师去了解，也应该注意说话的方式，不是审问，不是怀疑，更不是无端的指责。

讥笑嘲弄，是一把无影剑。随口而出，全班皆笑，教师得意，听者附庸，实在是对尊严的亵渎与轻视。有很多学生的外号，其实就来自于教师的一句“笑谈”。这样的教师往往是有才的人，自诩清高，而对学生随意调侃，或许他会把这样“教育”学生当作自己的专利——不体罚，不辱骂，调侃而已。“朽木不可雕也”这是我中学时一位老师的口头禅，这句话曾被他若干次地抛给我的同学，每一次那位老师都洋洋洒洒甚是有派头。我想，他那个时候一定给自己教不好学生找到了借口，更为自己的点评而暗自窃喜。不知道为什么，如今，我看到他都不想跟他打招呼——即使当初他对我厚爱有加。

以上的问题好像都是教师单方面处在强势的地位上，有的问题更严重，直接就是发生冲突。学生之所以会发生强烈的反应，与教师的粗暴与专制是有很大关系的。身为教师，即使是在被激怒的情况下，也不可以贬抑学生。课堂中师生发生冲突想必每个人都有过在场的经历吧，我上初中时，一位据说知识很渊博的教师教我们代数。他瘦小的身材，一脸的皱纹，走起路来很有力。冬天的时候，他爱穿一双黄颜色的军皮鞋，老远就可以听见他到来的声音。那节课上，听着他大皮鞋的声音在教室回响，不知是哪位同学心血来潮，也尝试着跺了跺脚。这位教师听到了，从黑板上转过身来，对学生一顿猛批，结果，他一转身，又响了——这次人更多了。这还了得？教师跑下讲台，冲着一个正在跺脚的同学踢了过去，其中几下踢在桌腿上，咚咚响。全班哗然，气氛一下子变得凝重起来——后面的课这位教师也没有再上，气冲冲地夹着书走了。避免和学生冲突应该是教师与学生交往的一个重要原则，在冲突中，教师会失去教育的动机，甚至会削弱对学生的影响，事情只会越来越糟。想想我的老师的遭遇，他的失策在于他没有注意到自己的皮鞋对学生的影响，随即而来的讲大道理、训话，甚至大打出手，都不应该是一个教师的作为。他可以这样对学生说：“天太冷了，是该活动活动，来一起跺跺脚，如果快乐你就拍拍手……如果快乐你就跺跺脚……接着上课吧？”或者幽默一些：“对不起，我这双鞋子老是打扰大家学习，我替它向各位道歉……”这样的教师多可爱呢？

书中提到有位母亲在走进孩子的课堂后写下的文字，很真切，让人感到一种教育的恐惧：“整天没有一个人笑过，没有一个老师表现出喜爱学生，也没有一个老师能不厌其烦地诱导学生。”在身边的教育环境里，有很多教师不是也高高兴兴离校去，愁眉苦脸进校来吗？每一天面对孩子，除了知识就是知识，没有一丝情感的触动。总结里也在写着爱孩子，也在写着爱岗位，可做的时候实在是两个样子。如这位母亲所说：“爱的行为有其先决条件，也就是必须先养成温馨、关怀、安适、灵敏、柔顺和技巧……事实上对儿童来说，应付强迫唯有一途，就是闭锁心灵。”在严格禁止体罚的今天，语言的伤害愈演愈烈，这又成为一部分教师的新阵地，其实这样的伤害是甚于体罚的，如果真的到了孩子闭锁心灵的那一天，我们的教育就是罪魁祸首。

我也喜欢作家詹姆士说的这句话：“一个人的经历是一场噩梦，我正打算从噩梦中醒来。”我相信每位教师都渴望获得职业的尊严感，都渴望品尝到教育的快乐，上面所描述的种种，都不是我们所追求的。在这样的教育生活中，我们也是焦头烂额，也是顾虑重重，也是暗淡失色——那真是一场噩梦。那让我们尝试着改变吧，从一言一行开始，从对待孩子的眼神开始。只要努力，就可以有成果，心在哪里，哪里就有收获！

汉恩·吉诺特博士给我们讲述的故事很有意味，把它摘在这里与各位同行分享。

有个霸道的老板，决定改变自己对待厨子的作风。

老板把厨子叫进来，对他说：“从现在起，我要好好待你。”

厨子问：“如果我迟一点煮好午饭，你不会对我大吼大叫？”

老板答：“不会。”

厨子问：“如果咖啡冷了些，你不会把咖啡往我的脸上泼？”

老板答：“不会。”

厨子问：“如果牛排煎老了，你不会扣我的薪水？”

老板答：“当然不会。”

厨子说：“好，那我就不再把口水吐进你的汤里。”

# 让沟通变得美妙起来

## ——读《接受我的爱：老师如何跟学生说话》有感

“老师若想增进师生关系，必须革除惯用的拒绝性语言，学习使用接纳性的新语言。老师想要了解学生的想法，必须先得到学生的心。”

拒绝性语言或者接纳性语言，都是说话，都是向孩子传达一定的信息，却对孩子的命运有着截然不同的意义。孩子获得自身成长的评价和认同，主要是通过家长和教师以及朋友的评价所得到的。在拒绝性语言环境中长大的孩子和在接纳性语言环境中长大的孩子，他们的心境和品行是不一样的，这一点我坚信不疑。总以为有爱心就可以好好地面对孩子，其实不然，我们失衡的爱心往往会促生一些并不理想的言语方式。书中提供的这些词语——责任、羞辱、说教、命令、霸道、归咎、警告、讥笑、贬抑、恐吓、贿赂、追究、暗算等，就是一般人所谓的“正常”谈话，这些谈话是会摧残孩子心灵的，会让他们心里感到恐惧，对自身产生一种并不积极的认识，同时会对施威者抱有过激的怨恨。看看这些词语，一下子竟感觉说中了我们的职业现状。不是老爱没完没了地对孩子说教吗？不是习惯用命令的口气跟孩子说话吗？不是面对犯错的孩子动不动就训斥、警告甚至恐吓吗？这样的事情在我们的校园里每天都在发生着，这些词语就像是我们教师教育生活的凝缩，既让我们羞愧，又让我们不安。难道教育只能用这样的方式来进行？在这样的氛围中长大的孩子会健康吗？都说好的教育应该有好的方式，那么，就让我们随着汉恩·吉诺特博士一起探寻沟通的秘密。

喜欢“沟通”这样的词语，它所传达的是双方平等的对话意识，突出了师生之间的信息情感的互动，而不是单方面的强势灌输。沟通的首要原则很简单，却很实用——“就事论事，不针对个人的个性和品格”。我愿意顺着往下想，沟通的原则还会有着眼于当下的情感体验，重在很好地解决问题，信任、平等是沟通的前提，等等。

沟通往往会在人愤怒的时候，变得艰难起来。汉恩·吉诺特博士的提醒是多么重要。“老师的座右铭是：‘愤怒，可以！侮辱，不行！’”每个人都有愤怒的权利，这也是人的本能，教师是人，让教师成为没有七情六欲的神仙是不可能的事情。但是，在愤怒的时候，向学生传达你的愤怒，应该用沟通的方式来，就事论事才行。如书中所说：“开明的老师生气时依然真实无伪。他会说出自己的看法、感受和期待。他批评的是问题，不是个人。他知道生气必然带来一些更棘手的问题。他会使用‘我’这些信息保护自己和护卫学生。”

很有意思也很容易就能学会的一招啊！当你愤怒的时候，说出自己的感受，注意要用“我”而不是“你”。“我很生气！”“我实在是太难过了！”“我太惊讶了。”这样的话语既能表达自己的感受，又不至于对孩子造成伤害，如果用“你”，如“你真是太笨了！”“你怎么能这样做！”，就会变味道了。这让我想起我们大人之间的交往。当我们对尊贵的客人或者长辈有意见时，往往会委婉地表达自己的不满，而不直接对立起来。比如，当我们的长辈对我们有偏颇的批评的时候，我们不会顶撞说：“我保留我的意见。”“我认为这样对我不公平。”“我不能接受你的批评！”因为我们在心里有一种对长辈的尊重，即使愤怒不平，也会努力克制，用婉转的方式来表达。为什么我们习惯对孩子用“你”的方式来进行训话呢？究其原因，是大人自以为是，以为孩子就只需要听话。——哪里知道孩子的心灵更脆弱、更纯洁、更需要精心的呵护！于是想把这样的“我”字愤怒发泄法告诉更多的教师，这实在是巧妙的言语艺术啊！

“为什么你不改过自新？为什么你这么自私？为什么你一定要跟每个人斗？……”这样的“为什么”你或许并不陌生吧，质问常常会出现在我们教育孩子的过程当中，尤其是大段的排比句式，犀利而尖锐，咄咄逼人，仿佛箭一般射向孩子。我们期待什么？期待这样的质问会帮助孩子自省吗？期待这样的质问会让孩子明确方向吗？不是，应该是一种赤裸裸的批判，是一种对孩子的示威！这样的盘问，对孩子来说如坐针毡，绝对不会产生任何的教育效果，甚至会适得其反。仔细一想就知道，教师无意间强化了那些拙劣的品质，给孩子划定了向坏的方向发展的路线。同时学生的内心也会产生罪恶感，对个人产生不良的认识，这会影响孩子的发展。

需要谨记："沟通和健康一样都要依赖预防的行为。开明的老师知道不能散播让儿童感到愚蠢、罪恶、激怒和怨恨的信息。他会故意不提可能激起仇恨和反抗的问题或评语。"

看来这样的"为什么"还是远离我们的教育为好。我不禁想：除了"为什么"，还有哪些问题需要我们摒除呢？"你如果不……我就……"这样的威胁话语会给孩子传递恐惧和怨恨；"你的那些事，我早就知道了……"把孩子暴露在自己的监视之下，会让孩子产生抵触情绪；"这么简单的问题都不会……"轻易地否定孩子，会让他对自己的智慧产生怀疑。还有很多，我们实在是太需要净化一下我们的语言了。

"不要扰乱孩子的感觉。"看到了这样的句子，为之一振。孩子的感觉，我们只有真正地懂孩子才能体会得到，这是需要多么细腻的情怀啊！读下去，渐渐明白，当面对恐惧、生气、疼痛、难过……顺从孩子的感受，不要轻易地否定或者改变，是对孩子最好的呵护。它所传达的是一种理解与同情，陪伴中抚慰孩子的心灵比强制的扭转更温情、更美好。记下这样的话语："当儿童听到'没有什么好怕的'，他会更加害怕，而且恐惧的程度加剧三倍。""没有什么好怕的"，这无疑会给孩子设置一种更高的心理障碍：如果自己害怕，就会让更多人笑话——这更可怕。也是，我们成人不也有这样的心理吗？当别人告诉我们某件事情不难做的时候，我们往往会更加在意；当别人安慰我们别生气的时候，我们会更委屈。如果别人告诉我们事情是很难的时候，我们会有尝试的勇气和乐趣；如果安慰人的时候，帮着一块絮叨一下原委，或许会让人更舒服一些。不扰乱孩子的感觉，随顺一些，孩子的心灵会更舒展，情感会更自然，成长得会更自由，于是记下了这句话——在心里。

如上面所说，"不要扰乱孩子的感觉"，而当我们跟孩子说话的时候，是不是会关注孩子听的感觉呢？如果孩子开始觉得索然无味，就要开始反思自己是不是太唠叨了，语言能否更简练一些、幽默一些。这就是沟通的要求：力求简洁。许多教师相信权威的力量，可是知识性的解说无法涵盖所有的教育。这让我想起，带孩子出去春游，走一处讲一处，或许有的教师认为这是负责任的表现。但这样的讲解孩子是不是需要、是不是喜欢，应该想一想的。同时，这样的讲解会不会打乱孩子的思维，打破孩子美好的意境，也是值得商榷的。

汉恩·吉诺特博士说："适当的沟通是一种成就。它需要学习、预习和自律。它不是单纯地'顺应自然'。它像所有的技能一样需要练习，也像艺术一样经过选择。"读这样的文字，对沟通开始有了新的认识，只要试着去改变，去学习，教育生活就会变得美妙起来，我们也可以做个"体贴、善感与英勇的散落于各个阶层的贵族"。

# 管教也艺术

## ——读《接受我的爱：老师如何跟学生说话》有感

“管教时一定要避免任何会滋生仇恨的管教方式，应采纳能引发自尊的方法。”这样的话语让人警醒。在面对学生的挑衅的时候，我们是选择针锋相对还是委曲求全，这无疑是值得思考的命题。针锋相对，虽然会一时让人痛快，让教师找到一丝慰藉自己自尊的快意，但是由此产生的负面效应却不容乐观，这样做会使教师处于被动的状态，将自己置身于纷争当中，言辞不当会伤害学生，更会激起学生内心的仇恨。在学生面前表现得声嘶力竭，只能降低自己对学生的影响力，甚至会被学生控制了你的情绪，一而再再而三地刺激你，让你失去教育的能力——这实在是可怕的。

那么委曲求全就可以吗？教育者之所以对学生有影响力，源于自身的人格尊严和品行举止。用李茂老师的一句话来说：“教师永远是最宝贵的教育资源。”这样的资源如果在委曲求全中是不是会打折扣呢？虽然一提师道尊严，就会有人“过敏”，但是保持对学生积极向上的正影响力是每个教师必须面对的一个课题，教师需要这样的尊严和影响力。如此看来，委曲求全也是不行的。此刻，管教真的需要一种既能维护彼此的尊严，又能化解当时的危机的方式，这就需要变通我们管教的方式，让管教更艺术化。如书中所写的那样：“管教像外科手术一样需要精准，不可随意动刀，不能信口开河。”

喜欢这样的话：“谁是真正的教育人才？是那些有能力使学生从恐惧转为信任的人。”出现问题的学生，情绪往往处于恐惧、烦躁甚至对抗的状态，教师所采取的任何言行，都会触碰他的神经，引起强烈的反应。教师唯有安抚，让自己避免和学生发生冲突，站在学生的感受角度讲话，才会化解危机，否则只能使事情越来越糟。安抚重在就事论事，顺应学生的感受，让他讲述出来或者写下来，把冲动化为冷静的思考。如果教师真的是站在这样的角度来和学生说话，学生会慢慢认识到自己的不当，化解危机。这样的过程，其实就是一种心理疏导。把自己放在心理疏导师的位置上来面对孩子，你会发现，自己对突发的问题会处理得游刃有余。这样的角色定位很重要，我们是教学者，更是教育者，在出现危机的时候，更要做一个心理疏导者——学生在发生变化，我们的姿态也应该随着进行调整。把自己在课堂教学上的绝对权威毫无收敛地移植到对危机的处理当中，实际上才是课堂中最大的危机。转变并不意味着教师尊严的缺失，而是更专业化的一种素养。教师的专业化，更应该体现在对具体问题、具体细节的处理上，而不是空泛的师道尊严。回头再看这句话，不禁佩服汉恩·吉诺特博士对学生心理的把握——这让人相信任何的教育技巧都应该建立在对学生心理清楚洞察的基础上，唯有如此，才会寻求到最有效而简洁的方法。

用惩罚进行管教，不用避讳，这是很多教师经常采用的方式。如果谁打架了，拎到办公室，来，站着！如果谁迟到了，来，站着！如果谁课堂上乱讲话了，出去，站着！……这样的方式于教师而言似乎简单易行，不太耽误时间，过段时间再问："知道错了吗?"学生答："我错了。"接着一阵猛训……然后教师气顺，一挥手："回去吧!"表面看教师的这番教育如行云流水，一气呵成，学生也服服帖帖。但请看下面的句子："惩罚不会吓阻行为出轨，只会使犯规的人更小心地犯案以及更巧妙地掩藏证据，更有技术地逃避侦查。""儿童知道惩罚对他们几乎没有好处可言，惩罚是用来满足施罚成人的需要。"出现了问题，不考虑学生的心理感受，而只顾及个人的情绪，这是教育中的禁忌。学生的学习和心理是最重要的，而作为服务者的教师不能因一时的兴起而摧残学生。

对于惩罚，我个人认为不是要从教育的概念中删除，惩罚教育同赏识教育一样，在塑造与完善人的品行过程中有着重要的意义。问题是，我们的惩罚必须考虑到学生的感受，这里的感受是指让学生认识到自己接受惩罚的必要性，不侮辱学生的人格尊严。美国名师罗恩·克拉克写的《优秀是教出来的：创造教育奇迹的55个细节》一书中，讲到用不让孩子参加集体出游的方式惩罚犯错的孩子，很人性化，也很必要。因为这些规定是学生们一致制订的，要执行班规，必须有惩罚。这让我明白，惩罚可以，但要让学生明白为什么会有这样的待遇，关键是在事初就形成共同的约定，而不是事后诸葛，这样对学生不公平，也不会让学生平静地接受。再看看我们身边存在的一些随意的惩罚，不能不让人揪心。惩罚绝不能成为管教的“主力军”，记住下面的话：“事实上，如果依赖惩罚来管教，最后只有招徕报复。口头责骂和体罚形同传授暴力，引发仇恨的人就是暴力的帮手和未来犯罪者的从犯。”

书中的案例很精彩，特别喜欢《避开琐事》，这是我们经常会遇到的问题，看看这位异国的教师是如何来处理的。

凯伦：还我铅笔！

琳达：铅笔是我的。

凯伦：你说谎。你是小偷。你明明知道那支铅笔是我的。

琳达：少诬赖！别想拿走我的铅笔。

老师（不悦）：你们的话我全都听到了。我不喜欢你们吵架。把那支铅笔给我。现在，我各发一支铅笔给你们。你们下课后再决定那支铅笔是谁的。现在都回去做功课。

这样的搁置多有艺术啊！面对这样的争议，教师不是卷入其中，而是让两个学生尽快恢复学习的状态，既照顾了两个学生的情绪和面子，又缩小了吵闹对整个班级的影响，可谓一箭双雕。教师的专业不正体现在这样的事情当中吗？于整个教学来说，这是小事，但对于两个学生来说，却是天大的事情。教师的处理安抚了学生的心，搁置真的很有用。

面对打成一团的学生，书中的案例为我们提供了写出过程的方式。写下来，就是一种诉说，也是一种对事件的梳理，在写的过程中，学生也会对事情有初步的反思。关键的一点是，写的方式会让激动的双方很快安静下来，通过倾诉来排解心中的郁闷和愤怒，这样对学生的心理是一种很好的慰藉。教师也可以根据学生的书写来了解事情的来龙去脉，做出正确的判断。都说“我思故我在”，“我写也故我思”，不是吗？上面的这两种管教方式有一个共同点：无论何时，尽可能不要把小事闹大，要顾及学生的面子。基于这样的理念，我们也会创造出更多有效而艺术的管教方式。

汉恩·吉诺特博士推荐了韦恩州立大学的柯霖和其同事针对课堂中的纪律管理和营造成功的教室生态与学习环境的研究，很细致，也很科学。想起李茂老师的《今天怎样“管”学生：西方优秀教师的教育艺术》，也是很实用的工具书。西方研究者的科学精神着实让人敬佩。对照没效率的教师的表现，我发现自己也有几条症状，记下这些表现，以警醒自己："出尔反尔""过分细究""分散命令""容易分心""爱打岔""精神不集中"。赞同这样的观点：营造有效的"教室生态与学习环境"，避免出现危机，预防永远比事后的处理重要——防患于未然。

如果心态改变，我们的教育教学也会脱胎换骨。对于管教而言，把"如何管住你"转化成"我现在如何帮助你"，或许从内心深处会更让我们警醒，把对学生的管教变作帮助，教育危机就会更容易得到解决。

# 诱导的艺术

## ——读《接受我的爱：老师如何跟学生说话》有感

“学生如果无聊或沉睡，再好的救生员都救不了他。学生需要有人启发他们的潜能，然后他们才会自救。”——这是《诱导的故事》一章开头的提示语。一语惊人，救助火灾中正在沉睡的人，最好的拯救方式不是把他生搬硬抬出去，而是把他唤醒。作为教育中的孩子，唤醒内心的需要，激发向上的力量也是最有效的拯救方式。问题是，唤醒绝不是靠讽刺、挖苦甚至体罚来实现的。在诱导的过程中，必须掌握一定的心理技巧才会用更妥帖的方式达到有效的教育目的。汉恩·吉诺特博士在本章中就为我们展示了其中的奥秘。

用汉恩·吉诺特博士的观点：“学习的主要障碍是恐惧：害怕失败、害怕被人批评、也害怕显得愚蠢。”“去除恐惧就能引入尝试；欢迎过错就是鼓励学习。”在这样的句子里，学生心理安全感的问题被提出来，学生在接受新知识的时候有宽松安全的心理是重要的。如果学生怀着恐惧在课堂上学习，无异于是一种精神的折磨。这种恐惧的产生来自于教师与学生的沟通，更在于教师的职业素养。不允许学生犯错，这实在是一个错误的教育思想。学校就是出错的地方，正是在一次次的出错与改正的过程中，学生获得真实而深刻的成长。出错是一种教育，更是一种教育的理念，咬牙切齿地把学生往标准答案上揪，动辄冷眼相待，谁能不恐惧？喜欢汉恩·吉诺特博士说的“欢迎过错就是鼓励学习”的精辟论断。欢迎过错的过程就是让学生心理放松的过程，也是消除恐惧的根本所在。

在学校倡导一种积极的犯错文化是必要的，在学校的教育教学活动中努力减少学生的恐惧和焦虑，为学生创设安全舒展的心理环境对学生的成长有着重要意义。而在对待个体的诱导中，消除恐惧、唤醒自尊、重塑信心更具有艺术性。

认同学生的感受，这应该是诱导的一个重要原则。学生在遇到困难或者出现焦虑的时候，直接的说教是没有用处的，虽然学生可能一时沉默，但根本不能解决问题，甚至会因此滋生仇恨，出现更多的问题。认同学生的感受，不是不分是非，而是为了更好地获得学生的信任，强化对学生的影响力。有的教师喜欢在学生遇到困难的时候用这样的话来"鼓励"："这道题不难吧，试试看……"这样的话语会给学生这样的恐惧：如果我努力做出来，只能证明我会做容易的题；如果做不出来，证明我很愚蠢——结论是无论怎样努力都不会有好的评价。这样一来，学生就会很抵触，诱导就适得其反了。教师的话语不揣摩不行啊！不妨这样来帮助他："是有些难度，你先试一试，如果可能或许我可以帮点忙。"

面对一些有学习困难的学生，你也许会这样安慰他："我知道你不是天才，只要你尽力而为，我就心满意足了……"给学生设定这样的最低标准，看似是照顾，看似是鼓励，实则对学生的心理会产生不良的影响。上进心就这样在教师慈善的言语中被挫伤了。用书中的观点："比较能诱导学生的做法是明确地告诉他们：'我们期望你有学问。学习不是一蹴而就的，它需要努力和决心。我们期望你做到这些。'"用一种期待的心境，用期待的语言给学生以力量，不要轻易地对他们降低要求，否则就是一种伤害。

诱导离不开鼓励，学会赞美也是一种艺术。在前面的章节中，汉恩·吉诺特博士也曾经专门就这一问题进行了细致的讲述。从减少恐惧的角度来说，就事论事的评价会更容易让学生接受，尤其针对一些特别的学生，"你真棒！""你进步真大！"都可能被当作一种不真实的、虚假的表扬。评论学生品行与性格都是错误的，虽然有时是赞美，但会给学生心理上造成压力。案例《鼓励念书》中的乔伊生性顽劣，教师规定他每天念书给她听，教师的评语并非打分数，而是赞赏，如：

"我喜欢那个故事！"

"念得真精彩！"

"那些难字，你念得挺顺的。"

"这本书真有趣！听你念，我学到很多东西。"

用教师的话说："乔伊的自尊心似乎就在我的眼前茁壮。"

读博文，一位叫宏哥的教师在班上遇到一个特别的女生，在几番交锋之后，他直率地表达了自己刚才的心境，当那位女生也露出笑容的时候，他做出如此评价：“大家注意看看LJ，LJ，你笑起来真的能融化冰雪，非常美丽!”一次课堂危机就在这样的欢快气氛中化解，不得不佩服教师的智慧，用他的话说：“这只是真诚的面对。”其实，这里面何尝没有赞美的技巧呢？这种智慧的背后是教师面对学生的姿态，把学生放在一个平等沟通交流的平台，不用师道尊严去压制，不用说教去训斥，对学生的表现施以真诚的赞美，学生就会真诚地面对你。

赞美的方式有很多，如果你担心自己不能很好地把握自己的语言，就努力开发新的赞美方式吧。书中的用字条赞美也很妙啊，把你对学生的感觉写下来，哪怕是一丁点的表现也可以唤醒学生对自己的认知。这样的文字注定会成为学生心灵的美好印记。我也尝试着给学生写信，几十封信送出，收获了学生的信任，收获了学生的笑脸，每一封信中都有对他们由衷的赞美，这样的信还要写下去，把赞美进行到底！是不是还有新的赞美方式呢？电话、网络、活动中……只要心存对学生的爱，美妙的沟通方式会悄然而至。

与本章的提示语相呼应的是一个故事：

有间窄小的阁楼失火了。消防队赶来营救时，发现里面有个人正在沉睡。消防队员努力抬他下楼，可是却办不到。他们想罢手时，队长正好赶到，他说：“把他叫醒，他就会拯救自己。”

是啊，面对学校里的问题学生，我们是不是也应该想一想，我们是不是也成了忙于抬人下楼却忘却唤醒学生的教师呢？

# 在理念与行动间寻求新的链接点

## ——读《今天怎样“管”学生：西方优秀教师的教育艺术》有感

蓝色的封面，彰显着冷静，更蕴含着智慧；那些舞动小手的孩子，连在一起，成为世界的主题；金黄的书名仿佛透着一种华贵，尤其那个带引号的“管”字，一下子就把我吸引住了……这是我拿到这本书时的第一感觉。满怀期待，在那个午后，坐在绿树红花掩映的石凳上，慢慢走进去，心里渐渐不能平静。

这是一本关于技术的书，从课堂纪律到家庭作业的管理，细致而真诚，缜密而智慧，再加上作者那平实的语言更让人感到亲切，一下子拉近了与西方教育同行们的距离。教育的主题不分国度，为了人，基于人，成全人，在这样的主题下派生的种种技术，隐含着更为深刻的东西，从中分明读出了专业的味道，更体会到了态度的巨大能量。那种专业不是纯粹的教学骨干，不是单一的教育能手，而是在积极的教育态度下所采取的有效而人文的技术影响。从容而温和的教育态度让我们对教育技术有了更为科学的思考，每一种教育行为都凝聚着教育者的智慧，都浸润着为师者的情怀。也正是在这样的技术的反复锤炼与实践中，我们的态度也在发生着潜移默化的变化。从这样的意义上来看，我更愿意把技术理解为教育者情怀的一种表达、态度的一种展现。正如李茂老师在前言中所说：“如果教师在面对学生时心中有一个清晰、明确且坚定的专业态度，那么，他在考虑具体问题的处理方式时便不会迷失方向。”

在教育理念层出不穷的今天，彷徨与迷茫从来没有离开有责任心的教育行者们。专家的报告高屋建瓴、高高在上，却与教育的现实处处剥离；教师的生活忙忙碌碌、碌碌无为，疲于应付学生以及各级的检查与“指导”。本书中充满智慧的各种管理措施、方法，无疑实现了教育理念的轻松落地，把对学生的爱与责任渗透到具体的行动中，用妥帖的方式表达自己的观点，引导学生的成长。这样的“管”，不加引号怎么能行？由此而想，技术正是理念与现实之间的那架梯子，间接而深刻，优雅而从容。技术背后的人性化熠熠生辉，技术蕴含的智慧也同样令人赞不绝口。单是如何向学生发出非语言的警示，就罗列出了21条方法，不雷同，不粗暴，一举一动，一笑一颦，在这里都是绝好的教育资源——不得不佩服这些同行们卓有成效的研究。透过这些有效的技术实践，慢慢地，教育者就会发现、创造新的方式，和学生进行这样艺术的交流，是教育的一种乐趣。这种乐趣势必会改变教师的教育心灵，萌生更多的勇气和力量。

在西方同行的教育实践中，一个个细节如珍珠般闪光。最细微处，最见教育的本真。

教师在面对有行为问题的学生时，可以向学生明确地说出他希望学生怎么做。该技巧的核心是把重点放在教师所希望的行为上，而不是学生的问题行为上。可以说：“我希望你……”“我需要你……”“我期望你……”

使用这个技巧最容易犯的错误是，把重点放在了学生的问题行为上，而对学生说：“我希望你不要再……”这往往会引发学生的否认和对抗，学生会很快反驳说：“我什么都没有做！”“这不是我的错……”“什么时候规定不可以……”这样就导致了冲突升级。

这样的例子在书中随处可见。一句话，都值得如此咀嚼品味，这样的教育说在嘴上，暖在心里。透过上面的这个例子，我不禁想：细节的背后是什么？是一种人文关怀，是一种专业素养，更是一种研究的态度。由心理学做支撑的研究，更容易从人的角度出发探寻学生的需要，艺术的技巧就会慢慢呈现出来了。当然，细节中体现的也是一种专业素养，如其他行业一样，教育也需要有很强的专业性。医生在手术台有同行关注，必然要努力提高专业素养；律师在辩护现场唇枪舌剑，不专业不行。而教师呢？多少学生的命运掌握在其手中，却因为可以闭门从教，专业上不思进取，实在是一种遗憾。在很多课堂里，教师对待学生的态度不是帮助，不是悲悯，而是控制。只要能够让若干学生老老实实地坐在那里，就仿佛找到了为师者的尊严，殊不知，在学生的内心深处，痛楚与叛逆正在酝酿生成。在书中的这一条条细节的思考与实践中，把学生真正放在了人的位置。所有的技术都是为了更好地为学生服务，源于此，每个细节都是精益求精，精雕细琢，令人感佩。读这本书，有一种深切的感受：细节决定成败，那么这种专业的教育素养也定会成就未来！

走进这本书，有耳目一新的感觉，那是因为作者为我们打开了一扇美妙的教育之窗。在这扇窗子里，有五花八门的奖励措施，有详细缜密的流程，更有应对各种教育危机的策略……这扇窗子的意义，绝不仅仅是为我们提供模仿的范例，更重要的是它向我们阐释了西方教育的态度和价值追求。当回过头来审视自己的时候，我们可能就会寻到那条自己要走的路。在这些经验的基础上，提炼属于自己的东西，也让自己的智慧惠及学生的一生。我相信，这也将是一种很成功的唤醒。它比单纯的说教更实在、更具体、更有感染力。这扇窗子也把我们的目光引向远方，试着关注更多国度的教育，更多同行的思考与行动，让视野更开阔，让心胸更宽广。只要愿意，无论在哪里我们都可以采得最美的花蜜。

在《接受我的爱：老师如何跟学生说话》一书中，汉恩·吉诺特博士说："适当的沟通是一种成就。它需要学习、预习和自律。它不是单纯地'顺应自然'。它像所有的技能一样需要练习，也像艺术一样经过选择。"我想，对于教师如何"管"学生的技术，也同样需要反复的练习，在实践中，努力不放弃任何一次练习的机会。记录反思，沉淀下来，慢慢才会形成你个人的技术，才会渐渐彰显你的专业态度。石头经过河水的一次次冲刷才会成为日臻完美的鹅卵石，教师的专业素养同样需要这样的历练。那好，就从现在开始，从这本书开始，在理念与行动间寻求新的链接点，让自己的教育生活更富有激情与梦想。

# 良好的师生关系从信任开始

## ——读《怎样成为一名优秀教师》有感

培养温馨和谐的师生关系是每一个教育者所期待的，它是学习环境的重要组成部分，在这种学习环境里学生才会感到安全。而对于师生关系来说，信任又是其中最核心的问题所在。关于信任，我在科特勒与齐姆合著的《怎样成为一名优秀教师》一书中读到了下面的诠释。穆斯塔卡斯认为，从教师的角度而言，信任体现在三个方面：融合、支持和共处。对于这样的观点，我颇有感触。

融合，指教师完全设身处地地为学生着想，具备能进入学生内心世界的、弄清学生真实感受的能力。这很自然地让人想到走进学生心灵的说法，教育是“心”的事业，养心、育心，必先交心。与学生的相遇是美丽的，又是忐忑的。美丽在于这是一种生命之间的对话与沟通，是一种心灵的彼此认同与呼应；忐忑在于任何人都有属于自己的精神世界和性格特点，当一个人被推进新的环境，遇到一些新的人的时候，是谨慎的，甚至是恐惧的。学生来到学校，一切都是新的，一切都需要适应。正如有人说的，学生从家庭来到学校，相当于第二次断奶。此刻，只有当学生感觉到被尊重，感觉到教师在尽力呵护他们的时候，才会对教师产生信任。要想走进学生心灵，先从学会倾听开始，对儿童的关注应该避免主观的随意判断，毕竟其理解与认识、表达与陈述都有他们那个年龄段所特有的表现形式。倾听学生的心声，需要从事实出发，从学生的感受出发，认识到学生的真实意愿。在倾听的过程中，我们其实也在彰显一种姿态，一种教育者对儿童尊重、理解的姿态。倾听儿童，关注他们的表现，除语言外，还应该从他们的行动、他们的表情、他们的动作中读懂更多的东西。倾听儿童从某种意义上来说，完全超越了听力的概念，而更多地倾向于信息的收集。在收集学生的信息之后，还需要读懂，这才是问题的关键所在。读懂，意味着我们要摆脱功利的教育思想，从人性的角度、儿童成长的角度，去发现他们真实的需要，并随之做出相应的反应，从而慰藉、温暖学生的心灵，让他们获得安全感，愿意依赖你、信任你。因为懂得，所以才会这样细腻地去表达爱意，愿意去这样做的人一定是一个真正爱学生的人。

支持，意味着要成为学生的代言人，即从学生的立场出发来帮助学生。站在学生的角度说话，这是一个教育者应该有的姿态。有人把这个世界分成两个：一个成人世界，一个儿童世界。而教师正是成人世界派到儿童世界去的天使。天使的美好正在于他们是儿童的引路人，是儿童值得信赖的人。天使自然应该更懂他们，更能站在他们的角度为他们说话。读懂学生使我们对其有正确的理解与认识，而帮助与支持学生则是我们行动的根本。任何行动都需要在读懂学生的前提下进行，否则很可能会出现负面的影响。从一定意义上讲，有态度的行动才是正确的表达爱的方式。儿童在成长的过程中，需要成人的支持，这种支持不应该成为一种施舍或救援，而应该成为温暖的鼓励。任何的支持都是发自内心的，有力量的，没有伤害的。什么是教育？名师刘可钦曾经指出，教育其实就是要努力做那些对学生成长有益的事情。一点也不假，我们对学生的支持与帮助就应该达到这样的目的。

共处，是指教师完全和学生打成一片，但也承认师生有别，从而划清了师生双方的界限：教师就是教师，学生就是学生。这样的认识不是否定我们对学生的关注，否定我们尽心尽力的工作，而是要告诉大家，教师应该明确自己的职责所在，不能仅仅沉浸在对学生情感的共鸣上。和学生的沟通与理解，最终要走到促进他们的成长上来，教师的责任是不能疏忽的。有的教师容易对班内学生的某些特殊情况念念不忘，比如，有的学生家境贫寒，教师就整日在想“我怎样帮帮他们呢？他们的日子太苦了”，这样的同情与关心固然值得称道，但更多地关注了融合与支持，而忽略了共处。共处其实给我们提了个醒：任何的融合和支持都是有界限的，我们要尽可能地帮助学生，但绝不能让一些无法和无力解决的事情干扰我们的心绪，使我们陷入悲观、失望而不能自拔。我们要明白：我们是要帮助学生，而不是要陪着学生一起迷茫。想起那句“教育就是尽可能”，不是所有的事情都可以在学校里解决，也不是所有的学生都必须达到你理想中的优秀。坚定信心，努力为之。随时保持教育者的阳光心态，清楚自己的职业所在，更清楚教育的使命，这样的教育才会更专业。

教育需要悲悯，需要信任，更需要专业的支持与帮助。当我们怀着一颗悲悯的心去面对学生的时候，你会发现学生的心柔软得如薄薄的蜡，晶莹、温润、柔顺，任何的触碰都让人心疼。因了这样的理解，所以我们内心深处不能不对学生产生一种敬畏。走近他们，理解他们，用心对待他们，从而赢得他们的信任，搭建良好的师生关系。是的，在悲悯的情怀之中，有了专业的支持与帮助，怀着共生的心态，你会发现自己能够果敢地面对教育中的问题，萌生出更多的教育智慧，那时，你一定会感受到教育于你而言，已经成为一项从容的事业。

# 教育的真情与智慧

## ——读《希望教室：教孩子一生最受用的36种能力》有感

《希望教室：教孩子一生最受用的36种能力》是台湾苏明进老师的著作，他用叙事的手法向我们展现了一个个教育故事，笔调诙谐轻灵，情愫通透晶莹。细细读来，那故事像一朵朵白玉兰花，含着淡淡的清香飘落在心里，送给我一个暖暖的春日。

温暖我的，是洋溢在文字间的真情与智慧。

苏明进老师用故事为我们诠释了什么是真正的教育，没有明说，可分明又是那么清晰。一个可以把孩子的故事娓娓道来的教师，一个愿意为孩子创造更多惊喜的教师，一个和孩子打成一片的教师，注定会成就孩子的幸福成长。苏明进老师徜徉在儿童的世界里，近乎痴狂地为孩子们创造不同的人生体验，帮助孩子们认识自我。在一点一滴里，苏明进老师把教育做到了极致。所有这些，都源于一种发自内心的爱，对孩子，对事业，同时也是对自己。爱自己其实是难能可贵的，它不是物质上的自我满足，而是精神上的自我认同。我深深地感觉到苏明进老师在和孩子们交往的过程中，已经把教育的责任与期许内化成自己的价值追求，爱得真切，爱得智慧。有人说这个世界有两个，一个成人的世界，一个儿童的世界。教师是成人世界派到儿童世界去的天使。苏明进老师就在做着这样神圣的事情，虔诚地，不带一丝杂念，实在让人感佩。

如果我们的教育仅仅停留在感动的层面，就失去了它最深刻的美。在苏明进老师的故事里，除了真情，更多的是教育智慧在熠熠闪光。

苏明进老师一直在用心开发着各种课程（活动），这是一种很明显就可以读出的课程智慧。当很多教师紧紧盯在教学上的时候，或许已经忘记了教育不仅仅是教学，比这更重要的是孩子心灵的成长和个性品质的熏陶。在苏明进老师的实践中，很多都是围绕如何让孩子成为一个健全的人来展开的。形式新颖的活动：体验怀胎十月、自助旅行、为父母洗脚、一堂“人际关系课”、驯养椿象体验生命……这些活动都是他精心设计的，从中可以看出苏明进老师的关注点是在教育上，是在孩子生命的充盈上，他在努力构建真正的教育体系，孜孜不倦，乐此不疲。如果教师把课程的开发当作一种任务或一种目标，我想是达不到苏明进老师这般境界的。苏明进老师的课程智慧背后有坚定的教育信念做支撑：让孩子有丰富的人生，有清澈的心灵。所以，我们可以读到他无时无刻不在品味着活动中孩子们的喜怒哀乐、审视着自己的行为与措施——这样的课程其实已经深深刻上了他生命的烙印。

每个孩子都是有故事的人，尊重他们的故事，帮助他们延续心中的美好，这是教育者的责任所在。苏明进老师就十分善于在细微处浸润孩子的心灵，一个个的教育机会被他演绎得淋漓尽致。书中有这样一个故事：阿芯同学在呕吐之后，同学们主动帮助了她，阿芯在联络簿上写下了感谢的话。苏明进老师没有就此打住，而是请阿芯上台念出她写的短文，并当场给那些帮助过阿芯的同学颁发小奖卡……用苏明进老师自己的话来说：“当她念出来时，台下曾帮助她的人，会感到既开心又有点不好意思；而其他人也会借文字的力量，感受到‘为善最乐’的真实意义!”苏明进老师的“没有打住”让人深思。在平日的教育生活中，有多少良好的教育机会被我们“打住”了。有时，我们面对孩子的纯真会感动，有时，我们处理教育危机会干净利落，但我们往往会就此“匆匆打住”，而不去想如何利用这些教育机会放大教育的效应。事实上，往往后面做了什么才是教育的智慧体现。《中国教师报》的李茂老师说：“或许，把握、利用、开发教育机会，在既有的时间、空间和客观条件下，尽可能地实现教育价值的最大化，应该是教育者的核心能力。真正的教育者，一定是要能够‘以小见大’，‘小题大做’的。”在普通的小事情中，能够提炼出教育的价值，是一种能力；在问题出现之后，能够和孩子一起续写故事，则是一种智慧。我们的教育往往就缺少这样关键的一步延伸。从这个意义上来说，一个优秀的教师应该具有和学生一起编写故事的智慧。

书中，师生之间浓郁的情感互动既让人忍俊不禁，又让人感觉温馨可人。良好的师生关系是教育的根本，古人云：“亲其师，信其道。”苏明进老师与孩子们之间亦师亦友的关系，为我们印证了这条教育哲理。书的勒口有一张照片，苏明进老师站在孩子们中间，满脸阳光，一幅大大的老苏漫画像是孩子们送给他的礼物。孩子们簇拥着他，一个小男生甚至调皮地横躺在了画作前……让人值得思考的是，苏明进老师是如何赢得孩子们的心的呢？我认为是因为苏明进老师具有沟通的智慧。联络簿是书中经常提到的，不要小瞧一个本子的存在，这是师生沟通的重要桥梁。真情诉说，坦诚不公，孩子们的喜怒哀乐、所思所感为教师的教育提供了充分的信息。同时，教师的关注与慈爱也通过文字传达到了孩子的心里。除此之外，我们可以读到苏明进老师和孩子们沟通的其他方式，比如，电话联系、征求意见单、博客等。保持师生之间信息的畅通是开展教育的前提——“心”门打开，教育才会水到渠成。从这一点来看，每个教师都应该有自己与学生沟通的方式，否则，其教育就会退化成单方面的说教。关于与学生的沟通，常常读到苏明进老师为孩子提供选择的机会和给予孩子真诚的鼓励。为孩子提供选择的机会彰显着对孩子的尊重和信任，而真诚的鼓励使孩子有了更多自主、自立的勇气和信心。怀着一颗同理心，去和孩子交流，平等而真挚，这或许是孩子们喜欢他的一个原因。在苏明进老师的博客里有“父母 SOS”的板块，随时解答来自父母们的疑惑——看来，沟通的意义还不仅仅局限在教室里孩子们的身上呢。

读这本书有酣畅淋漓的感觉，文字中散发出的教育智慧让人不禁感慨：一个教师可以改变一个教室，而教室正是创造奇迹的地方。在真情与智慧的交融中，教室成为一个充满生命气息的场，其中的每个人都为之痴迷。艾斯奎斯的《第 56 号教室的奇迹》向我们展现了一个美国教师的执着与坚守，而今大，《希望教室：教孩子一生最受用的 36 种能力》传递出的人性之美和教育智慧，让人怦然心动。其实，每个教师都可以像苏明进老师一样开始自己的教育之旅：怀一颗质朴的心，挽着孩子的手，书写、实践，一起创造惊喜与感动，一起演绎教育的真情与智慧。

《希望教室：教孩子一生最受用的 36 种能力》的封面是一个女孩儿阳光般的笑脸，那是在体验用嘴作画后的兴奋，那是一个孩子对教育的感觉。林肯说过，一个人过了四十岁，应该为自己的长相负责。今天，作为教师的我们也需要为学生那张童稚的脸负责。给了孩子什么样的教育，孩子就会有什么样的心灵，孩子有什么样的心灵，就会有什么样的眼神、什么样的脸庞。看看孩子们吧，教育的成败其实就挂在他们的脸上。苏明进老师的学生们那一张张可爱的笑脸，那一幅幅生动的随手拍，像跳跃的音符把整本书串成了一曲真情与智慧的乐章……

感谢苏明进老师，感谢孩子们！

# 让岁月见证种子的奇迹

## ——读《移动的学校：体制外的学习天空》有感

“我在本书所写，便是山上的小谷仓里，每颗种子的故事。这些种子，所就读的全人，是台湾第一所体制外中学，他们和所有种子同样充满希望。”这是李崇建老师在《移动的学校：体制外的学习天空》这本书的后记中说的一段话。如他所说，书中的故事散发着浓郁的人性光辉，更展现着教育的美好与希冀。循着文字，跟着李崇建老师一起走进这所体制外的学校，心渐渐被温暖，捧着书不觉已到深夜。

卓兰山上这所全人学校用理念来办学，摒除世俗的束缚，给孩子们提供一种自由的成长环境。学校校长黄正雄先生在推荐中这样写道：“在这样一个包容与尊重的氛围下，是不是更有助于让人恢复到没有遮蔽的状态，让人内在那股非凡的诗意力量重新苏醒?”“没有遮蔽的状态”深深打动了我。这种状态从心灵到精神都呈现出对这个世界的憧憬，由此慢慢开启蕴藏已久的智慧和情感，成全每个孩子的生命历程，这或许正是我们教育的真谛。教育应该做的其实就是回到常识，回到学生作为人的常识，回到对人性的关注和关怀上来。

李崇建老师记录的辅导故事，已经超越了单纯的知识传授，更多的是在帮助学生认识自我，构建积极向上的人生态度。我们经常给学生做的辅导往往是单向的灌输与训导，而在全人学校，辅导已经成为一种觉察，一种对自己、对学生的觉察。在觉察中反省，在反省中改进，在改进中实现对心灵的呵护与引导。对生命的体恤，对尊严的认同，对自我的成全，构成了全人学校辅导的主题。读这些故事，让人久久不能释怀。核桃同学在进入写作困境的时候，李崇建老师鼓励他写“烂”文章，目的是帮助核桃“挖掘出属于自己的声音，破除别人的声音，接触内在的真实”；萝卜泥的承诺总是那么飘忽不定，可李崇建老师坚持认为：必须要和她这样讨论，即使没有结论，日后也能以此作为提醒她觉察自己的决心，作为他们共同目标的一部分，而不是拿来作为“呈堂供词”的指责。真的，在这些故事里，不仅可以读出教育价值所在，还可以真切地感受到教师们对教育的热爱与思考，对人性的守护与唤醒。

那个叫卡路里的男孩儿，对火车情有独钟。他可以凌晨三点从台南家里出发，进入冷清、空无一人的火车站。他独自一人，下高雄，转屏东，绕过整个南台湾，在早晨到达台东新站，看着来自太平洋的晨曦轻轻袭来……这是一个怎样的追梦少年啊，执着而幸福。当这个孩子通过文字讲述自己的故事的时候，老师安静地流下泪水，不再试图把孩子从火车的世界里拉出来，而是被孩子强大的磁力感动了，一起和他书写关于火车的小说。这就是教育的力量，它不仅仅来自教师，还来自学生，只有在自由平和的教育场景中，才会有动人的火花迸发出来。教师的姿态是让人感佩的——不是试图控制孩子，而是尊重孩子的选择，和他一起创造奇迹。因为有了这样的教育，全人学校的孩子保留住了那最纯真的梦想，并骄傲地坚持着。

人生需要经历不同的角色，经历本身就是最好的教育。全人学校自一九九五年开始将登百岳列为青少年必修的课程，年年举办，这真可谓是教育的创举。另外，五彩纷呈的异地漂流活动，美轮美奂的戏剧表演，无不彰显着全人学校风格独具的教育理念，或许这正是体制外学校的魅力所在——给学生一生有益的体验，必须超越课堂、超越课本。

登山和旅游给孩子们带来的精神力量与其内心的成长是相通的。它们不单单磨炼了孩子们的意志，更重要的是，在旅途中，孩子们可以体察到自身与外界的关联，可以领悟到生命存在的意义，甚至可以与另外一个美丽的自己相遇，那时，成长已经在灵魂深处开始……很羡慕全人学校的孩子们，背着包，选择自己喜欢去的地方，哪怕风雨兼程。一直保持在路上的生命状态，是对自己的成全，也是对远方的憧憬。那异地漂流的人生体验也是一种成长，深刻而真实。

关于戏剧，让我想起美国名师艾斯奎斯，他通过组织孩子们对莎士比亚的作品进行精彩演绎，让人生的哲理和角色的体验在表演中变得鲜活起来。不得不佩服，全人学校的戏剧表演浸入了更多对孩子心灵的关注。我相信角色的力量可以丰富孩子们的人生，更能温暖孩子们的人生，每一出戏剧的排演都是对孩子们内心的一次洗礼。从一定意义上说，人的精神成长需要不同的角色体验。那个叫小郭的孩子正是在表演戏剧的过程中，实现着对自我的认识。由最初的沮丧到最后的坚持，他完成了最精彩的表演——重拾自我的控制感。瓢泼大雨中倾情演出，他信守着自己真实的内心："我尽力，就会有完美的演出。有没有观众并不重要，重要的是我已经完成。"观众被感动，一起和他们淋雨，一起和他们体验这雨中的演出——此情此景，获得精神成长的何止是小郭一人呢。

全人学校的教育是关注人性的教育，无论是课程还是教师和学生，都富有生机和活力。阅读的过程中我常常被一些细节所吸引，一句话，甚至一个词语都映射着李崇建老师细腻而真实的情感，其中蕴含着的教育智慧耐人寻味、意蕴悠长。李崇建老师的文字如跳跃的精灵，描绘出一个自由的教育圣地。就在昨天，读到一篇关于"种子"的隐喻，日本教育学会会长大田尧先生在清华大学演讲时讲到一个故事：一个果农朋友剖开一个苹果，苹果核中有种子。他指着种子说："每颗种子都有自己的设计图。"是啊，每个人都有自己内在的发展规律。全人学校所做的正是给孩子们充分的自由，尊重他们的选择，唤醒他们的心灵，努力保证种子可以自由地生长。从另一个层面来说，全人学校也是一粒种子，一粒希望的种子。它在体制之外，孕育着教育的力量。

书中，李崇建老师用美国诗人罗勃·佛洛斯特《没有走的路》中的诗句——"黄树林里分叉两条路，我选择一条人迹较少的路"来形容全人学校的选择。愿意相信，这条路可以探寻出教育的真谛，更愿意相信，岁月一定能够见证种子的奇迹。

祝福全人学校！

# 与可爱的生命交集

## ——读《下一秒，遇见Super老师》有感

在安静的夜里，戴上耳机，一曲《遇见》沁人心扉。清澈而舒缓的节奏中，演绎着怎样的美妙啊！继而，把目光投在眼前这本书的封面，上面有一句同样令人怦然心动的话语——“下一秒，遇见Super老师”，淡淡的黄色在灯光下送人温暖，就像这曲、这书。

读这本书一气呵成，像品一杯香茗，不愿放下，慢慢地让文字的芳香浸入心田；像朗诵一首绮丽的小诗，隽永而深沉，让人沉醉；像碰到一群妙曼的天使，那动人的舞姿感动着每一个人……

这是一组有关Super老师的文章，从不同的视角阐释着教育的美丽，洋溢着对教育的浓浓真情。能够这样书写故事的人，一定有真正的教育者之心，一定有精彩的教育人生。在阅读中渐渐被这些有着教育梦想的教师所打动，一句话，一个行动，都映射出他们对儿童的关怀。那明快而清新的话语背后是一颗颗真挚的心，怀揣着智慧与温情，默默为孩子们打开一扇扇心灵的窗子。在这样的夜里，慢慢将它翻开，细细地品味，走近一个个Super老师，从而更清晰地洞察自己的内心。

《小王子》书中的一句话掷地有声：“你若驯养我，就好像阳光照亮了我的生命。我会认出有一阵脚步声与别人不同。别的脚步声使我匆匆躲回地下，你的脚步声就像音乐，会引我走出孤洞。”这是一种多么神奇的感觉，教育也同样需要给孩子音乐般的脚步声，架起师生之间真挚的情谊之桥。邹玫老师的“卡片传情”无疑是一座有创意的桥。通过不计其数的卡片，邹玫老师向孩子们传递着自己的祝福与勉励，一句句话语意蕴悠长，令人回味无穷。用她的话说，就是希望那些文字可以成为孩子们心中的光亮。一定的，成为光亮的不仅仅是那些文字，还有邹玫老师的人格魅力。透过这种交流方式，一个教师的影响已经超出了课堂，甚至超出了学校。

积极与孩子们进行沟通交流本身就是很有价值的教育资源，她的善意与鼓励，孩子们一定可以感觉得到，这并不是用语言可以描述的，只可意会。而意会的东西正是影响深远的教育意义所在。

邹玫老师的故事里，还在讲述一个有价值的教育体验：每个教师都应该积极寻求与孩子沟通交流的途径，并持之以恒，用心影响孩子的心灵成长。往往，成人喜欢把孩子定义成需要教导的人，对孩子的语言很不屑，而孩子却热切地想了解成人世界的秘密，于是，孩子敞开了沟通的大门，成人却无情地把门给堵了。和孩子建立一种长期有效的沟通方式，对走进孩子的心灵、编织教育故事、施加最大的教育影响来说意义非凡。

读过《移动的学校：体制外的学习天空》里李崇建老师关于辅导的一系列故事，细腻而感人。教师不仅仅是一个帮助者，更是学习者，在辅导的过程中师生之间实现了彼此的教育。感佩那样的认识和体会，在这本书中，几位教师的辅导故事里传递着这样的信息：用心对孩子，也是用心对自己。在这些洋溢着人性光辉的辅导故事里，我分明读出了信任、激励、专业这样的词语。吕美云老师信守着自己的承诺，努力为一个曾经有过偷窃行为的孩子描绘出了幸福的明天，那是一种尊重的力量；李惠幸老师对问题学生小仪的认可，让她渐渐找回了自我，这是激励的力量；《可爱的酷斯拉》中小义的心理问题被慢慢消融在林芬菲老师的干预中，这是专业的力量。所有这些让我感觉到，辅导者必须是懂得儿童心理的人，必须是爱孩子的人。他们一定保持着谦卑的姿态，从容地面对孩子，精到的沟通技巧、体贴的言行举止无不在悉心呵护着稚嫩的心灵。从这一点上来说，心灵的辅导比知识的辅导更有意义。所以，我们的教育生活里不能只有知识和分数，还需要洞悉儿童的心理，并提供积极的专业支持。

书中关于课堂的描述很有意思：Super老师将带你前往一种神奇的国度，那里的文字会飞翔，公式能跳舞，图表会唱歌。果然如上面的描述，在洗练的文字中，你会发现这些教师都在用自己的方式诠释着对教学的理解。《生活处处皆历史》《栽植，生活艺术家的苗》这样的文字已经完全超越了学科的概念，把知识与生活、与世界融合在一起，赋予原本枯燥的知识以生命力。《我的教具箱》里的施瑞昌老师简直就是一个魔术师，用美轮美奂的教具紧紧抓住了孩子们的心，在精湛技巧的背后是他对教育的情有独钟，他近乎痴迷地创造着新的教具，更创造着别具一格的教育人生。

在他们的故事里，你很容易就能读出他们对学科知识独特而深刻的解读，他们从人的发展的角度来审视学科教学，不再单纯地就知识而论知识。正如一位老师说的："我希望在这个教学的过程中，学生能学到惜福与感恩，以及一种生活的智慧。"其言恳切之至，令人感佩。被这些教师深深地感动着，课堂永远是创造奇迹的地方，教师的神奇成就了知识的五彩缤纷，有什么样的课程观就会有什么样的教学行为。

下一秒，遇见 Super 老师——看哦，他们已经跃然纸上，亲和力、创造力交织在一起，散发出迷人的光芒，他们在自己的教室里进行着卓越的教育行为，多像一个个英雄。

我们与一个个孩子相遇，并把彼此印刻在成长的路上，这是生命的交集；透过这本书，能够分享到台湾教育同行们的精彩，这何尝不是一种生命的交集呢——于是，每一天里，愿意和更多可爱的生命交集，丰富彼此，浸润彼此。那一刻，也会遇见自己。

# 那里，有触及心灵的教育

## ——读《没有围墙的学校：体制外的学习天空》有感

读这本书是在一棵芙蓉树下，花儿飘落于书页之中，文字也更多了几分诗意。

《没有围墙的学校：体制外的学习天空》是台湾的李崇建和甘耀明两位老师合著的作品。两位都是台湾的新秀作家，却投身于体制之外的全人学校，在卓兰山里，他们与一个个可爱的孩子经历着思想的碰撞与心灵的融合。他们写下的这些故事，虽然没有丝毫的小说的悬疑，尽是平白的铺陈，但真实而立体地将故事呈现了出来，不禁让人对教育有了新的感悟。很多触动心灵的思考跃然纸上，慢慢地，你也会随着文字而审视自己的教育行为，在对照中寻求到教育的激情与勇气。

读过李崇建老师的著作《移动的学校：体制外的学习天空》，同样讲述的是全人学校的故事。两本书呼应在一起，共同记录了体制外学校迸发出来的教育活力，从不同的角度为我们展现了教育的一方绿洲。至今，那本书里的故事还历历在目。相信，书的情感是相通的，透过有温度的文字，可以传递给我们特有的情愫。

书中的师生关系是令人羡慕的。全人学校创始人，人称“老胡子”的程延华先生在本书序言中有这样的句子：“我一直相信办教育，教师首先得把自己当成一个人，也把受教育的孩子当成一个人，然后大家才能相互平等、自由地‘学习’，因为孩子的发展及成长，你不可能把什么价值灌输在他内心，教师和孩子都应该谦虚地注视激荡出来的火花。”“谦虚地注视”，这是怎样的一种心态？把学生和教师放在平等的状态，在实践与互动中，成全师生的生命成长。这让我想起书中“三剑客”的故事：几个孩子拔掉了老农的青菜，到“老胡子”跟前“自首”，描述事情经过的时候，嘻嘻哈哈，很随意的样子。“老胡子”面对犯错的“三剑客”，显出谦恭的样子，循循善诱，一步步引导孩子说出事情的经过来。最终，了解到“三剑客”实则是因为拯救小鸟而报复菜农。“老胡子”的处理方式可谓一举多得，既弄清了事情的真相，又给在座的青年教师呈现了一个成功的教育案例。而他的这份从容不迫来自哪里？“在未弄清楚真相之前，他并未先预设立场批判，也未直接给予教导，那是一份来自他心中真正的接纳。”是啊，一个教师能不能在自己的心中真正接纳每一个孩子？能够接纳，就能够倾听；能够倾听，就能够寻求到教育的智慧。而这一切，也是在打造良好的师生关系。有人说：“好关系胜过好教育。”是的，在我们的教育生活中应该谨记：好关系才能成就好教育。好的师生关系是进行良好教育的绿色屏障，而这道屏障本身也是最好的教育。

全人学校之所以能够在体制之外得以健康发展，与教师们的价值取向和人文素养是分不开的。能够有共同的教育理想，彼此认同且实施，不是一件容易的事情，但全人学校的教师们做到了。他们秉持对生命的敬畏，对孩子成长的尊重，找到了自己从事教育的价值所在。那是怎样的一群教师啊？李崇建和甘耀明都是对文学充满独特认识的作家，他们在自己的课堂上努力不走原来的老路子，用自己喜欢的方式率真地与孩子们进行互动……尤其让我感动的是，台湾山岳名人欧阳，义无反顾地带领着孩子们攀登一座座山峰。欧阳以前是公职人员，为了自己的爱好，毅然辞职。他学习西方的登山经验并将其积极引进台湾，帮助更多的人实现攀登的梦想。他专业的登山训练程序、高超的登山技巧、坚忍不拔的毅力，都已经在登山过程中传递给了孩子们。教师张扬的个性与厚重的人文素养，在某种程度上超越了课本对孩子们的影响。教师对孩子们的重要影响不一定是在课堂上，真正的教师总会探求更广阔的教育空间，在与孩子们的互动中传递个人的精神生命。我想，在每个孩子的人生路途上，遇到这样散发着人性之美的教师是一辈子的幸运。

这本书较之《移动的学校：体制外的学习天空》而言，用更多的笔墨讲述了登山的故事，从最先的设想到遭遇的困境，直至登山的骄傲与收获，如一幅画卷般展开，不禁让人怦然心动。喜欢那些在登山过程中富有哲理的感悟，很真实且叩响我的心灵。“每个人心中都有一座圣山！”“未来，生命真的会碰到很多痛苦与挫折，只有心灵内的美好东西才能与之平衡。”“我们总活在太嘈杂的生活中，无法谛听到更多声音，需要孤独，才能倾听全世界!”……在这样的文字中，我记住了一个个孩子的成长故事，他们在攀登的途中聆听到了自我的声音，从而唤醒了藏在内心深处的另一个自己。从教育的角度来思考，攀登的过程是一种直抵心灵的自我教育。只有真正的体验，才可以获得心灵的成长。而真正的体验绝不仅仅是蜻蜓点水式的走过场。也看过，有的课堂中繁花似锦的表演，有的活动不厌其烦的排练，这些都不能算作真正的体验。触及心灵的体验往往需要负担一定的责任甚至是压力。生命在一定的责任和压力之下才更显得有张力，才更熠熠生辉。在攀登的过程中，孩子们面对大自然的考验，风吹日晒，风餐露宿，痛过，哭过……这一切的磨难把山顶的风景映衬得更加瑰丽。其实，风景不在山顶，而在每个人攀登的行程中，在每个人独特的心灵感受中。如文中所说：“漂泊的目的不是远方，反而是内在的安顿与深刻。”

当我们在更多关注教学技巧的时候，是不是也需要安静下来，思忖一下孩子心灵的成长？全人学校的登山活动，对孩子的心灵成长是有益拓展。心灵不仅仅需要呵护和理解，还需要浸润和拓展。尝试着帮助孩子打开经验世界，不断丰富他们的人生体验，使孩子在经历的过程中，逐渐体察自我、完善自我，始终保持对世界的敏感和友善——我们的教育才会触及孩子的未来。

是的，卓兰山里，有触及心灵的教育。此刻，《没有围墙的学校：体制外的学习天空》一书中的文字，蕴含着教育的哲思，散发着人性之美，就像这芙蓉树上不经意间落下的红缨一般，在我的心中泛起阵阵涟漪……

# 每个故事都是生命的馈赠

——读《教室里的心灵鸡汤：四十个温暖心灵的真实故事》有感

“这些故事完整地呈现了所有伟大教师的共同特性，那就是人性。”理查德·克文博士的一句话引起我的共鸣。这确是一本通抵人的内心深处，触及灵魂和人性的书。雨夜，品一杯茶，执一本书，跟随文字走进一个个教育情境，在温暖的灯光里沉醉，每个故事都让人掩卷沉思。

《罗素之星》这个故事我读过多次，每一次都被深深感动。那个叫罗素的可爱男孩在课堂上和老师探讨死后能否通灵，可没有人知道他那个时候已经身患重病。罗素用《小王子》中的句子来诠释自己的理解：“如果你真的很爱一个人，就会像领航员爱小王子一样，无论发生什么事情都会一直和他保持联系。”派翠西亚·约翰老师以开放的心胸答应与罗素通灵。而罗素真的死了，派翠西亚·约翰老师陷入深深的痛苦之中——她是多么欣赏这个男孩啊，他善良、乐观、勇敢、才华横溢。这个年轻生命的殒落，使得派翠西亚·约翰老师开始怀疑自己的精神信仰。12 月，一个寒冷、清静的夜晚，派翠西亚·约翰老师的车子在路上出了故障，当她一个人静坐在车子里的时候，真的看到了天边划过的流星……那颗流星在告诉她罗素的所在。

读到这里，触电一般的感受遍布全身，仿佛坐在车里的不是派翠西亚·约翰老师，而是我，凄冷的夜晚，与一个消失的生命通灵，那个可爱的灵魂并没有走远，如他所留下的话语：“我住在其中一颗星星上面。”“我在其中一颗星星上笑着。”派翠西亚·约翰老师能够与罗素之星通灵，可见她对罗素是多么思念，一个学生的生命已经印在了她的心里。这分明是生命的对话。与一个个学生相遇，我们可曾有过如此刻骨铭心的记忆，可曾与学生有过超越职业的心灵呼应。

派翠西亚·约翰老师坐在车里自言自语的画面，让我明白：一个教师真正的意义不在于让学生获得多少知识，而在于与多少个学生有过生命的互动。静下来，想想那些可爱的学生，怀揣着一颗颗晶莹剔透的心，笑着向我们走来，我们能够给予他们什么？我们怎样才可以陪伴他们走过一段幸福美好的路程？心存敬畏之情，怀着谦卑去同一个个尊贵的生命对话，我们的生命也会因此变得更有意义。

走近学生，更需要我们走进他们的家庭。在《长期收获》一文中，劳纳·艾利森老师执着地为学生伊蕾一家命运的改变而付出，这个家庭里的三个孩子相继成为他的学生，并在他这里感受到了安全和支持。就是这样一个好老师，动情地讲述了下面这段话："我也要感谢伊蕾和她的家人走入我的生命，丰富了我的人生。这就是我之所以坚守教育岗位的原因。"因为学生，与一个家庭建立这样深刻的联系，教育跳出了校园的范畴，跳出了教与学的范畴，劳纳·艾利森老师用他卓越的表现诠释着教育更人性化的一面。改变一个学生的命运很神圣；改变一个家庭的命运，更是神圣。而教师每天都面对着这样的责任，任何的豪言都不及些微的行动。感动于劳纳·艾利森老师的耐心与爱心，更感动于他对自己行为的解读，以及对一个个生命的感激与敬畏。一个真正的教师能够从自己的行动中提炼出超越教育教学的价值，并以此激励自我，实现生命的飞跃。当我们的眼睛仅停留在分数上的时候，当我们醉心于教学技术的时候，也正是我们远离教育本质的时候。像劳纳·艾利森老师一样，用心把爱与善良、智慧和勇气传递出去，我们的职业生命也会在这样的过程中得到润泽和升华。

《喷水池课程》讲述的故事颇耐人寻味。这并不是一节计划内的课程，当一只死鸽子出现在喷水池里的时候，孩了们惊恐、厌恶。艾尔夫·罗史坦——一位白发的长者，没有顺手扔掉死鸽子，他虔诚地带着四五十个孩子一起为鸽子举行了庄重严肃的"下葬仪式"。一次精神的洗礼就此涤荡孩子们的心灵，把对生命的敬畏镌刻在孩子们的心灵深处。听过很多关于生命的课程，无非是如何关爱生命，如何保护自己，如何让身体更健康，等等。那些都是从表象上来讲生命，并没有真正触及生命的本质。而艾尔夫·罗史坦老师没有长篇大论地教导，没有花里胡哨地展示，只是谦恭地把对生命的敬畏与感佩融入具体的行动之中，引领孩子们经历了一次从没有过的体验，对生命生出更多的感触。生命课程离不开人性之美，从精神层面来诠释，才会有非同一般的行动。教师如果没有温暖的人性，也不会有如此坚毅的行动，所以，我们让孩子尊重生命、理解生命、敬畏生命，首先我们本身就要有光辉的人性，要能虔诚地面对所有的生命。

这本书是一线教师们为什么坚守自己职业的真情讲述，每个故事都是一首打动人心的教育诗，教育者的人性之美在这些故事里熠熠生辉。有坚毅、温暖、柔情，也有失落、迷茫、困惑。然而，他们一路走来，毅然选择了坚守，选择了全力以赴。是什么给予了他们非凡的力量？一个信念在他们心中激荡：教育可以触及儿童的生命与未来，可以让每个学生都沐浴在人性的光辉中，可以传递善良与美好……

读这些教育故事，想起我前段日子写过的句子：每个人都有自己的故事，每个故事都是生命的馈赠。在我们的生命里能不能也多一些这样的故事，温暖了学生，更重塑了我们自己？

# 交给孩子思考的钥匙

## ——读《给教师的 18 个工具：教师应掌握的心理学方法》有感

思维是需要教的。教师帮助学生熟悉思维和解决问题的基本工具，很有挑战性。泰普林的《给教师的 18 个工具：教师应掌握的心理学方法》一书对此有具体生动的讲述，引人入胜，给人启迪。

思考基本的逻辑建立在基本的词汇上面，如果想让学生有良好的逻辑思维能力，教师就需要引导学生正确使用一些词语，因为语言就是人本身，也是思维的外显。

国际认知心理学家米娜·舒尔博士为我们提供了一组词语：是、不是；和、或者；部分、全部；之前、之后；现在、以后；相同、不同。不要小瞧了这些词语，在解决孩子问题的时候，它们的威力就显出来了。书中为我们提供了这样的案例。

两个孩子发生了争执，你可以激发孩子们讨论而不是对他们提出要求，你可以说："打薛丽是好事还是坏事？"这样的问题，把思考转向了孩子本身，避免了教师的说教。孩子会在这样的问题中做出选择，并进行思考，以使修止自己的行为。

教给孩子表达逻辑的词语，从这些最基本的开始，让孩子正确地表达自己的观点，要相信：言语的清晰，利于思维品质的提高。

两个孩子因玩具争吵，并不断升级，教师把他们叫到办公室，于是有了下面的对话：

"你们开始叫喊以后，会发生什么？"

"我们开始打架。"

"打架是一种方法。你们还能够想到其他的方法而不是打架吗？"

回答可能是："我玩完后会让她玩。""我们掰腕子看谁力气大。""我们轮流玩。""我们可以做不同的事情。"

上面是书中提供的一个事例。在教师和孩子的对话中，有一个细节必须引起我们的重视："你们还能够想到其他的方法而不是打架吗?"这样的提示，为孩子开启了一扇思考的窗户，使孩子重新思考解决问题的办法，寻求更合理的途径。

"'那是一种方法，其他的方法是什么?'这个问题很关键，被反复运用。……因此不要评价学生提出的解决方案——特别不要说'这真是个愚蠢的主意'。老师可以组织有趣的游戏，寻找更多的替代解决方法。例如你顺着学生组成的圆圈让每个学生说出一个解决方法。让学生的想象力自由而丰富地奔流，不要顾及解决方案的现实性和优劣好坏。"

"另外一种方法是什么?"这是书中提供的第一个关键问题。其实，这样的问题不仅仅是思维的工具，更是心理疏导的工具。我的同事李老师是一位有经验的老师，他喜欢用这种方法，每一次都会有好的成效。那次，两个男孩打架，李老师便采用这样的方式，不去质问谁对谁错，不去批评说教，而是提出了上面那个问题："除了打架，你们还可以想出多少种解决问题的办法?"刚才还火气冲天的两个男孩开始安静下来，沉默许久，一个个设想出炉了……

两个孩子思考的过程其实也是对自我行为的反省过程，自我教育在思考和沉默中慢慢实现。自己得出的结论最有吸引力，那些说教只能让孩子更叛逆。一个问题，就让两个孩子安静了下来，他们的注意力也从敌对转到了共同寻找解决途径上来。

书中提供的第二个关键问题："假如（或者当……时候)，会发生什么呢?"

在假设中，为自己的行为提供更前瞻性的建议。"细思量"不是犹豫不决，而是未雨绸缪。我希望学生能够在大脑中有类似本书中提供的自我谈话：

假如我做……后来的结果会……这是我希望的结果吗？不是。我最好计划另外的行动。

什么能让我达到我希望的结果？我希望的结果是什么？我将那样做，如果那样做，我不仅能达到我希望的结果，而且将避免伤害我的结果。

这样的思考，可以实现自我控制、自我教育的目标，使行动更理性。

书中提供的第三个关键问题："现在处在他人位置，事情可能会怎样?”在一个团队中，埋怨只能加剧彼此的分离。而沟通的一个重要原则就是“移情”，通过设身处地为他人着想，体悟他人的感受，不断改变自己的行为，实现良好的交际关系。同样，只有善于站在他人角度思考问题的人，才更有领导的才能。因为这个技能是获得快乐和构建高水平团队的关键。

下面是书中提供的案例。

一个学生抱怨他的同学：

“烦人的薛咏老是迟到，她破坏了我们团队的计划。我真的被她激怒了。”

“薛永情况是怎样的?”

“你的意思是……”

“你怎样上学？她怎样上学?”

“我骑车，她走路，所以她老是迟到。”

“她走路是因为……”

“我想，她没有自行车。”

“哦，或许她家经济窘迫?”

“她爸爸失业了。”

“哦，天哪，我不知道……我明白了……我知道该做些什么了……”

还有很多问题值得借鉴，但最真实的问题需要结合孩子的成长实际去发现。记录下这几个关键的问题，是想告诉自己：关注孩子，不仅仅关注孩子的情感，也要关注孩子的思维，关注孩子的心理。在每天的教育生活里，教师需要去探索更多科学而有效的解决问题的方法。

# 成为学生的情感榜样

## ——读《给教师的18个工具：教师应掌握的心理学方法》有感

教师本身是重要的教育资源——这样的观念已经根植在很多教师的理念中。然而，如何利用这样的教育资源，是值得好好思考的。在《给教师的18个工具：教师应掌握的心理学方法》这本书中关于“运用榜样的情感技能”的话题，为我们阐述了教师的榜样力量。从情感的方面，开启了一扇教育的窗户，让我明晰了怎样通过榜样来促进学生的情感发展。

书中为我们提供了七种重要的方法，来实现教师的情感榜样价值。

最大限度地关注他人；

对他人表示出信任和信心；

承认我们的负面情感；

指导学生了解发生了什么事情和事情是怎样发生的；

面临情绪挑战时保持沉着冷静；

愿意并能够修复受损的关系；

当发生矛盾时有领导才能。

最大限度地关注他人，最重要的是学会倾听，从倾听中获得对方的信息，不断调整自己的话语，实现对对方心灵的呵护。教师在与学生谈话的过程中，需要这种姿态。在与学生谈话的过程中，教师站在学生的角度来思考，才更有利于沟通。

“李昊，你怎么啦?”

“没什么，老师……我很好，我想……（长时间停顿）有个小困难。”

听到李昊同学模模糊糊的回答，我们应该怎样继续下面的谈话？直接问：“你告诉我到底发生了什么?”这样的问题会逼迫学生继续保持缄默，心里产生抵触情绪或防范意识，会对谈话造成障碍。从李昊的话里，我们明白他有心事，这个时候，我们要给他一个机会做出修改或者改变，可以这样说："我听你的意思，是否是说这几天你在学校有些麻烦？"

之所以这样来说，目的有两个：其一，帮助学生明白此刻他真实的感受；其二，通过不带感情色彩的非赞同、非反对来关注学生表述的积极态度。不直接给出判断，而是让学生自己去明晰面对的情感困惑。采用问询的方式，能使学生更放松，更愿意表达自己真实的想法。

自我暴露的方法有利于表示出对他人的信任和信心。如果你信任一个人，你会跟他讲出深藏在你心里的话，而听众也会更愿意和你交往。教师对学生陈述自己的一些事情，会赢得学生的尊重和信任。

"同学们，我们班在升国旗的时候被领导批评了，我理解大家此刻的心情。我也曾经受到过严厉的批评，那是在我上小学的时候，在大操场上被当众点名……我从此知道了一点，要严格要求自己……"

"老师，你也有过这样的经历？"

"老师，我们会努力的。"

自我暴露，把教师从一个相对高的位置上拉下来，实现了与学生平等的对话。在相似经历的碰撞中，学生往往会更清晰地认识到问题的所在，对教师产生更多的信任和理解。

成年人都会有消极情绪，来自家庭的、社会的、学校的，如果将这些情感转嫁到学生身上，就会影响学生的健康成长。学会正确地表达自己的消极情绪，很有意义。"使用'我陈述'方法有助于避免问题；相反，'你陈述'方法将导致问题。"书中为我们提供了两位家长不同的表述方法。

甲："开始当我听说你缺课时我很生气。我感觉就像被盲目地惩罚，然后觉得失望，最后我决定我必须采取行动——决定性的行动。后果很严重，但是在我和你父亲做出决定之前，我们想听听你对这件事情的看法，以及你认为接下来会发生的事情。"

乙："你真是个愚蠢的令人失望的学生。你就不用脑子好好想想你该怎么办？你到处乱逛而迟到旷课，你怎么这么傻？这堂课是刘老师的课，是你唯一表现好的课。你想让自己连这门课都不及格吗？"

面对缺课的孩子，家长甲采用"我"的方式来陈述自己的感受，承认了自己的消极情绪，把自己真实的情感表达出来，并提出了解决的办法。值得汴意的是，她没有放弃孩子，而是时刻在暗示"我会和你一起面对困境"。这样的谈话会引起孩子的反思，比较有价值。而家长乙的"你"的表述方式，不仅仅停留在事情上，还对孩子的品质进行了猛烈的攻击，对孩子没有丝毫的关注，只有愤怒和怨恨。怨恨可以产出怨恨，家长的情绪无疑把孩子推到了悬崖边。面对家长的质问、责骂甚至是侮辱，孩子还会有回头的勇气吗？

“如果出现问题或关系受损，老师和学生应当一道面对，而不是形成老师和学生的对立。”师生关系出现危机时，需要思考一个问题：在必须维护老师的尊严和领导地位的前提下，如何来修复师生关系？

双方的谈话必须在都平静下来之后进行，白热化的状态是很难沟通的。当事情沉淀，当两个人都有了想化解危机的意愿，才可能共同面对出现的问题。不言而喻，教师应该更主动一些。主动的背后需要有沟通的技巧以及对事情的正确认识，单纯地说教根本不能化解危机。书中提供了案例，矛盾双方大致的谈话过程如下：

老师可以摆出就事论事的态度，或者带些幽默。

“我们可以谈谈吗?”

“哦，（学生有些焦虑需要慢慢克服）……我们可以谈谈。”

“今天早上我们俩谁都做得不好。你知道我指的是什么吗?”

“知道。”

“当时我很生气，我对你说了一些违心的话。我为此向你道歉。”

“嗯……”学生咕噜着，因为学生不熟悉这个话题。他没有对老师说同样道歉的话。于是老师说：“我很抱歉说了那些难听的话。假如你也说……我会感觉好些。”

这暗示学生也做出道歉，倘若他能够说出：“我也很抱歉……抱歉。”

“谢谢。谈话的确比叫嚣感觉好。但是我们现在还有个小问题，不是吗?”教师把关注点引到问题上来，问题是师生共同面对的，学生不会感到被教育。

“我们可以把这些家庭作业分成几部分来做……”

这个事例中，我尤其喜欢“共同面对”，前面两个人互相道歉是情感的一种互动。在彼此原谅对方之后，共同面对问题，让学生感觉到教师和他在一起，这一点难能可贵。真正的呵护，只有在这样的细节中才能得以体现。当教师怀着解决问题的想法来主动和学生沟通的时候，就保持了教师的尊严，获得了话语的控制权。这样做，对学生修补自己与同学之间的关系也是一种很好的情感榜样。

在这些事例中，有技巧，有情感。这些事例中，成人处理问题的方式会对孩子产生积极的影响。不仅仅是呵护了心灵，更重要的是传递了一种情感的榜样力量。我们传递了怎样的情感给学生？每个教师都要问问自己。

# 在传承中坚守对儿童的善意和尊重

## ——读《我和我的那些小野兽：粘巴达和森林幼儿园的故事》有感

南去的火车上，开始读粘峻熊的《我和我的那些小野兽：粘巴达和森林幼儿园的故事》。

“我的那些小野兽”，这是怎样的称谓啊，透着甜蜜和幸福，“我的”——是担当，是悦纳。“小野兽”会给粘巴达（书中作者的外号）老师带来怎样的故事？粘巴达老师如何体察来自那些“小野兽”的种种行为？充满着期待走进那座遥远的神奇的森林幼儿园，作为读者，我也像是一个探秘者。

喧嚣的车厢里，一个人的空间慢慢静了下来，这是一本书带来的奇妙。心里常常泛起笑意，那是一种久违的感动。一个沉浸在儿童世界里的人，是有神性的，超越凡俗中的诸多浑浊，依然保持着一颗美好的心——粘峻熊老师就是这样的人，他有着快乐野气的田野童年，2004 年创办了粘巴达假日学校，将 20 世纪 70 年代孩子们的充满创造、野气、有生命力的童年游戏经验传递给现今的孩子们。在传承中坚守对儿童的善意和尊重，让孩子的生命绽放出奇迹般的绚丽。我相信，这是粘老师的信念所在。

森林幼儿园里的场景设置让人耳目一新，树林、“火山”、秋千、小溪……与自然融合在一起，这是台湾最大的幼儿园。在这样的幼儿园里，回归成为主题词，让孩子在童年中有更多美好的回忆，有更多自主的创造和发展，这不像一所学校，更像是游乐场，是孩子们的天堂。把孩子放到如此舒适和自由的环境中，孩子的心智自然也会发展，在这样的环境中成长起来的孩子，有力量感，有野性的魅力。给孩子一个幸福自由的童年，意味着今后的路上，孩子会有更强大的成长源泉。事实确实如此，人是需要不断回到童年汲取营养的。

森林幼儿园给了孩子们什么？这是我在阅读中思考的一个问题。

森林幼儿园的孩子们都有生命特质中难得的纯真和勇敢。很多生命在成长过程中，往往被某些低劣庸俗的社会价值观所玷污，从而渐渐泯灭掉一些难能可贵的生命特质。成长有时也意味着某种特质的消失，这是成长的可悲之处。生命来到这个世界上就是奇迹，本初的一些状态和特质能否保持下来，对教育者来说是巨大的考验。森林幼儿园的教师们，默默守护，安心陪伴，成为儿童生命的守望者。从充满童真童趣的故事中，你会发现这些孩子生活在没有恐惧的环境里，敢于表达自我，敢于质疑，敢于呈现生命的真实。《森幼罢课记》中讲述了孩子们为了保护狗狗们，自发地联合起来，做好埋伏的准备。他们还一起抵制教师的课堂，直到粘巴达老师再三保证只送走一些小狗才肯罢休。用粘巴达老师的话来说："这是森幼史上第一次的集体罢课事件，可能也是台湾幼教史上的头一遭!"孩子们为什么会有如此大的勇气直面身边的问题？一个很重要的原因是他们生命中的纯真和质朴、善良和美好还是那么真实。

那棵高大的杨梅树成了孩子们的乐园，这真是一件有意思、有创意的事情。从树上垂下的绳子可以荡，孩子们经常像电影里的泰山那样喊着，从杨梅树荡向山谷……爬树、荡秋千、到兰溪里嬉戏、一起造"火山"，这些活动，很有挑战性，孩子们的这些体验都是课本不可能给予的。经历众多情境体验的孩子，对事物会有更深刻的认识，心灵也会得到更精细的磨砺。孩童时代的经历，往往影响其一生成长的基调。这些充满童趣的设计，这些大自然的馈赠，都是最好的课程资源，也是最宝贵的资源。我确信，森林幼儿园的孩子，会在今后的路上豁达而勇敢，坦诚而坚韧。

森林幼儿园的孩子过着童话般的生活。与小动物们和睦相处，听故事要请出"小蛇"来，登台表演童话剧……为了从孩子的视角来建设学校，让学校适应孩子的发展，粘巴达老师和他的同事们可谓用心良苦。《从秘密基地到火山爆发》中粘巴达老师带着一帮可爱的孩子建造一座秘密基地，在孩子们有些沮丧的时候，粘巴达老师发现那些运出的土可以建造一座"火山"。柳暗花明——地下室挖出的土被建成了"火山"，孩子们还在上面烤蛋吃……想象着孩子们往"火山"里填纸团，期待冒火、冒烟的情景，好想笑，那些孩子是多么幸福啊。不仅仅让孩子聆听童话故事，还让孩子自己创造童话、体验童话。在森林幼儿园中，孩子们在亲身体验着创造的快乐，他们就是童话世界的主角，童话就在身边。在这童话般的幼儿园里，孩子们的生命一次次得到开启，梦想也被点燃。

粘巴达老师对孩子的爱是如何体现的？他的教育情怀如何呈现？

教育，单单有爱还不够，关键是如何让爱变得"看得见"。在书中，我看到一个有着浓浓教育情结的教师。

粘巴达老师有“孩子王”的称号。他常常处在尴尬的境地，有时候会被孩子们“整蛊”。一次，为了捡拾落到山谷的玩具，他被长脚蜂蛰得满头大包，引得孩子们哈哈大笑；一次，调皮的孩子骗他手臂脱臼，让他内疚好久……你会看到一个有些弱势的教师，他就是个善良的大小孩。

“孩子王”也有被孤立的时候，尤其是当孩子中的“群众领袖”出现的时候，粘巴达老师明显感觉到了教师的无力。粘巴达老师戏称自己是“菜鸟老师”。有时教师越是试图走进孩子的圈子，越是容易被孩子所排斥。在孩子们的规则区里，他们有自己的“领袖”，成人的干涉或许让他们感到不安，于是会出现联合起来“打击教师威信”的事件发生。呵呵，粘巴达老师的感受能够引起很多教师的共鸣呢。即使如此，我依然对粘巴达老师怀有敬佩之情。一位教师如果体察到了这些来自孩子的细微信息，就会随之改变自己教育引领的方式。在“孩子王”和“局外人”这样的双重身份中，我读懂了粘巴达老师作为陪伴者的动人之处，教育就是真心的相伴。

粘巴达老师的智慧是无法总结出来的，都是在实践中的率性流露。“暗示法”“变变变”“神秘任务”“演戏法”这些看起来很简单的方式，却都是从孩子心理出发的教育妙招。一位有绝招的教师，一定要有情趣，大智慧藏在小技巧当中。《动物亲亲比赛》中的圣恩喜欢追着女孩子亲亲，孩子们把状告到了粘巴达老师那里，粘巴达老师是怎么做的呢？搞一个与动物进行亲亲的比赛，要求圣恩小朋友参加……呵呵，彻底被制伏。以其人之道还治其人之身啊。你会觉得，粘巴达老师是个如魔术师一样的人，徜徉在孩子的世界里，给孩子们带来了快乐。

想到《窗边的小豆豆》中的巴学园，想到《夏山学校》，它们都尊重儿童的成长规律，努力给儿童更多自主的发展空间。两所学校都是在努力让学校更适应孩子的成长，夏山学校相对更彻底一些，原生态的成长成为现实；巴学园中对个体的关注是令人感动的，每个孩子都被欣赏、被唤醒。而今天，看森林幼儿园，又是一所神奇的学校，是孩子们成长的乐园。

感谢粘巴达老师的真情记录和用心付出，通过这本书，他的“小野兽”也成了我们大家的，更让我们尝试着换一个角度去看待自己遇到的那些“小野兽”，虽然地域不同、时间不同，但教育心灵永远是相通的。

# 以故事的方式给孩子心灵上的关怀

## ——读《给长耳兔的 36 封信》有感

先前曾经读过李崇建的作品《没有围墙的学校：体制外的学习天空》《移动的学校：体制外的学习天空》，留给我的印象是他是一位有教育情怀的文学青年。通过他灵动而真诚的书写，台湾全人学校的办学理念和教育实践跃然纸上。那是一个相对宏观的主题，承载着对一所学校、一种教育实践的解读。而这本《给长耳兔的 36 封信》是从作者内心深处生发出的人生体悟，这不仅是一本写给孩子的书，成人同样需要。

如李崇建老师在序中所写："我带着山上的孩子们，陪他们欢笑，陪他们哭泣，陪他们长大，那一个又一个孤单的、愤怒的、惶惑困顿的灵魂，像一幅时间滚动条，让我看见童年的自己。我很诚实地知道，我愿意陪伴他们长大，也陪自己重新成长。"这是写给长耳兔的信，也是写给自己的信。那些听来的、看来的抑或自己亲身经历的故事，连成一串，记录着作者人生的轨迹，震撼着我们的心灵。如此用心的书，是有魅力的，它在向外展开的同时，也直抵作者的内心。心灵的能量我们看不到，但可以通过本书的文字感应到——这本身就是一种神奇。

用简洁通俗的文字来讲述人生的哲理，娓娓道来，深入人心。李崇建老师写给长耳兔的 36 封信的内容是深奥宽泛的。暗示、念力、宁静、冒险、创造、死亡、选择、彷徨、算命……围绕这样的主题词，你会有怎样的讲述？又会如何让孩子能够读懂？李崇建老师做到了，他把道理蕴藏在一个个故事当中，用书信的方式呈现出来。比如，在《一念》一文中，他引用了《佛经》中的故事。犍陀多因一念而获得脱离无间地狱的机会，又因一念而再次落入无间地狱……佛经中生涩的故事在李崇建老师的讲述中生动起来，那些有些儿童化的语言拉近了作者与读者之间的距离，更为故事增添了诸多情趣。这让我想到，一位教师应该具有讲故事的本领，因故事能够带给孩子情境感，容易走进孩子的心灵。讲故事也是需要不断修炼的，把深奥的故事用合适的语言进行诠释，也是一种了不起的教育技能。

为把深奥的人生哲理潜移默化地影响到孩子心里去，李崇建老师在故事的选择上做了精心准备。有趣、现场感、真实感，在他的讲述中都可以体会到。最让我感动的是，李崇建老师用自己的故事，甚至自己家族的故事，和读者真诚相见。李崇建老师自身的成长有着特别的经历，不管是工作上的，还是情感上的，他在长耳兔面前都毫无保留，他是一个真实的人，一个真实的老师。孩子们为什么如此信任他，愿意把心里的秘密讲给他听？单这一条足以说明。他不避讳自己曾经的无知和困惑，不隐瞒自己的青涩和懵懂，不屏蔽家族中的种种不幸。这一切，都在他的书信中与长耳兔进行了交流，读着读着，我会停下来，为李崇建老师的勇气和胆量、坦诚与率真而深深静默。只有带着生命体温的故事才可以更深层次地唤起读者的共鸣，李崇建老师分明在用身体、用心灵、用全部来写作，来为长耳兔们带来精神上的盛宴、心灵上的震撼。

在书信当中，是一位教师和一个个孩子的对话。从琐碎的小事中提炼出人生的哲理，并用通俗的话语反馈给孩子，这实在是了不起的事情。孩子在成长中遇到了问题，我们如何面对？就事论事，提出有针对性的建议固然可以，但这往往是短效的。“小题大做”不失为一种教育的态度。从具体的困惑当中，尝试给孩子价值观、人生观的引导、渗透，这才应该是触及未来的教育。人生的哲理就蕴藏在生活的小事情中，孩子在遇到问题的时候，就是需要点化的时候。给孩子一些形而上的关怀，关系心灵，关系尊严，也关系价值观。比如，在《忧惧》一文中，李崇建老师觉察到长耳兔“心神不宁，什么事都不想做……想起即将来临的测验，心情便沉落谷底”。于是他讲述了“杞人忧天”的故事，又讲述了邻居的故事，从古到今，从历史到现实，一下子增强了故事的感染力。最后得出结论：“也许不可能瞬间摆脱忧惧，但可以选择与忧惧共存。”给自己机会，去体验最不想面对的课题，感受内在最深的恐惧，将会是一趟有意义的旅程。我认为，李崇建老师的这本书为我们提供了成人和孩子沟通时以小见大的智慧，并提醒每位教师都要有与孩子沟通的特殊方式，属于自己的，并精心保持。

李崇建老师的文字干净利索、简洁生动、风趣幽默。在这种表象的背后，是一位教师对孩子内心的关注。他像一个邻家大哥哥般体贴，也像精神导师一样刚毅。从那些书信的签名中，我看到一个俏皮的李崇建；在动情的讲述中，我知道了一个柔情似水的李崇建；在深邃的哲思中，我认识了一个有思想魅力的李崇建。这几个不同的角色组合在一起，正是一个有情怀、有学识、有魅力的教育者形象。关注儿童的心灵，用书信的方式来帮助孩子开启一扇认识世界、认识人生的窗子，李崇建老师默默践行、用心书写，让人钦佩。不可否认，触动心灵的教育在现实中少之又少，快节奏、高效率的教育功利思想使得众多教师疲于知识的传授，而很少有人静下心来关注孩子的心灵。即使有的学校开设了所谓的心理健康课，开通了学生信箱，也很难从根本上帮助孩子成长。没有真心关注孩子心灵成长的教师，再好的制度，再多的形式，都只是形式。李崇建老师以身示范，用书信的方式走进孩子的心灵世界，及时做出引领和帮助的姿态，难能可贵。我们的教育需要有更多的教师探寻巧妙的沟通方式，需要有更多的教师静下心来与孩子真诚交流，需要每个教师都担起一份责任。教育养孩子的心，也养我们的职业良心。

书中，李崇建老师和长耳兔们分享了他父亲富有传奇色彩、颠沛流离、死里逃生的人生经历，读来特别感动。李崇建老师从父亲的身上收获了很多人生感悟。今天，《给长耳兔的 36 封信》像种子一般撒播到诸多长耳兔的心里，他们会长成一个又一个绚丽的春天——会的，祝福孩子们可以遇到李崇建这样的好教师，也期待着有更多的教师从这本书中汲取智慧，关注孩子心灵的成长，成全更多的长耳兔们。

# 对每个孩子保持高期待

## ——读《每个孩子都爱学：美国 KIPP 学校的奇迹》有感

有着一头黑色长发的女孩梅丽莎告诉芬博格先生和莱文先生，她没有做家庭作业，她也没有说什么原因。芬博格站在她的课桌旁边，他把莱文叫过来一起谈。“莱文先生，你记得每个人都签的那份协议《卓越承诺书》吧?”

“我当然记得，芬博格先生。”

“梅丽莎，你也签了，是吧?”

她点点头。

“那份协议不是说，你应该以你所知的最佳方式学习和表现，为你及你同学的学习尽一切所能?”

她瞪着双眼，有些迷惑不解地看着这两位穿着正装的男子。这是要干吗呢？她感到自己有麻烦了，但还不是很清楚原因在哪里，以前从来没有人以这样一种方式跟她谈作业问题。

“记住，梅丽莎，”莱文说，“成功无捷径。”

“没错!”芬博格说，他提高了自己的嗓音。“我们会每天努力地教你们，而我们需要你们努力地学习并完成你们的家庭作业……”

他停住了，因为梅丽莎开始哭起来。两位教师转而用安抚的语气。芬博格靠着她坐下来，开始重新交代作业。她有能力做，他说。她只需要安排出一些时间。但他仍旧强调，在这个班上没有讨价还价。“梅丽莎，亲爱的，”他说，“我们期望你完成你的家庭作业。”她没有再哭了，一直听着。

这是《每个孩子都爱学：美国 KIPP 学校的奇迹》一书中两位青年教师与没有完成作业的学生“对峙”的情景，很有意思。与未完成作业的学生谈话，这似乎是所有的小学教师的必修课，问询、要求、批评、警告——这一系列的措施下来，教师往往气得火冒三丈，学生吓得战战兢兢。家庭作业成了教师与学生之间一个随时可能引发矛盾的导火索，一定程度上，让很多教师备受煎熬。常常听到有教师埋怨，自己班里有多少学生没有完成作业，自己如何严加管教，却依然收效甚微。

莱文和芬博格的这个教学案例对我们有什么启示呢?

这是两位充满智慧的教师，他们默契的配合彰显了教育的美好。当梅丽莎不说原因、不解释的时候，芬博格没有发作，而是叫莱文过来，两个人先进行了简短的对话。“莱文先生，你记得每个人都签的那份协议《卓越承诺书》吧?”“我当然记得，芬博格先生。”这是一唱一和的幽默，两个人是特别“铁”的兄弟，根本不需要用“先生”这样的称呼，而在这里，两个人却做得“煞有其事”。

我特别注意了这一细节，当一位教师想对学生采取措施的时候，叫来了另一位教师，这样做有两个妙处：一是有第三者见证教育的过程，避免出现法律的纠纷；二是无形中增大了对问题学生的心理压力，有助于提高教育的效果。教育中所提倡的“保护孩子的自尊”并不一定要求师生谈话必须在私下进行。有时候，越不公开，往往越容易发生一些反教育的粗暴事件。有第三者的介入，会使事情发生转机，缓和气氛，提供见证，打破僵局。可以说，在芬博格教育行为受阻的情况下，莱文的出现起到了助推器的作用。一定程度上，两个人的唱和也舒缓了梅丽莎紧张的情绪——眼前的这两位教师有趣而“深不可测”。

两个青年人的观点是一致的：学生必须完成作业。如同举手表决，二比一，梅丽莎明显感觉到了自己没有完成作业是对《卓越承诺书》的挑战。当初的承诺书成了关键——这也正是芬博格和莱文的高明之处，他们通过这样有力的证据来试图说服梅丽莎。从另一方面，我十分佩服两位教师的规则意识，规则是理性的，也是刚性的，制定规则对一个团队的运行有重要作用。因为规则，两位青年教师站在了有理有据的一方，言辞更加有张力，也难怪梅丽莎会哭起来。

看到梅丽莎哭了起来，芬博格进行了安抚，这包含两层意思：一是老师相信她有能力完成作业，二是在学习这个问题上不能“讨价还价”。从这个环节可以看到两个男子汉的细腻，在学生哭起来之后，他们对梅丽莎的安抚是很专业的：信任学生，鼓励学生，但并不因此降低对她的要求。

我们有的教师在看到学生哭泣的时候，往往会有两种表现：暴躁不安或心慈手软。有的教师会更加大声地呵斥学生，以此来镇住学生的哭泣；有的教师则会草草了事，大事化小，小事化了，轻描淡写地一带而过。这两种表现都是不明智的，也是缺乏专业素养的表现。教师的情绪被学生左右，失去控制，偏离了教育的本意。在面对这种特殊情况的时候，教师避免情绪化尤为重要。教育者的专业素养之一就是要让自己保持对教育行为的理性分析。芬博格一方面安抚了梅丽莎的情绪，一方面提出了高的要求和期待，成就了这次良好的教育契机。

在这样的一个案例片段中，可以看到两位青年教师身上良好的专业素养，不管是谈话时的第三者介入，还是体恤与鼓励，都耐人寻味。同时，在这些行为的背后，有一种理念清晰可见：对每个孩子都要保持高期待，不降低标准，不放弃帮助——在任何时候！

# 远足的妙处

## ——读《每个孩子都爱学：美国 KIPP 学校的奇迹》有感

在《为克林顿总统演唱》一节中，我读到了远足的妙处。作为对课堂教学的一种延伸，芬博格和莱文带领孩子们远足，其中颇有几分惊险——当然，最主要的还是两位教师在远足过程中表现出来的那份责任和睿智。把远足当作开启孩子们社会经验与思维灵性的途径，孩子们会收获到课本上所没有的知识。

“他们发现了一个当地的打折超市，于是在那里买了大量的塑料三明治袋、棕色纸袋、面包、花生酱、果冻、苹果和小袋薯片。每天晚上，各房间的人轮流为全班制作袋装午餐……三明治生产线摇滚前行。”这样的场面像是在工厂里，而不是在星级酒店里，更不像是一群孩子要做的事情。可是，在芬博格和莱文的团队里，这成为一次历练，使孩子们体会到了为团队服务的幸福感，劳动教育、协作教育在这样的过程中得到了体现。教育的呈现需要一定的载体，而这样的活动是容易吸引孩子们的。

对布雷耶法官的提问，出人意料。名叫鲁本·加西亚的小男孩问布雷耶：“1969 年，当最高法院就米兰达诉亚利桑那州案进行表决时，你在吗?”“如果那时你在的话，你会对这个案子怎么投票呢?”这是一个关系到人身保护法以及《人权法案》的问题，于是上演了一幕微型的法律讲座。芬博格和莱文就是这样，随时随地都在试着抓住一些教育机会，帮助孩子们不断拓宽自己的求知视界。

我在想，远足的妙处除了让教师可以不断整合社会资源，激发学生的求知欲望外，还有什么?

规则意识，在远足中是可以得到实践的。第一次坐地铁，那些程序会让人手忙脚乱；第一次坐飞机，那些规则会让人缩手缩脚；第一次在大型餐厅就餐，那些礼仪会让人不适应……不过这都是学习的机会啊，在一次次遇到问题的时候，也是学生可以获得提高的时候。对待规则的态度，可以是遵守，也可以是质疑，将自己已经掌握的经验和知识与遇到的规则进行印证，这也是一种很奇妙的学习过程。

在远足的过程中，学生对知识的感知由抽象转化为具体，新的学习方式刺激了大脑的敏感区域，敏锐性明显增强。在这个时候，学生接收到的知识很容易得到巩固和内化，精神处于放松状态，对事物也是悦纳的姿态。对于怎样来管理这样一个出行的团队，两个年轻人也是煞费苦心。角色扮演的方式帮了忙，在一个新奇的环境里，人往往乐于投入到新的角色定位当中去。“鬼”的角色，像是在与酒店人员玩捉迷藏，更有几分冒险的意蕴，那些调皮的孩子怎么会不乐意配合呢？在广场上，放声歌唱，团队中的每个人都获得了久违的心灵洗涤，在勤奋学习的节奏中，孩子也需要静下心来欣赏自己的嗓音，欣赏一个与众不同的自己。所有这些，在远足的途中可以信手采撷，随性而为。所谓的快乐感受，或许正是这些挑战和尝试带来的微妙而神奇的“我可以好好地享受此刻”这种感觉吧。

远足为人与人的沟通创造了绝好的机会。从疯狂的教室，到一个陌生的城市，对话是人与人之间提供慰藉的方式。议论那些新的所见，提出内心的困惑，谈笑之间，孩子们之间的伙伴关系会得到强化。好的关系会成就好的教育，不仅仅适用于教师与学生之间，更适用于孩子们之间。远足中，孩子们之间的状态对我很有启发——将远足中的一些教育精髓迁移到课堂中来，会有不一样的课堂。

小时候，学校里的邢老师最喜欢带着我们去大山里“探险”。背着包，提着水壶，带着小本子和铅笔，边走边看看这瞧瞧那，偶尔在拼音的帮助下写下一两句酸酸的句子。二十来个同学，有十几个写下“农民伯伯在田地里辛勤地劳动”，老师笑，我们也笑，有时候雷同并不是因为抄袭，而是真的都在同一个情境里。我们爬到大山根部，壁拔千仞，怪石嶙峋，恍如世外桃源，身处其中，会有和大自然特别亲近的感觉，山会说话，树会舞蹈，童心跃动，书本上的文字哪会有这般神奇？

艾斯奎斯会带孩子们去远足，克拉克会把自己创办的学校定位在让学校里的孩子可以在整个小学阶段周游世界，芬博格和莱文也将远足当作KIPP学校的重要课程。在读到的一些教育书籍中，也常常感动于学生的那种“异地漂流感”和“用脚来丈量学问”的精神。

带孩子们去远足吧，成长离不开这份磨砺。教师们也可以去放飞心灵，不让自己抱着一根朽木昏昏睡过了冬天，也错失了生机盎然的春天。

# 发现自己的教育信仰

## ——读《老师，你会不会回来》有感

这本书在我的书架上放了好久，直到春节，我才带回老家阅读。而一读，就被深深地吸引了，其中的故事令人动容。王政忠老师在台湾最穷的平地乡镇之一的学校落脚，为弱势的孩子们构筑希望、创造机会、坚持梦想，他的信仰是学生，他是超人教师！

台中教育大学教育学系助理教授曾荣华说："老师，除了要有专业知识外，更重要的还要具有对教育执着的傻劲。"罗东高中校长游文聪说："王老师是用生命在教育生命，他用教育、爱弥补了制度与城乡的落差，他用热忱溶解疏离与冷漠，他让教育的本质得到最好的彰显。"读到这些评价，我再反观自己的阅读体验，深有共鸣。王政忠老师就是这样的教育者，他以自身的力量，自身的范本力量，自身的信念力量，自身的人格力量，影响着孩子们的生命成长，散发出教育的光辉。

这本书前面详细地讲述王政忠老师的成长经历，困顿的生活、艰辛的求学路令一个年轻的生命遭遇了非同一般的磨难。我仿佛看到他蜗居时的情景，我仿佛听到他急速而委屈的呼吸声，我仿佛就坐在他一旁，这种感觉始于什么？不仅仅是文字的魅力，更是生活的相通。我很理解他的那段心境，因为我在求学的路上也是如此拼尽全力，背负巨大的精神压力，最终才实现了教师的梦想。王政忠老师透过自己的成长告诉大家，对于任何一个学生而言，教师除了传授知识之外，对生活细节的引导与关心，对人生方向的启发与指点一样必要。尤其是那些失去家庭关怀的孩子。他说自己因为有这样的经历，在从教之后格外能体会那些遭遇灾难的孩子的心境，他用心对待孩子，从某种意义上讲，也是在守护那个曾经孤独的自己。

而我不禁反思：一个人对教育的热情与挚爱，可能在先前的生活中找到了答案。每一位教师的生活经验都是教育的财富与资源，都会带给今天的教育生活影响。小时候我们在善良安逸的环境中成长，可能会在心中播下善念；小时候我们在命途多舛的生活中成长，可能会激发出改变命运的斗志。小时候我们对教育有怎样的感觉，对人生有怎样的感觉，就会衍生出今天怎样的爱与责任。我特别敬佩王政忠老师，是因为他把自己的成长当成一面镜子，时刻关心身边的孩子，以免他们坠入社会的冰窟窿中，他一次次地挽救那些近乎绝望的灵魂，一次次地唤醒那些麻木的心灵，一次次地创造出教育的爱与希望。能够从人生信念高度来从教的教师，一定是具有了某种神性，会带给他的孩子们不一样的人生。

王政忠老师的教育，里面包含着相处的艺术。而师生相处之时的魅力，正是教育最温暖的光。在相处中，师生彼此坦诚相见，彼此鼓励欣赏，彼此想念问候。教育有时候就是这么简单，喜欢一个人，就愿意在沟通中滋养心灵。地震灾难之后的孩子，亟须爱的关注。王政忠老师来了，他在相处中"试着去理解孩子们拒绝的眼神背后所隐藏的恐惧，试着去同理孩子们以偏差的行为争取更多关注的动机，试着更深入地感受孩子们因为家庭问题所带来的负面思维，试着更贴近地倾听孩子们因为孤单无助所呈现的冷漠与狂飙"。他对孩子们真心关怀，却从不放弃纪律的底线。有节有度的关注，带给孩子们成长的可能。当孩子们问他："老师，你信仰什么宗教？"他说："孩子们，你们就是我的信仰。"孩子们也带给老师诸多惊喜，孩子们喜欢他、信任他、尊重他，以至于他在书中这样描述自己的感触："如果我不留下来，我就不会认识你们；如果没有认识你们，我的生命就不会如此丰富而完整，我的青春不会如此无悔，我的世界不会如此广阔。"读到这里，心头一热——师生生命的相互依存、相互成全值得每位教师感念。

对课程的开发，王政忠老师坚持多元理论。每个孩子拥有的智慧是多元的，不是每个孩子都是从同一扇窗子看世界，我们该给孩子的，是让他拥有打开他想尝试打开的任何一扇窗的能力。对能力的关注在王政忠老师的教学中格外明显，各种课程的开发就足以令人耳目一新。艺术课程、乡土教学、野外生存、跳蚤市场……学校课程要提供给孩子选择的权利，一所学校可能会助力孩子们的梦想，但如果这所学校过于贫瘠，如何为孩子们提供选择？每个孩子都是无辜的，他们将来要在社会中竞争、生存、发展，我们今天能够带给他们怎样的能力、怎样的选择？学校背负着这样的使命：给孩子们选择的机会，让他们知道自己的人生可以有无限可能，而不是单单考试一条路。王政忠老师认为，要给孩子们成功的机会，就要坚持培养基本能力，激发学习动机，营造校园氛围。这里的坚持着实让我感动，不是求新求异，而是秉持信念，一如既往。将最重要的坚持好，就是对孩子们的最大负责。能力是需要时间来检验的，也是需要时间来积淀的，我们做教育要多一些这样的态度。

王政忠老师从“根”出发，深耕在孩子们中间，带着一批批孩子走向美好。他说自己是超人，他没有无敌的披风，没有神奇的光束，只有一个法宝——“教育”。教师就该如此，从教育的原野里找到自己的人生信念，提炼出自己的教育信仰，和孩子们在一起，享受生命的馈赠。

# 作业背后的精彩

## ——读《孙明霞的创意作业》有感

《孙明霞的创意作业》一书已经由福建教育出版社出版，可以说，这是一本水到渠成的书，以前在孙明霞老师的博客里常读到孩子们的精彩作业，每一篇作业的点评中都浸透着孙明霞老师的浓浓情意，欣赏、赞美、欣慰溢于言表。如今，在经过孙明霞老师用心整理之后，这些有创意、有魅力的作业成为让同行学习、反思的优秀范本。我在阅读之后，对作业中蕴含的教育价值有了新的思考，一次次感动于孙明霞老师创意作业背后的那些精彩。

这是一本师生合著的书，从作业的设计入手，精彩纷呈、创意无限。整本书涉及孙明霞老师的课堂片段、作业设计、成果展示、师说心语等环节，全面而细致地呈现作业的样貌。其间，有孩子们的精彩创意和丰富资料，也有教师专业而深刻的解读。从生物学科的教学来讲，它是一本高水平的作业集锦，也是教师素养的自然展现。这样一本书注定会成为师生美好教育生活的记忆，曾经的体验、曾经的感谢、曾经的心动融入在这本书里，装满成长的滋味；曾经的陪伴、曾经的点拨、曾经的期待安静地留存在文字之间，写出师者的幸福。

这是一本突破学科边界的书。对于生物教师来讲，这里有学科作业的范本；对于语文教师来讲，这里有写作动力的源泉；对美术教师来讲，这里有学科整合的启迪……观者的角度不同，就会有不同的收获。看似是作业的视角，其实展示了立体的教育生态。在工作中，我们经常按部就班地做“分内之事”，以突出学科特点为理由将所任学科与其他学科划分界限，仿佛这样才是保持了学科的原汁原味。值得注意的是，在当前的教育体制内，教研员的各自为政对教师造成了不良影响，只专注于埋头打井，而疏忽了视野的开阔，一旦有外来信息的参与，就扣上“伪学科”的帽子。也难怪在很多学校里教师都有了明显的学科特征：语文教师善谈，数学教师精明，体育教师豪爽，化学教师理性。但不得不说，我们的学校需要的不仅仅是学科教师，更需要有人文情怀和独立精神的教师。在当前知识讯息飞速增长的年代，信息的整合、文化的包容、技术的拓展都将使课堂发生变革。突破学科的边界寻求教学的智慧应该成为教师的专业素养。在孙明霞老师的书中我读到了生物作业的多形式呈现，孩子们内心的学习热情被点燃，其中一个很重要的原因正是这种跨学科的美妙“嫁接”带给他们无与伦比的自由与快乐。张霞麟同学在暑假做过一个有关泰山的调查报告，阐述了泰山商业开发对环境的影响，从周恩来的三次重要批示，到国外游客的遗憾，无不流露出作者由衷的担忧。这样的调查报告，已经远远超越了生物学科的范畴，涵盖了社会学、美学、环境学、经济学等方面的知识。读来令人感叹不已——这样的作业定会培养孩子的社会责任意识。

这是一本超越作业环节的书。它既是生命化课堂中作业环节的精彩展示，又凝聚着孙明霞老师对生命化课堂的深刻诠释。如果用几个关键词来描述作业中的那些教育意蕴，可以是自由、专注、享受、创意、情意……在作业这个环节里，透过文字可以感受到孩子们的那份聪慧和灵动。孙明霞老师常给他们开放性的题目，鼓励他们用自己擅长的方式来表现，这份信任让孩子们感受到学习的自由，进而生发成自主。你给孩子选择的权利，孩子就会给你一份惊喜——教育的一个重要原则就是激发孩子学习的自主。有了这份自主，在完成作业的过程中，孩子会更加专注，他们会将作业当成一种尝试和挑战，并享受这种全力以赴、真情投入的感觉，他们的灵感自然流淌出来，生命变得丰盈而坚韧。每一份作业都是如此独特，作业的背后是带着不同故事而来的年轻生命；作业的背后是不同孩子真切的体验和思考。在孩子们的字里行间始终都不能忘却孙明霞老师的“六个学会”，他们即使今天已经告别母校，依然怀念自己的老师。那个叫潘先行的少年在《如果没有你》这篇文章中写道：“如果没有她用生命润泽我们的生命，我们的心灵就不会是盛满阳光的。”读来，为之动容。我想，这些关键词何尝不是孙明霞老师生命化课堂的写照呢？我在张文质先生所作的序中读到这样的句子：“我曾特地到山东泰山学院附中听过明霞的课，她的课堂是典型的‘学生在前’的生命场，所有学生都乐于提问、思考、表达，都在欣赏与彼此鼓励，这样的课堂常常会让人有些美好的恍惚……”尊重学生的认知，激励学生的内在动力，孙明霞老师的课堂定如她所说：“那是一场与学生的约会。”

这是一本有关师生关系的书。作业完成的过程，就是教育的过程，也是欣赏激励的过程。值得注意的是，孙明霞老师与孩子们常有互动与沟通，作业中的咨询与指导，作业后的提交与反馈，她始终保持着倾听者、帮助者、激励者的姿态。孩子们愿意和老师分享自己的发现，愿意用书信来向老师倾诉，愿意听从老师的建议。好的课堂铸就好的关系，好的关系也让美好的教育深入人心。回头再去看那些精彩的作业，我发现，精彩的背后其实蕴含着令人钦羡的师生关系。在孙明霞老师的博客里，学生是一个个宝，学生的故事，也是她的故事，她的故事总离不开学生。当年北京的李茂老师曾经感慨孙明霞老师是个拥有诸多财富的人，她的财富就是一个个有关学生的故事。读书中的那些学生的来信，你就会知道她真的如迎春花般开在每一个与学生们相处的日子里。有人说，当教师有三种境界：一是将教师当作职业，仅仅以完成工作为目的；二是将教师当作事业，将教育当成体现价值的途径；三是将教师当作命业，将教育当成一种生命的需要，全心投入。在与学生生命彼此辉映的过程中，孙明霞老师已经达到了第三种境界。

这本书带着一线课堂的温度，带着师生个体的生命感悟，带着教育教学的智慧。你读它，仿佛正面对一个个生动的教育场景；你读它，会激发自我对教育生活的深入思考；你读它，也会自然而然地想创造属于你的教育明天。作业背后的精彩是人的精彩，也是教育本质的精彩，慢慢读，我愿意时常停下来在心底为每个学生、为孙明霞老师点赞喝彩。

# 比赢取成绩更有意义的教育启迪

## ——读《英才是怎样造就的》有感

《英才是怎样造就的》是由王金战和隋永双合著的，主要是对王金战老师的教育感悟和教育智慧的呈现。说实话，这样题目的书我在书店里是从不感兴趣的，总感觉有哗众取宠和浓郁的商业意图的嫌疑。没想到诺妈带孩子去书店，顺手买回来一本，放在书桌上，我便怀着猎奇的心态，偶尔翻阅几篇，一段时间下来，也陆陆续续读了大部分。

这是一本畅销的教育类图书，至今已经销售近百万册，由陈鲁豫、毕淑敏、徐小平、胡一虎联袂推荐，在家长朋友们中产生了广泛影响。这是一本关于高考的书，里面针对高中生的种种问题提出了经验指导，尤其是其中一部分关于如何复习、如何高考冲刺的内容更是抓眼球；这是一本带有多种角色意味的书，书中王金战老师是老师、是导师、是家长、是朋友……将王金战老师在时间的旅途上所遇到的那些案例一一讲述出来，给人一种亲切而质朴的感觉。

毕淑敏推荐说："王金战老师有一根魔棒，让他的学生在成功的天空中翱翔，点石成金削铁如泥的秘密就藏在这本书里。读这本书，犹如打开爱和智慧的天窗，你也许会长出翅膀。"这样散文化的推荐，让人产生憧憬，细读这本书你会发现，王金战老师"四两拨千斤"的教育智慧来自于他对学生的责任，也来自于他对教育本质的深刻洞悉。

王金战老师经历了多所学校，遇到许多不同家庭背景的学生，在关键时候他给予这些学生成长的动力，同时这些学生的故事也变成了他的教育资源。一个没有信心的学生在他的激励下从八十多名一直到前三名，考取了名牌大学，这个学生甚至要求老师把林增学改为"林冲"，将奋斗变成了一种享受；一个学生家中因为宅基地问题受到村支书的歧视，王金战老师教育学生励志，最终成为村里的第一个大学生，让村干部刮目相看；一个孩子中午只能到校外吃母亲乞讨而来的饭，王金战老师及时接济，最终孩子考取了军校，目前在广州，是一艘战舰的舰长……这样类似的励志例子，俯拾皆是。王金战老师讲述这些故事的时候，朴实而真挚，没有文学修饰，只是讲述，让人怦然心动，感受到教育就是在孩子的关键生命阶段给予激励与温暖。拥有这些故事的王金战老师也是如此幸运，在教育的路途上一个教师的强大不仅仅是因为拥有专业的知识，还在于他内心装着一个个曾让人潸然泪下的故事。

王金战老师在教育生活中还常给学生补充一个个经典的人生故事，让学生在他人的人生中思考自己的未来。比如，他曾经给大家讲述美国影片《教师》中的一个片段。

这个故事发生在美国新泽西州市郊小镇上。这个小镇一所学校的一个班级，26 名学生，几乎每个人都有不大光彩的过去：有人吸过毒，有人进过管教所，有的女孩甚至在一年之内堕过三次胎。家长对这些孩子的内心想法，就是两个字：绝望。

而好几任老师也被这些孩子们气走了。这时候，来了一位女教师，名叫菲拉。她来的第一天，给大家出了一道题，说有这样三个人：

第一位曾是战斗英雄，热爱艺术，偶尔喝一点儿酒，年轻时从来没有做过违法的事。

第二位笃信巫医，有两个情妇，嗜酒嗜烟如命。

第三位曾经多次被校长训斥，每晚喝大约一公升的白兰地，而且有过吸食鸦片的记录。

她问同学：谁后来成了伟人？孩子们给出的答案一致：第一位。

可是菲拉老师告诉孩子们：第一位是希特勒，而第二位和第三位，分别是美国总统罗斯福和英国首相丘吉尔。

菲拉老师说："人都有过错的时候。过去并不那么重要，把握现在和将来才是最重要的。"菲拉的话改变了这些孩子的一生。这些孩子长大之后，大都成为有用之才，包括飞机驾驶员、心理医生、基金经理、法官等。

还有好多似曾熟悉的励志故事会在书的某一页跳出来，法国巴拉昂的"穷人最缺少什么"的问题；中国台湾地区第 37 届"十大杰出青年"赖东进的故事；美国副总统威尔逊的故事；橡树的故事……这些富有哲理的故事成为王金战老师和学生们精神的一部分——人的成长中不能没有故事，在与众不同的人生经历中汲取养分是最佳的学习途径，也难怪有人曾经说要让学生多读人物传记，在他人的人生里看到更广阔的世界。我们所谓的世界，一部分是自然的，一部分是人生的，而人生的世界是需要阅读和倾听的。王金战老师用讲故事的方式丰富了学生的人生。

王金战老师的教育故事是这本书的精髓所在，在与学生打交道的过程中，他积累了丰富的经验。他可以巧妙地解决学生初恋的问题——他可以在家长想冲出帐篷制止学生闹剧的时候拉住家长的手；他可以分别和两个孩子谈心激励他们门当户对，各有所成，并许诺可以将来帮着牵线；他可以在两个孩子恋爱失败垂头丧气的时候，化解他们的敌意……这些解决青春期问题的艺术，源于他对学生的负责。值得注意的是，凡是能够巧妙解决问题的教师一定是得到学生深深信任的人。王金战老师的教育艺术也是师生关系的艺术。他帮助学生化解一个个难题，有的是朋友的委托，有的是家长的登门请教，在三言两语中常会有神奇的效果，把这些故事写进书里面，也成为经典，成为带着他自身经历的教育收藏。一个讲故事的人，一个听故事的人，一个写故事的人，其实最宝贵的是他一直在创造故事，创造属于自己的教育故事。做着做着，就有了这么多的故事，这些故事就是教师的财富。想想，不仅是王金战老师，包括魏书生老师、李镇西老师，甚至是教育家苏霍姆林斯基，哪个都不曾缺少了教育故事。

读这本书，使我对中学教育和小学教育有了一些大致的区分。在现实中看到很多中学，尤其是初中学生在初二之后就陆续辍学，以至于我们要用考核辍学率来评价学校。可以想象，一个班里的学生陆续选择离开之后，即使那些留下的学生还会有怎样的学习热情？那些教师如何更有热情地面对课堂？这是一个可怕的恶性循环——在学困生离开之后，教室其实已经被严重破坏。中学的班主任是如此重要，建立一个温暖的、值得信赖的班级，会使更多学生有留下来的渴望。王金战老师特别关注问题学生的问题，他给每个学生希望，给每个学生斗志。我在王金战老师的努力中感受到作为一个中学教师的责任与担当。中学的学生正是自我意识日益清晰的时候，你在他的身边是什么角色？责骂只会滋生叛逆，孤立只能埋下仇恨。面对着学生比较危险的成长时期，教师如果没有足够的专业态度和技能来应对，就很难培养出优秀的学生。

正如著名主持人陈鲁豫所说："很多人说他是近年来中国教育界最引人注目的教师，因为他的确在自己的领域取得了很出色的成绩。但是他最吸引我的不是这些成绩，而是他用一种特别人性化的方式和学生建立的很让人羡慕的师生关系。"一个非教育人士说出了专业的教育认知，也道出了我的认同——王金战老师的神奇来自于他对学生的责任和担当，之所以有如此辉煌的教学成绩，源于他拥有这么多扣人心扉的教育故事，更源于他和学生始终保持着非同一般的师生关系。这其实是一个教师最值得炫耀的资本，而并非玄妙的考试诀窍——这是我读这本书的最大收获。

# 做出来的智慧

## ——读《小学节日活动创意设计与组织》有感

王艳芳老师的新作《小学节日活动创意设计与组织》一直放在我出行的包里，闲暇时间就拿出来读上一段，常常会沉浸到那些带有现场感的活动情境中去，变成一个正在歌唱的孩子，变成一个街头调查寻访的小记者，变成一个"小尖毛草读书社"里的"小书迷"……这是一本充满教育智慧和真情的书，只有从心灵深处去关爱孩子成长的教育者，才会用热情和毅力为我们做如此精彩的呈现。

在书中，王艳芳老师就是一株有魔法的"尖毛草"，活动设计信手拈来，个个情趣盎然，创意无限，唱、演、做、访、写……多元的构建方式激发孩子更多的潜能，投身其中，孩子们既能增长知识，更能润泽心灵、开启生命。我相信，这些丰富多彩的活动一定可以成为孩子们成长的助推器，帮助孩子们探寻到更广阔的生命空间，帮助孩子们有更真切、丰沛的人生体验。

王艳芳老师是富有童心、童趣的教育者，她一直在做好音乐老本行，同时也做着更多有意义的实践和探索。从她的文字中可以感受到她对儿童精神世界的高度关注，她一直在为能否给孩子更多纯粹的精神食粮，能否寻找到更贴切的传达方式而努力着。从《飘着花香的琴弦》到《邀一枚月亮吟唱》，再到节日活动这一主题的创意设计，我看到一个更趋于理性的实践者，躬身而做，心无旁骛，将视角落在最真实的教育情境中，生发出更多可贵的思考和行动。将节日提炼出来，像珍珠一串，更像钥匙一把，打开了儿童成长的一道关锁。

在求学的路上，儿童所面临的境况并不理想，功利化的教育让人窒息，短视现象比比皆是，童年的纯真无邪、好奇、雅趣在语数外的折磨下已经伤痕累累，成长变成了单一的、枯燥的、残酷的分数之战，辅导班铺天盖地而来，家长的期待也与日俱增。可成长真的仅仅如此吗？如果学习退化成这般，学校就成了孩子们的噩梦。我们需要有更多的教师和家长来义无反顾地坚持更趋于本质的教育行为，而活动设计无疑是学校完善儿童成长元素的可取之道。在活动中体验、品悟、感受、升华，会给孩子不一样的学习经历，对孩子的非智力因素开发意义重大。从另一个角度看，将各种节日活动予以开发重建，这一创意本身对学校教育就有极大的裨益。节日形成过程本身就融汇了丰厚的文化内涵，传承民族传统，筑好国家灵魂；汲取国际节日，育好世界公民。

在书中，我读到大量富有感染力的活动设计，同时也有诸多学生的活动感受，人文气息浓郁。我在想，这些经典的节日活动无疑增加了师生之间的互动，成为增进师生关系的有效途径。开展活动总会有一些“意外的收获”，孩子们获得知识的同时，他们的兴趣、爱好、情感都会发生一些变化。围绕着这些节日活动，教师与孩子们准备、参与、分享，过程本身就是一种优质的教育。教育从彼此间心灵的影响开始，活动中的师生更容易摆脱古板与冷峻，更容易沟通与对话，活动情境中具有了更多教育的意蕴。

节日活动中的每个人所收获的不同体验将会成为一所学校的精神财富，那些带着师生生命温度的资料会成为学校的史料，汇聚成学校教育的史诗。很多成人在母校中找到自己的痕迹，是一件特别让人怦然心动的事，一个小册子、一本作业、一本自己签名的书……这些原本的小玩意儿，会因为一所学校虔诚的珍藏而变得熠熠生辉。学校就是记录儿童故事的地方。王艳芳老师的案例故事中，就有这样的情愫、这样的期待。

我愿意用“做出来的智慧”来审视这本著作，如果没有大量的实践，没有缜密的设计，创意就不会如此动人心弦。王艳芳老师在山东省威海市塔山小学主导参与了诸多活动，和孩子们在一起，她会有一个个金点子迸发出来。从一定意义上讲，这也是爱的智慧，爱孩子，爱教育，爱生活，灵感如清泉汩汩而来。

特别感佩王艳芳老师钟情阅读、勤于实践的教育者姿态。她用自己持之以恒的研究精神、孜孜以求的教育态度，诠释着一个教育追梦人的执着与勇气。相信她倾情写就的这本书也一定会给更多教师带来心灵的启迪和专业的帮助。

# 家校合力篇

# 母亲的力量

## ——读《快乐女孩成长笔记：15 岁考上清华大学》有感

最近在网络中读了《快乐女孩成长笔记：15 岁考上清华大学》一书，感慨颇深。本书的作者是《人民日报》的记者彭嘉陵，她用随笔的形式记录了自己的孩子南南（化名）的成长、成才的历程。在这本书中没有高深的教育教学理论，有的是作为父母对孩子的一些具体做法，操作性很强，对广大家长教育孩子有很强的借鉴意义。读后，我有了几点认识，于是记录下来。

一、父母是孩子的第一任老师，也是孩子永远的老师。（关键词：父母角色的定位，隔代教育）

孩子的生命是家长给予的，对于孩子最有意义的，除了生命，就是高质量的教育，这应该是家长给孩子的最有价值的东西。家长与教师有着共同的责任——教育孩子，家长对孩子的教育有自己的特点。家长与孩子长期生活在一起，往往能够发现孩子最真的一面；家长与孩子有着不可割裂的血缘关系，心理上有相通的东西；家长的教育可以弥补学校教育的不足，给孩子更丰富的情感经历，更广阔的社会知识。我们常说，一个孩子遇见一个好老师可以改变孩子的一生。相处几年的教师对孩子都可以产生如此巨大的影响，那么与孩子生活几十年的家长，我们可以给孩子带来什么样的影响呢？看来我们应该重新审视“家长”的概念。我想，家长不仅要对孩子的生活负责，更要对孩子的教育负责、成长负责。从这个意义上说，家长应该敢于做孩子的第一任老师，做孩子永远的老师。不过，我真的希望家长不要单纯做具有学校意义的老师，更应该做生活的老师、道德的老师、快乐的老师。

隔代养育成为当今社会的主流，年轻人忙工作，压力大、时间紧，孩子很小就交到爷爷、奶奶或者姥姥、姥爷的手中。隔代教育往往达不到理想的教育状态，错过孩子的成长关键期将影响孩子一生的发展。当今社会提倡的亲子活动就是想帮助父母与孩子建立心灵的对话与交融，让孩子健康地成长。年轻的父母们真需要付出爱心与耐心才行。

二、玩耍是孩子成长中的灵魂。（关键词：运动，发泄，启发心智）

知道玩耍对孩子的重要性是在刘良华老师的博客中，我也曾经回忆过自己的童年，重温游戏的时光。通过读《快乐女孩成长笔记：15 岁考上清华大学》更加深了我对这一问题的理解。南南的童年是游戏的童年，她疯得像个男孩子，胜过一般男孩子。危险的她做，新奇的她尝试，玩耍，这让她身心愉悦、勇敢大方。孩子玩耍的过程也是运动的过程，这个运动还是自由的、愉悦的运动，启发心智，锻炼身体，一举多得。孩子为什么喜欢玩耍？用作者的话说，是孩子需要发泄，释放多余的能量。很有意思的解释，也很有道理，孩子吃睡充足，精力充沛，不消耗怎么能行？不发泄岂不成了肥胖儿、小懒虫？从这个意义上来说，玩耍必须成为孩子成长的灵魂。

三、让孩子始终保持对知识、对社会、对生活的兴趣是孩子成功的关键。（关键词：开眼界，兴趣与记忆，反馈赏识）

兴趣是最好的老师。古往今来，众多成功人士无不是对自己从事的事业有着浓厚的兴趣，爱迪生在被学校开除后依然可以成为举世闻名的发明家，王羲之练书法，洗毛笔染黑了池塘等，兴趣都起着至关重要的作用。让成长中的孩子保持对知识、对社会、对生活的兴趣应该成为我们家长重视的问题。南南的母亲做记者，带她去了全国各地很多地方，开阔了南南的眼界，让她对社会产生了浓厚的兴趣，求知的欲望增强。让孩子保持对外界的兴趣，家长的赏识与反馈很重要，家长对孩子认知水平的积极评价能够增强孩子的求知欲。记忆与兴趣还有着密切的联系，心理学家曾经做过实验，发现对有兴趣的事情，人们的记忆牢固。孩子对事物有着独特与深刻的认识，记忆自然很强。

四、早期教育的关键是培养孩子的兴趣，而不是掌握知识的多少。（关键词：亲子阅读，思维方式）

把孩子送进各种培训班，接受强制学习；孩子刚刚懵懂，就教古诗、认生字，这些对孩子的成长并不都是好事，孩子的一时成绩只是满足了家长的虚荣。让孩子热爱生活、乐于求知、做自己喜欢的事情才是家长应该做的。真正将兴趣的培养放到首位，我们的家庭教育就不会急功近利。与孩子一同阅读，培养孩子读书的兴趣，一旦成功，终身受益，何乐不为？

五、有目标感的孩子才会体会到成长的快乐。（关键词：目标的故事，南南在后记中对快乐的理解、心态）

不断给孩子成功的体验，让孩子看到努力的目标，这本身对孩子来说也是一种快乐。南南在该书的后记中谈到自己不断有新的目标出现，不断去实现，心里很快乐。这种积极的心态让快乐这一概念更上了一个层次。快乐着，学习着，努力着，幸福着。当我们的孩子有了这种幸福的体验，他们的成长自然会水到渠成。

附书中的部分摘要：

1. 不要小看了孩子的玩耍过程，其实，它也是很好的训练、教育、培养过程，运用得好，孩子今后将受用无穷；相反，以安全第一的养育理念，只能贻误孩子成长的大好时机。

2. 我们觉得，孩子其实是需要发泄的。许多家长都说自己的孩子淘，特别是男孩子，好动，爱玩。为什么？就是因为体内的能量积聚了太多需要消耗，而这种消耗是每天需要的。如果这种消耗没有得到实现，孩子就“好动”。但许多家长并没意识到这一点，他们把孩子从幼儿园接出来就匆匆赶回家做晚饭，把孩子一人关在屋里自己玩。其实这并非明智之举。

3. 我们提醒年轻的父母，带孩子到户外玩耍的时候，尽量少玩电动玩具，多让孩子玩手动玩具，而且鼓励他们去玩那些带有一定风险的玩具。从某种意义上说，带孩子外出玩耍，不要仅仅是为了打发时间，是因为孩子在家待得烦了，不得已出去透透气，当成一种消极被动行为；而应当成为一种积极主动的行为，当作促进孩子身心发展，助其身体发育，激活脑力的有益行为。

4. 我们觉得，不管多忙，家长在周末都应该陪孩子外出游玩。这也是弥补平时对孩子疏于亲近的一个机会，也是家长义不容辞的责任。

5. 我们带女儿出去玩，总是先讲好条件，并严格照办，既树立了父母的权威，又培养了孩子守信誉。

6. 早教专家告诉我们，识字要与阅读密切结合。让儿童识字并不是最终目的，目的是让孩子早日进入阅读。识字晚，所有的知识都要滞后。全过程分为三个阶段：

第一阶段，识字、读书双管齐下，识字为主。

第二阶段，识字、读书齐头并进，相得益彰。

第三阶段，读书、识字，读书为主，在阅读中识字。

“寓识字于阅读之中”是最有效和最直接的方法，让孩子的识字与阅读同步发展，可以培养孩子良好的阅读习惯，培养他们的主动学习能力。

7. 乔治·汉弗莱说，在生活中，每一个瞬间，都有无数来自外界的刺激作用于我们每个人，其中，绝大多数的刺激都被忽略掉了，只有一小部分被我们选择并加以注意。我们的感受器的特性在很大程度上决定了哪一种刺激物会被选中。

汉弗莱举了个例子：不同视角下的同一条街道。一位医生、一位房地产商和一位艺术家一同沿着同一条街道去同一个地方，结果看到的东西大不相同：艺术家看到了落日的余晖，想作画；房地产商注意到两个孩子的交谈，发现其中一个长大后会成为一个非常成功的商人；医生注意到商店的橱窗内摆满了某种专卖药品的瓶子，还有在这些药瓶前议论纷纷的男男女女。

这个例子说明，人们更容易注意到那些与自己生活和工作相关的事情。那么，是什么决定了哪些刺激物会对人脑发生作用呢？

汉弗莱还告诉我们，主要有两个因素：刺激物的运动和刺激物的强度或大小。刺激的强度如声音、特别大的物体通常会引人注意。

课堂中获得的经验（从书本上学得的知识），最终可以化为作用于眼睛和耳朵的某种刺激。教育的结果首先是使人们选择不同的刺激，即注意不同的事物，教育既改变了一个人所感兴趣的情境，也改变了他对情境的反应。

书中关于“我们如何记忆”一节是这么解释的：……我们可以认为记忆就是智力活动，是依靠过去的经验而进行的活动……与适宜的刺激相联系。兴趣促进记忆，增加兴趣有助于增进记忆。人们通常认为孩子比他们的父母记忆力好，原因之一就在于孩子比他们的长辈更富有兴趣感，较少地被生活磨去兴趣。趣事的所有细节都能被回忆，不管这兴趣是由于感动、快乐、新奇还是别的原因。竞争也能引发兴趣。

兴趣是可以培养的。以前获得的个体经验比较容易引起我们对相关问题的注意和重视，每一种经验都会影响我们对下一个刺激的选择，或是改变将在未来情境中再次出现的刺激的相对强度。当我们和一个拥有一群良种绵羊的人共同生活一段时间后，我们就不会对那些透过车窗看到的绵羊不感兴趣；一个刚钓鱼回来的人会比那些主要兴趣在高尔夫球上的人更仔细地审视某个带着渔具的人的面庞和外表。

8. 我们认为，南南这么早认字，是她后来被认为比较聪明的主要原因，关键就在于从小给她念书，并让她看着。我们认为这是我们教育女儿比较成功的一个方法，希望广大家长能够重视并分享这个成果。

9. 教育书上说，早期智力教育的基本原则是：一、无压力原则，二、随机原则，三、快乐原则，四、强化原则。我们觉得，我们的自然教育法基本符合这四大原则。

10. 家长教育孩子，一定要统一思想，不能一个让孩子这样，一个让孩子那样，更不能你认为这样对，他认为这样不对，或者家长中的一方联合孩子与另一方作对。这种情况在有老人共同生活的家庭里更容易发生，父母教育孩子，老人总会护着孙辈。不仅使孩子无所适从，不明白是非曲直，也容易助长孩子与大人作对的“歪风”。

# 小心你的赞美

## ——读《接受我的爱：老师如何跟学生说话》有感

看着大大的标题“赞美的缺点”，一时有些迷惑，赞美还有缺点？不是提倡赏识教育吗？说好话还不行啊？随着阅读慢慢明白：不是所有的赞美都是积极的，如果表达不力，会造成对学生的伤害——看来有的赞美是有毒的。不禁有些惶恐，自己不也以课堂上充满鼓励、表扬为荣吗？满以为会给学生积极的暗示，却没想到有的赞美也是无效甚至是有毒的。

用汉恩·吉诺特博士的话说：“评价式的赞美有破坏性；赞赏式的赞美有建设性。”评价式的赞美，如“你真聪明！”“你是个好孩子！”“你真棒！”……这样的赞美不是在我们的课堂里经常听到吗？汉恩·吉诺特博士会有什么不一样的解读呢？原来，这样的评价“会引起焦虑、养成依赖和唤起防卫”。从心理的角度，孩子还真有可能会有这样的感受。如果你赞美一个孩子聪明，下一次回答问题时他就会很谨慎：“我如果答错了，老师不夸我聪明了怎么办？”同理，虽然这样赞美会让孩子获得愉悦，但是长期这样的评价式赞美会让孩子产生依赖的心理，没有了表扬，孩子就会精神颓靡。用书中的比喻来说，就是这样的赞美犹如吸毒。

我想这样的评价关键是没有对孩子形成一种长期的品质影响，不能帮助孩子完成积极的价值构建。“一个人如果想做真正的自己就必须不受制于评价式的赞美。”是的，我们每个人都喜欢听好话，但不能永远活在好话里，最好的赞美不是要满足一时的虚荣和情绪需要，而是要对今后的发展形成积极的推动。在好话当中，如何辨别、认识自我也显得如此重要。

那么孩子需要什么样的赞美呢？赞赏式的赞美如何表达？我想摘录下下面的话：

赞美包含两部分：我们对小孩说话，以及小孩接着给自己交代。我们应该对小孩讲明我们欣赏他的努力、帮助、工作和成果，小孩接着对自己下结论。当我们真实而感激地赞扬他的行为和情感时，孩子的自我结论是积极与建设性的。

想起那位曾经到国外去的朋友因为对那位可爱的外国女孩夸奖“你真漂亮”而被女孩的父母要求给孩子道歉。家长的理由是：漂亮是孩子生来就有的，你这样夸奖她，会让她产生骄傲和依赖的情绪，不利于孩子的心理健康，你应该夸她是如何努力的……夸孩子长得漂亮，这在中国是多么平常的事情，在国外却成了禁忌，实在不懂，只是感觉家长照顾到了孩子的心理。而现在读到上面的段落才明白，这位家长说的就是一种赞美的艺术。赞美的结论应该是由孩子得出来的——这里的微妙就在于让孩子明白为什么别人会对他有这样的赞美，在个人的心里形成一种价值取向，并会长期保持。我们只要对孩子客观地评述，表达我们的感激和赞赏就可以了，不要“热情洋溢”地抛出道德品行的高帽。如书中的结论：“赞美时，要称赞特定的行为表现，不要评论品性。”

“感激性的赞美”是散落在书中的一个短语，我把它找出来再细细咀嚼。“感激”应该是我们在对某个人或某个群体进行表扬时应该持有的一种态度，以此衍生出的赞美应该是说出你的感激理由，让对方明白你是因为什么而感激，这样就避免了对对方的直接评价。大风起，一个孩子自觉地关上了窗子，以往我们可能会说“某某真是一个好孩子”，如果换作感激性的赞美，就可能变成了“你把窗子关上，让我们大家感觉安全多了，谢谢你”，然后孩子会给自己一个结论：我是一个让大家喜欢的人。一个孩子自觉地捡拾地面的垃圾，以往我们可能会说“你是一个讲卫生的好孩子”，如果换作感激性的赞美，就可能变成了“如果每个人都能像你这样做，我们的校园会越来越干净，真得谢谢你呢”。当表达发生改变的时候，我相信孩子的心里也会发生质的变化，这种变化来自于他对自我的认识，对教师语言的接受。

“建设性的赞美是，肯定儿童的感受和说出他的表现。”这是在我们和孩子谈话的时候，进行诱导所必须保持的一种态度。单纯的赞美会让孩子感觉教师在有意改变自己，使孩子产生反感甚至抵触情绪。在这种情况下，倾听、肯定、讲述显得尤为重要。如果想让孩子接纳你，一条重要的原则就是站在孩子的角度说话，不要以成人的姿态面对孩子。疏导孩子的郁闷，同情孩子的处境，理解孩子的想法，把孩子的优秀表现放在他的面前，让他进行自我认识，这样的沟通才会取得理想的效果。任何教师代为做出的判断都会打折扣。

回到我们的教育生活中来，赞美在一些课堂中已经泛滥成灾，“棒，棒，你真棒!”“你真了不起!”……这些赞美开始变得廉价，对孩子的影响力也越来越小。有时候，孩子还不知道自己的表现好在哪里，就已经掌声一片了，实在不是一种好现象。——教师以自己的好恶决定着整个班级的价值取向，是一种危险。

对孩子进行文字的评价我们每一学期都会有，作文的批语，期末的寄语……“该生品德优秀，勤奋刻苦……”诸如此类，如出一辙。“你的作文语句通顺，内容丰富，很棒，加油!”这些评价已经没有半点的情感在里面，学生一翻就会厌倦，“又是老一套”！试着改变才好，如下面的句子：

“你的手笔完全符合散文的清丽风格、文字温和而有力，表达出痛苦和希望。”

“你所创作的歌曲简朴而慑人，感触深沉而质地优雅。”

“我注意到你的作文有精湛的技巧、功力和准确度。”

文字是有力量的，“用文雅的措辞作叙述式的赞美能激发学生的思考和推论，所留下的涟漪会唤起回响和归纳出结论，使学生知道自己是对的。这样的赞美会牢牢地留在孩子的记忆里，强化他的自尊和自我形象”。

看来真的要当心自己对孩子的赞美了，否则一不小心就会把美酒变作毒药。好的情感要用好的方式来表达，不是吗?

# 体恤的力量

## ——读《接受我的爱：老师如何跟学生说话》有感

“当老师和学生发生冲突时，家长要怎么办？家长应该站在老师这边，加强老师的权威？或是支持自己的孩子，共同对抗严酷的世界？”——在《师生冲突时：家长的角色》这一章节的开始，作者就抛出一个每个人都很熟悉却很困惑的问题。

就我的经验而言，更多的家长喜欢站在孩子的一边，与孩子一起对教师进行谴责，甚至动辄到学校帮助孩子出气。现在通信便利，有的家长一个电话就可以质问教师——其实这样的家长会削弱教师对自己孩子的影响力，从而使自己的孩子萌生出更多的问题。

有的家长可能会维护教师的权威，对孩子和教师的冲突一锤定音：“一定是你惹老师生气了！你就应该受到惩罚。”——中国的师道尊严在一些善良的家长那里还是存在的。这样的家长可能忽视了一个关键的问题：孩子的心灵需要呵护，不明事理的教训只会让孩子产生更严重的叛逆心理，甚至会造成一生的伤害。关注家庭教育中的心灵伤害已经到了一种迫切的地步。

在汉恩·吉诺特博士的案例中，所倡导的是避免直接下结论偏袒某一方，而是重在解决问题和增强自尊。心理的疏导是解决问题的根本方式。

心理疏导中的倾听是非常重要的。孩子在遭遇挫折之后，情绪压抑，会有一些过激的行为或者言语。在这个时候，家长要做的，不是反驳和纠正他的认识，而是倾听和理解。从心理上让孩子产生“妈妈（爸爸）理解我的感受，愿意和我在一起解决问题”这样的认识。避免让孩子处在孤单无助的境地，是重塑孩子自尊的关键。当孩子不被理解、不被尊重的时候，他们的心灵会慢慢禁锢起来，封锁自己，对自己失去正确、全面的认识，这样的后果远比一次冲突严重得多。基于这样的考虑，作为家长要慎重考虑自己的言行。

案例《救助的蓝图》中给我们这样的启示："表现关怀，但不侵犯老师。传达这个意思：我们无法改变老师，可是我们可以忍受这种情况。允许他表现消极的情绪。肯定他，并给他象征性的帮助。"在书中提到的案例中，我们可以看到面对遭受挫折或者情绪极端偏激的孩子，给孩子心灵上的抚慰是重要的。避免孩子处在无助的状态，这时候家长应该做一个陪伴者、倾听者、引导者，给孩子发泄和调整的时间，允许他们用合理的方式表达自己的愤慨和不满，压制或者冲突只会让孩子更受伤，丝毫无益事情的解决。

用合适的方式发泄自己的不满。这应该是心理疏导方面的一个重要策略，在家庭教育和学校教育中也应该适用。语言的发泄是主要的方式，我们要学会让孩子尝试着说出自己心中的不快，尽可能地理解他们，站在他们的角度思考他们的感受，而不是一味地以大人的视角去指责孩子。在语言发泄的时候，善意的倾听、体恤的话语都是必要的，要让孩子在内心深处感觉到一种安全和放松。案例《一封愤怒的信》中采用的这种方式很有创意。如同前面我们读过的，让孩子写下自己心中的不满，写的过程就变成了发泄的过程和思考、审视的过程，往往在表达完自己的不满之后，心中的情绪就会得到平静。如果写完之后，孩子依然存有怨气，不妨让他大声（或者干脆家长亲自来读）读出自己的不满，当他破涕而笑的时候，问题就迎刃而解了。

能够直接表达自己怨气的孩子，还是比较容易调整心态的。有时我们所面对的是将不满压制在心里、情绪低迷的孩子，他们往往不愿意让家长知道自己在学校的境遇，不想让家长参与自己和教师的冲突。正如案例《重整怒气》中阿迪的表现，"情绪低迷地回家吃午饭。他对妈妈吼叫，还跟妹妹打架"，来看看他的妈妈是怎样来安抚阿迪的：

妈妈：我不准你把家里搞得乌烟瘴气。你显然在生气，把你的怨气讲出来吧！（阿迪倒在沙发上，哭了起来）

阿迪：今天来了个代课老师。她真卑鄙！她加重我今晚的家庭作业，我讨厌她。下午我不回学校了。

妈妈：我看得出你很气她。你今天早上上课时一定很费力地在控制自己的情绪，是吗？

阿迪：是啊，我真想站起来揍她。

妈妈：你这么生气，还得面对她一整个下午，还要有勇气和内在力量才行，对吗？

阿迪：对。我希望我受得了，我在心里一直诅咒她。

妈妈：你希望级任导师快点回来。

阿迪：当然喽！

妈妈：我猜想你还有许多气话要告诉我。这里有纸笔，把你的怨气写下来。你知道“创作”就是这样子。

阿迪：我现在没有时间创作，我得回去学校，我不想迟到。（他穿起外套回学校）

上面的对话中，妈妈首先重整阿迪的怒气，让孩子把自己的怨气说出来，然后体恤他的不满，给他发泄的机会，并建议写下来……在这样的过程中，孩子的心理得到疏导，所以阿迪最后自然而然地就选择要回学校上学。如果妈妈选择指责或者站在教师的立场，问题一定不会如此顺利解决。这让我相信，站在孩子的角度，有很多问题不是需要弄个一清二楚的，他们只是需要有人理解，有人倾听，有人陪伴，有人关注。当孩子遭遇心灵冲击的时候，体恤是对他们最大的帮助。

孩子和教师发生冲突，有许多情况是遭受到某种侮辱或者打击，这样的直接后果是让孩子滋生仇恨，或者自尊心遭受重创，家长在疏导的过程中要注意这两点。可以发泄，但不能因此种下仇恨的种子；可以一时沮丧，但不能从此一蹶不振。家长要善于重塑孩子的自尊，让孩子在家长这里找到尊严。想起那个网络中的教育故事：一位母亲每次参加家长会都被教师奚落，而每次回到家中面对自己的孩子她都说：“老师表扬你了，说你比上一年进步了……”后来孩子真的一年比一年棒，并最终考入名牌大学。他动情地说：“我要感谢我的妈妈，我知道她每次去参加家长会都会听到奚落，说我是弱智，而妈妈却从不这样认为，一直鼓励我，是她的相信和陪伴让我坚强地走来……”

有了自尊的孩子，在成长的道路上才会更主动、更自信。上面的故事让我明白，家长的作用不单单是“养”孩子，更重要的是“育”，“养”“育”是不能分开的。当孩子在学校遭受重创的时候，作为家长，绝不能站到孩子的对面去，让孩子处在无助的境地。

引用书中的句子："语言能够使人文明，也能叫人野蛮；能伤人也能疗伤。老师和家长一样需要具备体恤的语言——一种令人难以忘怀的可爱语言。他们的话语必须能够传递情感、改变心情、诱导善意、启发见解和散播尊重。"

看来我们如书中本章的家长一样，也应该学会体恤孩子，如果每位教师都如此真诚地面对学生，怎会让汉恩·吉诺特博士如此殚思竭虑地为家长支招呢？试着改变吧，从我们对待孩子的态度开始……

# 这是你的责任

## ——读《接受我的爱：老师如何跟学生说话》有感

家庭作业实在是一项艰巨的工作，很多教师不得不把时间放在催促和检查家庭作业上，学生紧张，教师疲惫。在一定程度上，家庭作业成了良好师生关系的一种障碍，由作业引发的冲突层出不穷。在家庭作业的冲突中，教师往往把自己放在较高的位置，俨然是验收者的姿态，对学生的家庭作业抱有期待，一旦期待落空，教师就会对学生进行训斥或者惩罚。若要避免这样的事情发生，家庭教育中的父母必须在孩子的家庭作业上做出努力。确切地讲，我们很多家长关注孩子的成绩胜过关注家庭作业，即使关注家庭作业也只是催促或者逼迫。这样做的结果会给孩子一个假象：家庭作业是为父母和老师做的……孩子的认识会对他的成长产生影响。

帮助孩子形成正确的作业意识是家长参与孩子家庭作业的首要任务，而教育的方式决定了参与的成效，这个时候“教育”或许显得有些目的性过于强势，我更愿意理解为沟通的方式决定了家长参与的成败。汉恩·吉诺特博士在“家庭作业”这一章节所要给我们讲述的，就是家长在家庭作业上的态度和沟通技巧。

下面这一段话让我对家庭作业有了新的认识：“家庭作业的主要意义是给儿童身体力行的经验，在一定的限度内允许他们自由选择做作业的时间和控制时间的长短。家长如果一再提醒、唠叨或催促，只会消减家庭作业的益处。”由此想来，家庭作业是一种体验的过程、一种自我认识的途径，它的价值远远超越对知识的巩固和练习。作为校园生活的一种延伸，家庭作业承载了对孩子成长的重要责任。比作业更重要的是习惯，比习惯更深刻的是责任。通过作业，培养孩子的品质，它的价值就得到了提升。家长的唠叨和催促，目标仅仅着眼于“完成”，忽视了作业背后更重要的价值。返回来想，其实，我们的教师眼里的作业有多少是着眼于学生的品质、学习的习惯的呢？

一开始对书中提到的那种作业文化产生了很深刻的印象，暂时先离题一些。说“有所学校建立起处理家庭作业的有效程序。他们规定没做或没交作业的学生必须写一封正式的信，说明哪些作业未做以及何时能交……学校收到信后会将其归档，等作业补交完毕后才把信退给学生”，否则这些信将成为学生最终评价的依据和家长会的沟通材料。值得注意的是，在要求写信的时候，他们没有让学生写原因，只是强调没做的作业和何时能交。很有意思，我们很多教师有时也会用写保证书的方法，让学生写出：为什么没有做完作业？今后怎么办？这样的保证书实现了两个“目的”：一是让学生撒谎，找理由不成只好编理由；二是逃脱，只要表态好，就可以溜之大吉。这样的保证书和上面所提学校的机制的区别在于，一个是逃脱责任、学会撒谎，一个是培养责任、学会承担。一个学校可以有这样的机制，一个班可不可以创造一些类似的方法呢？很有意义的事情，做好了会改变很多学生的作业心境。

家长在孩子作业问题上存在什么样的立场，对孩子来说是重要的。在家庭中，孩子的自制能力毕竟需要一个不断完善的过程，贪玩、浮躁、精力分散……这些情况都有可能发生。面对存在的问题，训导并不是最好的办法。唯有帮助，和孩子走过这样的彷徨期，扶持他形成自己的作业认知，慢慢让他明白家庭作业“是一种个人的责任”。

在帮助孩子的过程中，唤起自尊，激发内在的动力是关键。对于一些经常逃避家庭作业的孩子，家长的打骂不会让事情有转机，只会让孩子变得更糟。想办法激发他们内在的自尊是必要的，切忌在言辞上有攻击性，要让孩子看到希望，萌生出努力的欲望。尽量这样表达“我……”，而不是“你……”。有的孩子需要的帮助不是这样的自尊，而是一种情感的支持或者倾诉，这样的孩子在家庭作业面前往往表现出高度的认真，一旦遇到困难会十分痛苦，烦躁的情绪弥漫开来，这时候让孩子尽量安静下来，放松情绪是重要的。尖酸刻薄的批评只会让孩子失去学习的心境，变得更暴躁。帮助这样的孩子，更多的是倾听和聊天，认可作业的难度，认可他的努力，并鼓励孩子再一次独立完成作业。孩子往往在说完以后，会有更努力的表现。情感的力量是巨大的，不需要家长帮助孩子做作业，只要你帮助他端一杯水，开一下灯，听他发发牢骚……当孩子的心安静下来的时候，思考就会变得睿智而深刻，就会有勇气担当起自己的责任。

在教研活动中，我们一直提倡家庭作业的趣味性，这是提高家庭作业水准的一项内容。有兴趣的家庭作业确实会引起孩子的注意，然而要从长效上来看，责任意识才是根本。兴趣激发灵性，责任引发动力。

本章中的一个个案例告诉我们：家庭作业重在培养孩子的一种责任意识。如果想达到这样的目的，就请家长朋友们摆正自己的姿态，不是训导，不是替代，而是帮助、认同和鼓励。你的语言决定了给孩子一个什么样的作业环境。

# 成人的对峙

## ——读《接受我的爱：老师如何跟学生说话》有感

教育从来就不是封闭的，沟通也不会仅仅局限在师生之间。汉恩·吉诺特博士从教师与家长、教师与行政人员两个方面来谈成人之间的沟通技巧，无疑是对教育的一种责任和馈赠。看似与书名无关的两个问题，却对教师更好地开展教育教学活动提供了有益的提醒。

在《跟家长会谈时》的案例中我体会到这样几条真诚的建议。

保持家长的梦想，不对自己的孩子失去希望。每个家长对自己的孩子都有着某种深切而浓郁的期待。俗话说："孩子看着自己的好。"这话一点儿没错，这是因为更多的家长在孩子身上打上了自己的烙印，每个孩子都承载着一个家庭的梦想。当学生在学校遭受心灵的创伤的时候，家庭是他们最温暖的港湾。基于这样的考虑，在与家长会谈的过程中，保持家长的梦想是对会谈顺利进行的一种心理保证，在这样的基调中，家长才会更愿意接受教师的建议，才会与教师合作，共同为学生的成长发挥智慧。另一个方面，当家长对自己的孩子失去信心的时候，这个孩子就会处在一种成长的尴尬境地，来自学校和家庭的不认可对孩子幼小心灵的创伤是残酷的，更是不可逆转的。问题学生在家长和教师有问题的沟通中，会迈向更糟糕的境地。保持家长对孩子的梦想，是教师对家长的负责，更是教师对孩子成长的担当。当家长要你对孩子评价的时候，不妨用书中"写字条"的方式给出对孩子的期待的评价，如"某某同学需要改进的地方是……"等，这样的话语会让家长对孩子的未来充满希望并积极投入到对孩子的关注中。

站在家长的角度考虑问题。每个家长对孩子都有自己的观察，有自己的思考和认识，作为教师应该尊重家长的体验，不要轻易否定家长。否定别人的观点或者情绪是使沟通走向封闭的黑手。有的教师在会谈时倾向于自以为是，他们喜欢说些个人的经验，暗示自己可以当别人的模范。可是家长会厌恶这种假设，在家长的内心或者会立刻有这样的反应：“我又不是你……如果你了解情况……”如书中所说：“应该尊重个人独特之处，不要太轻易假设别人的处境。”在和家长会谈的过程中，教师要倾听他们的感受，试着说出他们的期待与疑虑，达到某种目标的共鸣。谨记这样的提醒：“老师不可以对家长说教，道德训话是不合时宜的。它会引起焦虑和不满，打断诚实的自白，造成虚伪的结果。”

家长如学生一样也需要诱导。面对家长对于家庭教育的种种误区，如上所说的训导只能引起家长的反弹，唯有善意的诱导才会使家长接受正确的家庭教育观点和方法。要清楚，我们所面对的是教育的重要力量，他们和我们是站在一起的，我们需要的不是责难，不是诋毁，而是寻求解决问题的最好方式。把教师的姿态放得低一些，不是高高在上，而是做个善意的倾听者和引导者。关注家长的情绪变化，小心翼翼地寻找共同的交织点，当他们感觉到被人接受与了解时，话题就会走向正确的轨道。

与行政人员的纠纷，是指工作中遭受到不当的待遇，处在尴尬的境地，你要做出什么样的反应以化解危机。我记住了这样的一句话：“我借着内在的力量与尊严守住自己的立场。”喜欢这样的表述，每个人都应该有一种自我的力量，这是对自己的一种解读。很多时候，我们迫于某种无形的压力让自己处在被动的状态，遭受心灵或者尊严上的伤害。本着这样的认识，当我们面对无辜的责难或者无聊的指责的时候，就会从容地应对。

《亲切的指导》中，面对副校长的指导，那位代课教师就保持了这样的尊严。

副校长：显示日期和气象的记录图在哪里？

老师：我用的是这份日历。讨论完气候后，我用雨伞代表雨天。

副校长：你一定要使用记录图。你有初级的儿童科学执照，应该会用这个图教学。

老师：我不认为现在适合讨论这个问题。如果你愿意进一步讨论的话，我中午有空。

副校长：那就不必了。

沟通是我们与外界联系的方式，好的关系能营造好的教育。即使这样的沟通不一定立刻就会得心应手，我们也要尝试着改变自己的言行。

如书中所说：“干练的教育家如同有成就的音乐家，必须经过岁月与努力的累积才能获得技巧。这些技巧一旦融会贯通即能应用自如、不露痕迹。”技巧锤炼之后，就会内化为一种素质，外在的表现形式在反复得到强化之后就会影响内在的东西。在沟通的过程中不断地提醒自己，认真地对待每一个人、每一件事，久而久之，你的沟通技巧就会娴熟起来。这样的沟通不仅仅是和学生，也包括对待生活中的其他对象。

由此可以想到沟通的意义，也绝不是教育独享。良好的沟通一旦获得，就像学会一种外语，即能得心应手地运用在日常生活里，以化解烦恼、平息愤怒、减少纷争、维持正义。

# 言语的力量

## ——读《正确和孩子说话》有感

这是一本谈话记录形式的书，作者为法国精神分析学家多尔多与勒维，语句保留了口语风格，在两位作者的交谈之中，我们可以看到诸多儿童教育方面专业的建议。在春天里，我走进那个谈话的情境，虔诚地做个倾听者。

“语言是超越人生经验的一种方式，它可超越许多无法忍受的东西，超越痛苦，超越身体的破碎。”语言的意义过去总是停留在交流的层面，不成想，在语言的背后竟有这么厚重的承载。“与人交流可以使受痛苦煎熬的人内心重新得以统一，心态恢复平衡，重新找回在痛苦中消解的尊严和荣誉感。”语言的存在正是我们的存在，我们的存在离不开语言。语言与我们的心相连，与我们的精神相连，同时也孕育着我们对世界的感知和对生命的思考。精神分析家伯纳德·西斯的一句“人是一种语言存在”，让我久久无法平静。这样的表述完全把语言提升到一种新的高度，仔细想来，这又是多么令人折服的论断啊！

在人的婴儿时期语言就已经在发挥作用了。用多尔多的话说：“婴儿既靠词意生存，也靠与之相随的语调语气生存。”不要以为婴儿一无所知，其实他们完全可以通过语调听出父母的喜怒哀乐，听出焦虑与不安。常常看到婴儿在啼哭的时候，母亲柔声细语地与之对话，孩子就会安静下来。用眼睛看着大人，甚至可以用眼神、用小手呼应家长的话语。那可是仅仅几个月大的孩子啊，他们已经对大人的话语有了最直接的反应。更有趣的是，婴儿在出生后的3～5个月里对父母的口音会有一种定式，如果父母出现异样的口音，孩子就会烦躁不安。当婴儿脱离了母体，与之联系的方式除了肢体，就是语言了。而正是语言实现了母子之间的心灵沟通与对话，这实在是有意义的事情。

充满侮辱与敌意的语言在孩子的成长过程中，犹如毒蛇般存在着。我们往往比较重视体罚给孩子带来的伤害，而忽视语言对心灵的摧残。在孩子面前，有的成人仿佛找到了所谓的“尊严”，管束与教训成为某些成人对待孩子的唯一方式，在孩子诚惶诚恐的眼神里，映射出他们扭曲的灵魂。威胁这种做法在家庭中常常出现，看起来似乎对孩子起到了作用，仔细想来，那是在以摧残孩子的心灵来换取我们喜欢的“乖孩子”。在这样的环境中，孩子越发地对自己缺乏自信，更多地依赖父母的安排，越乖的孩子，其父母越应该好好反思自己的教育方式。侮辱、威胁，这些带毒的语言，阻碍了孩子的成长，制造了众多教育悲剧。

在孩子眼里，成人拥有所有的权力，所以孩子对父母都有很强的依赖性，他们会担心成人抛弃他们。这就很容易让我们想到孩子一次次莫名的哭泣，在成人的眼里那是不可理喻的，而在孩子的心里那是天大的事情。面对孩子的无助，单是拥抱不能解决问题，必须要告诉孩子实情，以慰藉他们的心灵，使他们对自己、对成人有一个更为清晰的认识。

孩子有权知道实情，成人不能隐瞒。即使对孩子的身世、人生的一些仪式，多尔多也主张要告诉孩子实情。成人往往喜欢善意的欺骗，以为编织一个美好的故事就可以暂时保护孩子，其实这样做的结果是让孩子生活在矛盾与无助之中，尤其不能认识自我，实现精神的成长。在告知孩子实情的时候，语言的艺术显得尤为重要，不仅要说出实情，还要表露出你的情感，这样孩子更容易接受。比如，在对一个领养的孩子说出他的身世时，要带着对他生父生母的感激之情、敬重之情，实话实说。记住：孩子只有在这样的实情里才会构建自己的天地。

多尔多在谈及性的问题时，一句话吸引了我：“许多孩子的精神紊乱都源于与母体相连的想象，甚至，许多成人的精神紊乱都可追溯到这种神奇想象。”孩子在很长的时间里都会以为自己与母亲依然身体相连，当母亲身上有异味的时候，就会引起孩子的焦虑与不安。这个时候，必须用语言让孩子明确母亲与他已经分开了，他已经成为一个独立的、自由的人。孩子在明晰之后，就会消除很多因母体相连的想象而产生的不适。语言是解开孩子心结、促进孩子精神成长的神奇途径。

母体的分离意味着孩子的独立，而在教育孩子的过程中，很多家长爱孩子却又显得那么苍白无力。因为自己童年不幸福的原因，有的家长对待自己的孩子也处在一种冷漠的状态。怎么向孩子表达你为什么对他冷漠，不怎么喜欢他呢？多尔多的建议是可以对孩子说："你没运气，本来你可以遇到一个非常爱你的妈妈，可你为什么要选我做母亲呢。"这样直白的表述，是在告诉孩子母亲真实的感受。即使不说，孩子在内心里也一定会感觉得到母亲对自己的感情，话语一出，很多问题就迎刃而解了。当孩子处在叛逆期时，家长也有表达自己不满的自由，这种表达不应该以侮辱孩子为目的，而只是为了让孩子明白家长的感受。用第一人称"我"来说，是明智的选择。比如，"我实在是受够了!""我真的被气糊涂了。"……说出这样的话语，不是想激化矛盾，相反，是为了通过这样的发泄使大家都静下来思考问题所在。

保持与孩子透明、清澈、通畅的沟通渠道，是保证孩子健康成长的关键。当孩子不能在成人这里获得必要的沟通信息的时候，一定要明确地告诉孩子，这样，孩子会与同伴进行交流。只有有畅通的沟通渠道，才会有健康的心灵。在多尔多与勒维这两位大师的对话中，我深切地体会到正确的语言对孩子的重要性。从孩子心理出发，为孩子的精神成长负责，探求更为科学的语言交流方式，确实应该成为每个教育者以及每位家长思考的问题。

# 揭开儿童性教育的面纱

——读《正确和孩子说话》有感

“性教育并不只是有关生殖行为的教育，而是生命的每一天所需要进行的教育，可以说是从生命开始时就应当进行的教育。”这是多尔多对性教育的观点。在我们传统的观念中，性教育是一件羞于启齿的事情，往往用讲童话的方式进行或者干脆置之不理。这样的做法只会让孩子处在更大的迷惑与不解之中，对自身没有正确的认识，从而造成成长的缺憾。那么，在这一问题上该保持什么样的态度？该如何实施？在《正确和孩子说话》一书中，多尔多给出了她的建议。

对待生儿育女的问题，人们常常视为成人的隐私，与孩子毫不相干。当孩子触及这样的话题时，往往会引起家长的焦虑与不安。其实，如多尔多所说：“人能生儿育女，这不只是生殖的问题，这是爱的作品，爱的创造。”因此，我们要对孩子进行性教育的话，爱和性是绝对不能分开的。如果从这样的角度去和孩子进行语言的沟通，你会对性的问题有更多神圣的认识，认识到正确地表达有关问题是一个家长的责任。突破自身的心理障碍，再去和孩子沟通，是十分必要的。

针对这一话题，多尔多谈及了这样的案例：

当一个小孩看见一只母狗怀着小狗，他通常不知道是怎么回事，这时母亲可以告诉他：“你瞧，这是因为她遇见了一只公狗，这只公狗给了她生命的种子，她才有了小狗。没有这生命的种子，她是不会有小狗的。”小孩可能会问：

——你也是这样的吗？

——当然是的，要不是因为有你父亲，我就不可能有你啦。

——如果不是父亲而是另外一个人呢？

——那么，你也就会是别的样子了。

在这样的对话里，孩子就会逐渐清晰自己是从哪里来的，从而找到一种令人愉悦的归属感。

孩子从出生开始就有了对性别的感知，周围的亲人都在议论：这是个男孩还是个女孩？他已经知道有人称呼自己为儿子或者女儿，这些实际上就是在给孩子传达关于性别的信息。他人的语言对孩子产生影响，使孩子逐渐将性别与自己的身体进行了对应。

多尔多说："为了正常生活，我们的身份需要同我们的身体一致，如果不一致的话，我们就像幽灵一样没有依托。"最初的自身认同应该就是身体的认同，这样的认同越早让孩子明晰，越有利于孩子的心理健康。这让人很容易想到有的家长喜欢按照自己的喜好来给孩子搭配衣服，小男孩被打扮成漂亮的"公主"，小姑娘被装扮成"帅哥"。标新立异的背后，实则对孩子的性别认同存在不利的影响。

不仅仅是衣服，在玩具的选择上家长也需要慎重。针对市场上出现的有性别特征的洋娃娃，多尔多认为，那些"撒尿的洋娃娃实际上会歪曲小孩对自己身体功能的理解"。洋娃娃吸进水去，立刻就尿出来了——而我们人并不是这样的。遇到这样的情况，多尔多的建议是，告诉孩子："这是逗笑的，这不是真的。""这些洋娃娃泌尿器的形状与真的泌尿系统是不一样的，这只是逗笑而已。"给孩子一个真实的答案，不让孩子处在迷惑中，这是多尔多坚持的立场。

让孩子明确亲属之间的关系同样需要正确的表达。看到博友文章中一对母女的对话：

——我要到我妈妈那里去。

——妈妈，你不是要到姥姥家去吗？

——姥姥就是妈妈的妈妈，懂吗？

——不懂。（孩子的回答很干脆）

孩子的不懂可能就是因为家长没有明确地告诉孩子：为什么姥姥是妈妈的妈妈？其实，在讲述的过程中完全可以更明晰一些。比如，可以告诉孩子："是姥姥的肚子里怀了我，所以，我是姥姥的女儿，我叫你的姥姥妈妈。"这样可以让孩子明白与每个人的关系。

如果你的女儿对你说："我长大了要同爸爸结婚。"你会做何反应呢？有的母亲可能这样大声地呵斥："不行，他是我的。"这样的表述也不太好。作为母亲，应该明确地告诉孩子：“不行，因为他是你的父亲！”这实际上是在对孩子进行禁止乱伦的教育，如果不能正确地引导孩子，往往会使孩子在情感上出现迷茫。有些成人有强烈的恋父情结或者恋母情结，就是因为父母在其童年时候对其没有进行这方面清晰的表达。

关于性的教育看来真的不能仅仅局限在生殖知识上，对身体的认识、对亲人的认同、对性别的感知、对爱的体会，这些都应该成为教育孩子的内容。敢于撩开儿童性教育的面纱，尊重事实，并正确地表达出来，是每位家长和教师的责任。每个孩子都会在这样的表达中获得思想的成长，从而不迷茫，逐渐塑造完整的自我。

# 老人与孩子

## ——读《正确和孩子说话》有感

孩子与老人处在人生的两极，一个对事物充满好奇，正在不断生长；一个心态已经从容淡定，不急不躁。这两类人在一起，会有怎样的情况？在现实中，孩子往往会有和老人单独相处的机会，如外公、外婆抑或爷爷、奶奶。

孩子和老人对时间都有自己的认识。孩子往往认为时间是从他意识到自己的存在时开始的。有一个很有趣的现象："几乎所有的孩子，都会告诉你他参加过父母的婚礼。"在孩子看来，一家人的生活是同时开始的，自己从来没有被排除在外，这样他才会有安全感，这其实也是一种依赖的心理。在孩子出生之后，头脑就很聪明，而身体却处在不能自理的状态，依赖父母的帮助一天天成长。这样的依赖促成了一种认同：我和爸爸妈妈是紧密联系在一起的。而在老人那里，他们对时间会有一种无奈的感觉。一想到自己老去后，大家生活仍将继续，失落感和孤独感会涌出来。当老人与孩子相处时提及这样的敏感话题，如一个孩子问老人："你快要死了吗？"对这样的问话，请不要气恼。这并非因为孩子不爱他们，相反，这是一种科学的关注，是一种孩子式的关心。如果报以平和的一笑，或许，孩子会萌生自豪感：长辈被自己问住了。

在孩子的眼里，老人与自己的父母一样，都是无所不知的，大人就是这个世界的权威。于是当孩子与老人在一起的时候，提问就成为孩子热衷的事情。尽管老人的回答往往不连贯，甚至因为听力和记忆的缘由而絮絮叨叨，但不用担心，孩子喜欢这样的交谈方式。老人话语中传递的信息在孩子看来是一种智慧。事实上，老人的经历都是带有个人生命印记的感受，确实值得孩子好好品味。说话喜欢拐弯抹角的老人用平和的语言来回答孩子的提问，这一幕让人感到温馨。慢节奏的讲述更容易引起孩子的兴趣，反复地绕弯，对孩子来说更是迷人。在孩子接受新事物的过程中，反复是他们喜欢的方式。这就不难理解为什么孩子总是缠着父母讲述同样的故事。老人的优势还在于，他可以为孩子提供一些孩子父母小时候的故事，建立他们对父母的正确认识。对于孩子，父母是绝对的权威，他们总有道理，他们什么都知道，而祖父母说："不，哪儿那么容易。你知道，当他小时候……"这样可以削弱孩子在父母面前的自卑感，缓和家长与孩子之间的关系。老人在这个时候，成为家长与孩子之间情感的桥梁，起着积极的作用。

孩子也有引得老人不高兴的时候。有些事情在老人看来，是出格的，是不尊重人的。如果这样想，可能会使两个人之间产生隔阂。我们需要明白，孩子在自己尊敬的人面前往往表现得比较随意，有好关系才会有好教育，同样关系好才会让孩子在老人面前撒娇甚至调皮捣蛋。在孩子的世界里，对尊重这个词还没有深刻的认识，只知道在老人面前他们可以放松自己。多尔多说："对孩子而言，老人永远是他安全的港湾。于是，只要老人先打个招呼，'你好，哦，看见你真高兴！'孩子顿时就会快乐，否则将造成两人之间不必要的紧张，其实，这事与孩子不爱他们毫无关系。"

孩子喜欢听老人讲故事，同样，老人也可以听孩子讲心里话，做个忠实的倾听者。这一点，是十分值得思考的。孩子在家庭当中处于话语的劣势，尤其面对家庭中强势的父母，往往容易变得自卑。这种自卑，很隐蔽，表现出来的就是孩子会不断地挑衅家长。这说明孩子对家长的强势产生了抵抗，并努力想让家长感受到他的力量。与父母的强势相比，老人平和的心态更有利于孩子找到一丝话语的安全感。老人可以安静地倾听孩子的心声，听他们讲"我希望爸爸那样做""我希望妈妈那样做"，听他们讲自己幼稚而天真的认识，听他们讲自己的幻想……当孩子发现老人可以成为自己忠实的倾听者时，会获得内心的解放、情感的释放、心理的松绑——此刻，孩子找到了自身的价值，言语有了表情达意的力量。

老人与孩子相处，故事的讲述，话语的沟通，都会很自然地产生。童年不能没有故事，在故事中，孩子努力尝试着窥探世界的秘密以及人类的智慧。关于隔代教育，在很多家庭教育专著中读到父母不管多难都要把孩子带在身边来养的观点。亲子教育，亲情陪伴，这是可贵的，也是必须坚持的。然而我们不能因此而忽视老人在与孩子交流时的一些独特优势。正如多尔多在书中所说：“很是遗憾，我们的现时社会借口老人不能工作，不能创造工业价值，而忽略了他们的经验、智慧和宽容的价值，忽略了他们作为年轻人倾听者的价值。”

# 家庭是孩子成长的最好学校

## ——读《盖茨是这样培养的》有感

最近几天在读比尔·盖茨的父亲撰写的家庭教育书籍《盖茨是这样培养的》，其中直接涉及教育方法、教育技巧的文字很少，更多是用平和的笔触在讲述一个家庭的故事。我愿意这样理解：是良好的家庭环境造就了盖茨，家庭是孩子成长的最重要的学校。

当前，我们的学校教育目标窄化严重，应试的教育模式正在渐渐磨灭孩子的梦想。单靠改革，短时间内根本不能实现大的转变，但孩子的成长不能等，从这个意义上来说，家庭教育必须承担起应有的责任，赋予儿童人格与人性的完善，点燃儿童的梦想。真正的教育应该是浸染、熏陶的教育，家庭是孩子生活与活动的主要环境，在这里，每个人、每件事都对儿童的成长发挥着神奇的作用——正视并积极地改善，家庭就一定可以成为儿童成长中的重要学校。这一点，在盖茨的成长中可见一斑。

家庭中的每个人都是彼此的老师，都在身体力行地影响着彼此。盖茨的父亲曾经是律师，积极的活动家、慈善家，他的信念是：我们大家都共同面对人类的处境，并从中受益——无论我们生活在何处，无论我们信奉什么，无论我们追随哪一片星光，我们都需要团结起来，坚定信念，并肩向前。正是这样的人生信念，使这位老人依旧保持着良好的精神状态四处演讲，四处奔波在慈善事业的事务中。他的言行至今都影响着自己的儿子儿媳。书的扉页有盖茨的一段话：

爸爸，下次如果再有人问起你，你是否真的就是那个比尔·盖茨，我希望你骄傲地回答他们："是！"我希望你告诉他们，你正是另外那个比尔·盖茨一直努力奋斗的目标和榜样！

——比尔·盖茨

这或许就是父亲的力量，总在人生的路上成为孩子最坚实的心灵屏障。

盖茨的妈妈玛丽也是一个著名的活动家，每天不仅要完成自己的工作，还要抽出时间和孩子在一起。有一次，孩子们自发推荐玛丽参加社区“伟大妈妈”的评比，并获胜。玛丽在孩子们心里是英雄的妈妈。这让我们有理由相信：父母是孩子最好的老师。孩子可能还不太清楚家长做的事情，但是父母做事的方式、态度，都会无形中印在孩子心里。兄弟姐妹之间的影响也在进行着，在彼此的交往中，盖茨学会了合作与沟通的技巧，这也为他后来事业的成功奠定了基础。

在这本书中，家庭传统是吸引我的一个重要内容。老盖茨和玛丽有一个共同的信念：有意识地经营家庭生活对孩子的成长非常重要。于是，他们保留了一些沿袭下来的家庭传统，并形成了属于他们自己的更多家庭传统。他们有享受星期日晚餐的家庭传统：一家人围坐在一起享用烤牛肉、玉米和烤土豆，沟通交流。老盖茨说：“父母有责任让孩子融入家庭，进而融入社会……可以向孩子们传达爱的信息，有利于孩子们日后学会和自己所爱的人进行正确的交流。”教育有时就在饭桌上。为孩子营造温馨的氛围，对他们的成长无疑是有益的。在盖茨家族中还有圣诞节的早晨穿统一的睡衣相互祝福的传统、在运河边度假的传统、举办“欢乐奥运会”活动的传统……这一切都会在孩子们的心里留下痕迹，让他们明白家庭的意义。我们的家庭能够给孩子创造什么样的传统，就会造就什么样的人，家庭传统能够给孩子们营造连贯的生活氛围，带给他们生活的归属感，帮助他们在充满未知和变数的世界里保持本性。就这一点来看，我们很需要好好审视自己的家庭教育，努力改善，把一些传统根植到孩子的心里。

在教育孩子的心得方面，老盖茨留下了很多精彩观点。

永远也不要贬低你的孩子。

失败会让孩子变得深刻、冷静和稳重。要告诉他们，失败不坏。

游戏是很重要的教育方式。孩子们可以在游戏中接触新事物，感受到家人的关怀，同时通过虚拟的竞争环境，培养冒险和进取精神。

不要限制孩子的梦想。

一切关爱行为的目的都可以归结为：培养孩子们的自我价值感。

那些拥有奇思妙想的孩子其实从一开始就希望获得自由的发展空间，按照自己的意愿生活。

……

这是一位父亲教育孩子的心得。在这些感悟当中，呵护与尊重儿童的发展成为主题，用老盖茨自己的话说："我的孩子们之所以能取得今天这样的成就，关键因素就是他们的妈妈玛丽和我对他们毫无保留的爱和永远的支持。"作为父母，他们给孩子提供了良好的精神范本；作为父母，他们用心地关照着孩子的需要；作为父母，他们精心经营着自己的家庭生活；作为父母，他们永远站在支持孩子的一方……比尔·盖茨的成功因为这样的父母而变得顺理成章。

在老盖茨的文字中，有宽广的胸襟，有追逐梦想的勇气，有固执的坚持，有对整个世界的关注，已经超越了家庭教育的范畴。当我们倾情于家庭教育的时候，从家庭生活的角度再来看我们的所作所为，会不会有更新的、更质朴的发现？往往，我们直面家庭教育会走进一种功利化、技术化的误区，把孩子培养成卓越的人——培养本身就会让人把教育逼进一个狭隘的境地，把原本活生生、活泼泼的孩子当作目标来设计他的未来。给孩子健康幸福的家庭生活，在这种氛围里，多一些对孩子心灵的关注，多一些对孩子梦想的呵护，多一些对自由和民主的浸润，让孩子自由呼吸、幸福玩耍……

面对当前社会中的高效率、高节奏，家长们，请在忙碌中停下来，用心经营自己的家庭生活，把家庭生活当作孩子成长的最重要的情境来建设，只有这样，家庭才会成为孩子成长的最好学校。

# “微型”学校里的教育意蕴

## ——读《走了一位老师之后》有感

理查德·派克在这本书中讲述了在一所濒临倒闭的学校里，几个孩子和一个代课老师（其实也是一个不太大的小姑娘）演绎的简单而真实的教育生活。那陈旧的校舍因为这些鲜活的生命而变得富有质感，每一个物件在孩子们的眼里都很迷人，熟悉得不能再熟悉，于是，那些恶作剧、幽默剧、正义剧，一幕幕地在这样的场景里开始，不得不感慨：每个人真正的成长来自于心灵的丰满，比起知识，那些酸酸甜甜、悲悲喜喜的故事对人的成长更有意义。在跌宕起伏、引人入胜的故事中，这所“微型”学校编织出一道新的风景，教师与学生的生命都得到了舒展。

年轻的恬西老师是罗素和罗伊的姐姐，在成为学校的代课教师之后，她用自己的坚韧和执着改变着那些学生的生命。恬西的教育故事，充满艰涩与冒险，为我们提供了较为有价值的成长范本。她使我开始思考：一个教师如何获得职业的尊严？这样的问题，是每一个教师都要面对的。

恬西对教师职业有着某种强烈的内在向往，这一点在巴老师的葬礼上就可见一斑：当恬西看到巴老师手里仍然紧握着教鞭的时候，她哇哇叫着：“他们可别想把教鞭埋到地底下。它值不少钱，再说用途可多得是呢!”说着，“立刻卷起袖子把手伸进棺材，使劲要把教鞭从巴老师紧握的双手中抽出来”。

这个时候的恬西还没有当上代课教师，却对教鞭有着如此狂热的情感，这为她后面的从教埋下了伏笔。而这份狂热正是一个教师最重要的情感特质。一个好教师会从骨子里有一种对教育的向往，冥冥之中，生命与教育交融在一起。就像儿时的梦想，终究有一天会发芽生长一样。恬西的举动诠释着一种对教育最纯粹的追求。这种追求越纯粹，越有可能造就非凡的教育人生。

恬西最初在罗素看来是令人恐惧的。那个夜晚，已经成为代课教师的恬西追问白天在学校发生的火灾。罗素和罗伊两个人蜷缩在床上，恬西的形象颇像巫婆的影子，用两个小孩的感觉来说：巴老师还只是白天压迫他们，而现在恬西不管白天还是夜晚都可以随时捉到自己了。然而随着故事的进展，罗素对恬西的印象逐渐发生着微妙的改变，钦佩、感动、依恋，情感的线索那么清晰。

这要归功于恬西教育行动的感召力，一个没有任何教育经验的孩子，在身体力行中为罗素提供了最动人的教育。罗素跟着自己的姐姐恬西去塔尔太太家劝说她的孩子来学校，那是一个十分刻薄的妇人。面对塔尔太太的咄咄逼人，年轻的恬西丝毫不肯退让，坚守着一个教师的职责。站在一旁的罗素从来没有见过姐姐如此，那一刻，他感觉到了姐姐身上蕴含的力量。

最动人的，当属猪鼻子蛇事件。在那次意外中，作为老师的恬西为了消除学生“小马裤”的恐惧，用一个诙谐的故事做引子，让袜带蛇代替了猪鼻子蛇，实现了有效的转移。谁又能想到，恬西老师其实也很害怕袜带蛇……这次突发事件中的恬西老师无疑是充满了智慧和温情的。她能够体察学生的恐惧心理，并积极设法帮助疏导；她不顾自己对蛇的恐惧，给了学生信心和安全感。这种对学生的行动感召，是任何说教所不能实现的。

恬西虽然是一名代课教师，但其教学行为有着很多独创性。经过科班教育的教师往往容易受制于规范之中，失去思考和探索的能力。恬西来自于原野，带着农村女孩的野性，直爽而真诚。那每天例行的拼字课上，“小马裤”和比自己大的同学们一起经历“尝试—犯错—纠错”的学习过程，恬西老师将那些词语与生活中的情境巧妙地结合起来，孩子们学得饶有兴趣。也难怪，当督学来考察的时候，“小马裤”对答如流，赢得满堂彩。恬西老师说出自己的想法：“我来这儿教她学习，而不是限制她。她是班上最聪明的学生，别人学什么她样样一学就会。”话语很质朴，“不限制她”这样的行动背后所体现的是对孩子由衷的尊重。还有善于讲述黄蜂知识的格伦，善于绘画的卢利，看似与恬西老师的教学没有关联，细品，依然可以看到两个孩子没有失去自己的兴趣，没有淹没在知识的被动接受之中。这是不是也应该算作恬西教育的另一个成果？保持孩子身上那些动人的独特之处，让每个孩子都有自己私密的成长空间，这或许也是教师应该具备的一种教育能力吧。

不能不去品味故事中的另一个主角——罗素身上所呈现的教育价值。故事以罗素的视角来讲述，第一人称的写法，很直白地把罗素的内心世界刻画了出来。

这是一个有着奇思妙想，甚至有些荒诞想法的小男孩。要用一些词语来形容他，我可以想到冒险、恐惧、窃喜、恶搞、同情、眷恋、怀念……他那丰富的内心世界变幻莫测，像带着透视镜游弋在一片神奇的海域，你很容易被罗素所打动，那种敏感和活力常带你回到童年，并陶醉其中。

在文字中，一颗心始终在跳动。那是一颗儿童的心，对世界充满了好奇，对远方充满了向往。看到"煽动者"打谷机，他的心思会飘好远好远，以至达科塔州，"我瞥见自己在那儿收割麦子；我在无边无际的天空下横亘一千英里的麦田里，操作着凯斯公司百分之百钢板打造的'煽动者'；我看见自己跟一伙整个冬天都在砍树的男人干着男人的活；我几乎都能感觉到头发中的麦壳"。每个孩子的幻想都是对生命舒展的渴望。在生活中，孩子一定是感觉到了压抑才会有这般飘忽不定的想象。而事实上，罗素正面临着对开学的恐惧，"逃离"成为他每天惦记的主题词。

恬西成为代课教师之后，罗素逃离的希望越来越渺茫。书中描写了罗素对学校的恐惧——在他与恬西两个人在教室里的时候，脑海里生出可怕的一幕："我看见自己在背诵板凳上坐着，跟我零距离的恬西则像野马似的跨坐在讲桌上，手中那根山毛榉教鞭有如马鞭般挥舞在空中啪啦啪啦响……"这些近似荒唐的联想，实则是一个儿童最真实的情感描述。

在教室这样的环境里，角色的定位已经超越了姐姐和弟弟的关系。对于师生关系的认识，罗素延续了对巴老师的印象，把巴老师拿教鞭打学生的凶悍样嫁接到了姐姐的身上。可见，教育环境对儿童的影响，不仅仅是物质层面的，更是心理层面的。蒙台梭利认为，教育应该为儿童的成长提供适宜的环境。我想，这个"适宜"，必须是遵循儿童心理发展需要的，要关乎儿童已有的生活经历和心理状况。

无论是面对校园里那纷争的关系，还是家庭中成人们那微妙的变化，罗素都可以机敏地察觉。那些带着童稚味道的观点，常常令读者捧腹。在成人看来的调皮，那是他们的冒险；在成人看来的叛逆，那是他们想长大的冲动。罗素身上折射出许多品质：勇敢、幽默、正义感、善良……这是一个男孩应该具备的品质，在成长中，那一次次磨砺，将他的心灵冲刷得铮亮。

那个要命的星期五，督学要来考察学校。罗素早早地一个人来到学校，他要清清暖炉的通风管，他点着油灯……在与另一个同学格伦的“共同努力”下，他们的火药险些把整个教室炸飞——面对恬西和其他同学的质问，罗素感到从没有过的委屈。怀着一颗善良的心，却闯下了大祸，相信很多孩子都有过类似的经历。有一个孩子把花园里的鲜花摘下来，捧到母亲面前，那位母亲咆哮起来：“你怎么能把我的花摘下来呢!”孩子惊恐万分。孩子父亲的一句话点开了混沌中的母亲：“养花重要还是养孩子重要?”是啊，罗素的遭遇也在提醒我：问题的背后往往藏着孩子某种合理的诉求或闪光的品质。不管是家长还是教师，面对孩子的时候，谦和一些，不要泯灭孩子最重要的内在精神火花。

跳跃的文字如精神的舞曲，带我们进入了一个五彩缤纷的儿童世界。比技法更重要的是作者那颗孩子般的心，回到童年，回到一个儿童对这个世界的感受，每一句话，都叩响我们的心扉。与这些孩子相比，我们或许有着不同的经历，然而文字里所散发出来的那种童年的味道却是如此亲切。恬西老师对教育的执着令每一个专业教师动容。从一定意义上讲，读这本书，就是在读我们自己的童年，在读我们自己的教育人生。

# 重温"正负强化"的学问

## ——读《给教师的18个工具：教师应掌握的心理学方法》有感

曾经学习过正强化和负强化，那些写在心理学书籍中的文字，似乎已经被尘封了起来。今天读到"采取奖赏强化和适度惩罚强化"——很实用的心理学工具，使我明晰了那些原本枯燥的理论。

不管什么时候，作为教师，我们都应该记得"被正强化的行为往往再次发生"。著名心理学家斯金纳向我们提出了以下一些语句，可以让我们理解正强化就在我们的教育生活中。

奶奶照看着几个小孩子。她说："如果你们安静地睡午觉，那么醒来后就可以吃小点心。"孩子们安静地睡午觉。睡觉行为产生后，他们都得到了小点心（强化在这儿是小点心）。孩子们今后很可能会安静有序地睡午觉。

余娟告诉我们："我父母给我安排了大提琴课，长期以来我一直想能弹奏巴赫的咏叹调。""我花了几个月时间进行艰苦的练习，最后我做到了（行为），我达到了我预定的目标。"（这里的强化是成就感）余娟很可能再设定更大的目标，然后通过辛勤努力来达到目标。

正强化是给予孩子积极的情感暗示，不断激发他们内在的动力，促进他们的成长。正强化有很多类型：食物、分数、金钱、社会参与、社会认同、权力、自我认同、精神满足、利他主义……面对这么多形式的正强化，我们需要明白：强化要起作用，就必须使强化和学生年龄相匹配，或者略高于年龄水平。这是站在孩子需要方面进行的思考。孩子需要什么？哪些对他们有吸引力？如此去思考，我们的正强化才会发挥作用。

而那些关于否定、羞愧、剥夺、延缓满足等与正强化相反的是负强化。被负强化的行为往往很少再次发生。比如，最初帮助孩子养成按时吃饭的好习惯时孩子往往在饭桌上大哭大闹，不肯就餐。在这个时候，家长如果一再哄他、喂饭给他，就会对他的错误行为进行正强化，下一次孩子还会继续。那么，训斥？体罚？显然这样会对孩子造成一定的心理伤害。比较得当的方式是把饭菜端走或者让孩子到一个地方独处。通过这样比较温和的方式，向孩子传递出家长的意思，对他实行负强化。

但现实是，我们总喜欢用负强化来教育孩子。仿佛孩子总有犯不完的错误，甚至有的家长会感觉到孩子已经到了管不了的地步。造成这种境况的原因之一，是负强化的时机没有把握好。等到负行为根深蒂固的时候才用负强化来解决问题，作用就会大打折扣。

对于负强化和正强化，书中提醒我们需要记住：

给出适合学生年龄的强化；

强化紧随行为之后；

任务不是太难以达到；

4 个正强化对 1 个负强化；

帮助学生应对来自同伴、广告的强化；

帮助学生运用成就来进行自我强化。

应该特别注意的事情是，正强化与负强化不仅仅是成人引导孩子的心理工具，也是孩子影响成人的方式。有时候，我们的情绪被孩子控制，容易发怒，容易唠叨，容易做出违背自己内心的行为来。这往往是孩子已经控制了我们的情绪。

在书中读到一个例子：

一位母亲带她桀骜不驯的 4 岁孩子去商店买东西。事情一直进展顺利直至母亲来到付款的地方。店员在这儿放有糖果。孩子开始吵闹着要求母亲买些糖果。商店里每个人都听到了。母亲很尴尬。她让孩子安静些，但相反，孩子吵得更大声了，母亲为此很羞愧。为了让孩子不吵闹，母亲对孩子强迫性的行为投降了，给他买了糖果。孩子安静了。他们离开了商店。

这位母亲在与孩子的对峙中，最终选择了“投降”。孩子是用什么样的方式取胜的？孩子用自己的吵闹，使得母亲处在尴尬的境地。而结束这样的尴尬，母亲需要满足他的要求。当母亲选择了妥协后，孩子会对此类事情继续采用这样的方式。同样，母亲也会在以后的事情中采取妥协的方式。母亲在教育孩子的同时，其实正在被孩子控制，这样下去，母子关系会处在极其纠结的状态。

这让我想起教师也应该注意避免犯上面那位母亲犯的那样的错误。比如，有的孩子会给教师撒娇：“老师，××同学欺负我，你管管他，好不好?”教师应该警觉：“如果你用正常的语调和我说话，我想听听事情的经过。”这样的提醒对于孩子正确地与人沟通和表达是有帮助的，同时，教师也保持了良好的姿态。

有一种现象值得教师关注：有的孩子总是希望用一些负面行为引起教师的注意，从而获得关注。这些负面行为有其积极的作用，它在提醒教师要更多地走向孩子，体谅他们的情感所需，多用正强化来评价他们的行为，从情感上拉近彼此的距离，真正改变他们的习惯和心态。

回应负面行为，不是对孩子的每个行为都要进行点评，单单进行否定强化也是不够的。有时要改变孩子一个不良的习惯，需要不断用积极的评价来转移孩子的注意力。“当正面行为得到强化并增加出现频率，否定性行为就会减少或者消失。”“在考虑用否定强化来解决问题之前，就应寻找与问题行为不相容的行为，然后强化。”换一种理解就是转移孩子的注意力，化解他的情绪危机。

采取奖赏强化和适度惩罚强化，必须要从关注孩子的心理出发，单纯的技术考量会让教育走向另一个极端。怀着尊重与理解的情怀帮助孩子获得成长的动力，及时提醒出现的问题，才会把技术转化为智慧。所以，我们需要深入浅出地运用心理学知识，更需要有爱的情感与态度。

# 传奇从来没有停止过

## ——读《一闪一闪亮晶晶》有感

台湾的导演、特教教师、家长的倾情奉献凝聚成一本精致的书——《一闪一闪亮晶晶》。拿到书的那一刻，我就被这个颇有儿童情趣的书名打动了，红色的背景中，五彩的小星星可爱极了，每颗星星都像在讲述故事，轻盈而温润。长颈鹿妈妈深情地吻着自己的孩子，爱，在此刻弥漫开来。

这是一本讲述自闭症儿童故事的书，更是探寻生命奇迹、展现别样生命样貌的书。本书作者之一，著名导演林正盛写道：“希望你能在温暖感动里认识‘我们的孩子’，对他们特别的生命样貌有了一些了解，因而激发生命感动的力量，回到日常生活里一点一滴实践对生命差异性的尊重，展现出多元性的善意。”感动于本书的视角，不是展现自闭症儿童的弱势，不是乞求某种同情与可怜，而是真实地反映这些孩子的生活状况，他们的笑，他们的哭，他们的才能，他们的纯真……所有这些都在告诉我们：每一个孩子都如一闪一闪的星星，需要我们耐心地去认识，去了解，去给予真诚的帮助。作者把这些需要帮助的“小星星”亲切地称为“我们的孩子”。在“我们的孩子”的生命里奇迹一直存在，一点一滴地展现着他们独特的生命特质，令人感动。

柏毅、明沄、宇谦、志澄、怡初，这些“我们的孩子”有自己的精神世界，有自己的独特生命体验，有单纯清澈的生命本质。他们外表看来和正常的孩子一样，男孩帅，女孩美，可是在和这个社会接触的过程中，他们常常成为受伤的人。当成长路上遭遇一次次障碍、一次次疼痛，孩子的世界会是什么颜色？读他们的故事，心里常常伴着酸楚——为什么要让这些孩子承受如此之重负？

生命在苦难中愈发显现出其绚丽的色彩。静下心来慢慢品读，这些孩子总有着某方面的优势，有的对色彩有着很强的感受力，有的能够持之以恒地做一件事，有的对光电有着不同凡响的设计思路……在每个孩子的世界里，他们都是真实的自己，不虚伪，不混沌，为自己的梦想坚持着，哪怕那个梦想很小很小。“我们的孩子”可以通达另一个五彩缤纷的世界，那里，有属于他们的快乐。歌德在几百年前曾经说过如此睿智的话：“待别人像他应该有的模样。”今天，我们也必须说：待孩子像他们原来的模样。“我们的孩子”来到这个世界，并不是这个世界的负担，而是为这个世界增添了生命的样貌。如果一味地去教导他们，让他们融入我们正常人构建、规范起来的生活方式，对他们而言是不是一种伤害呢？他们身上的某种特质在我们的教育教导中渐渐泯灭了，从而失去了和外界特有的联系方式，失去了对自我的认可。这样的教育对他们而言是可怕的。没有真正的了解，就不会有真正的帮助和同情。在这个纷杂的社会中，给予他们尊重与包容，帮助他们构建起可以健康成长的空间，显得多么迫切。

封面的画作，星星闪烁，奇迹呈现。每一个“我们的孩子”都描绘出了生命的彩虹。而那个长颈鹿妈妈宠爱孩子的情景，更是诠释了在“我们的孩子”背后父母们的故事，这也是一个奇迹。几位妈妈为了帮助自己的孩子成长，泪水与汗水交织着，在无数个“暗黑”中祈祷，在每一个日子里默默前行。她们的身影，是“我们的孩子”最亲切的向往；她们的言行，是“我们的孩子”最贴心的安慰。

明沄的妈妈在文中这样写道：“平常日子里，明沄超难带，没语言又无法沟通，我要走东他走西，常走丢。到哪里都只顾着玩他要玩的，连每天带他走回家的那段路都是挑战，还包括日常生活中的每件琐碎小事，比如带他吃饭、洗澡、睡觉、如厕……为什么样样都这么难啊！真的只能哭，哭完振作起来再继续努力。哭是因为心中的痛无从呐喊，哭是为了给自己一个感情的出口。哭了，就好了，接着收拾心情，带着明沄继续一步步摸索前行。”书中每一位母亲都承受着来自身体与精神的双重压力，母性的光辉在这样的琐碎中感人肺腑。妈妈们对待“我们的孩子”是那么体贴入微，关注孩子的情绪，包容他们的失误，激发他们的潜能，尊重他们的兴趣……每一个母亲都是真正的教育专家。

一个朋友告诉我，家长内心是有“暗黑”处的。我理解言语中的“暗黑”，那种曾经的绝望和无助，一次次要面对孩子的问题，心力交瘁，并不是文字所能尽述的。在“暗黑”中，“我们的孩子”亮晶晶地闪烁着，忽远忽近。在这样的“暗黑”中，孩子正在努力发出光亮，定是在回应父母的爱！孩子来到我们身边，犹如天使一般，他们有他们的特质，他们需要慢慢地长大。能够陪伴着他们，见证他们的努力与成长，相信再苦再累，父母都不会轻言放弃。父母的爱的奇迹在延续，星星们会越来越闪亮……

书中有一句话对我触动很大：“我们的孩子”的特质，可能是他们在这个世界上发光发亮的条件，如果我们的社会无法接受这样的孩子，那是我们社会的问题，不是孩子的问题。为“我们的孩子”创造宽容尊重的环境，那么，这些孩子一定可以丰富我们的世界。渐渐明白：怀着欣赏的态度去走近这些孩子，每颗“小星星”都可以是一个奇迹。

# 请给孩子理性的爱

## ——读《光有爱还不够：帮助孩子构建自我》有感

“我们正处在一个‘以孩子为重心’的年代。无论作为消费者还是消费品，被偶像化的儿童都是我们文明的新产品。”

——弗朗索瓦兹·多尔多

这是法国心理大师克洛德·阿尔莫写的一本亲子教育的著作，作者从如何帮助孩子构建自我入手，重新严肃地审视我们常常谈及的“爱”，其中的诸多观点令人耳目一新，并触发了我更多深刻的思考。

儿童的成长需要成人的善意和关爱。在成人的关注下，儿童才会渐渐感觉到自己的重要，构建新的自我。敏感的孩子在感觉到自己不能让父母快乐的时候，就会给自己一种卑微的消极暗示，自己也会沉湎在悲哀之中。生活中，总是遇到爱发牢骚、爱抱怨的家长，对于孩子出于本性的一些行为大动肝火，训斥、警告，甚至辱骂、体罚。（今天从学校的窗子里就听到了来自对面居民楼里的哭声，一个小男孩儿喊着“我不了”疯跑上楼，身后是一位老太太的咒骂……那个孩子只有三四岁的样子，他的哭声撕心裂肺，充满无助与恐惧）成人的这些态度会给孩子的成长造成障碍，会让孩子生活在恐惧中，缺乏安全感，然而更严重的是，孩子在成人的言行中会有一种认识：我不能给大人带来欢乐，我是大人的负担。在这种桎梏中的孩子，从此会很难感觉到自己的重要，因此他注定要拖着自己的整个生命活下去，“仿佛拖着一件死气沉沉的重物——他自我想象中‘毫无意义的东西’”。由此看来，多给孩子肯定和鼓励是多么重要。做个好家长、好老师最重要的是不抱怨、不讽刺、不挑剔，多一些赞美，多一些肯定，多一些认同，让孩子建立自信，让孩子体会到来自成人世界的真诚的爱。爱是唤醒，是孩子成长中的动力源泉。关键是，我们应该给孩子怎样的爱？

爱孩子是很多家长挂在嘴边的观点，可是，爱不仅仅是一种情感，更是一种行动。父母或教师对孩子的爱需要有一定的目的性，要完成对孩子教育的义务，完成帮助孩子构建自我的义务。有没有孩子成长的计划？有没有花更多的时间来陪伴孩子？有没有学会倾听孩子的声音？……在行动中，孩子会找到对成人的归属感，由此衍生出安全感和好奇心，使成长变得自然舒适。

爱孩子不是占有。父母对孩子的爱和教师对学生的爱一样，都是以分离作为目的的。孩子长大了，到很远的地方求学，远离父母踏上征途；学生毕业了，会接触到更多新的教师，面对更多的社会问题，从而构建属于自己的世界。爱意味着分离，意味着让孩子具有将来渐行渐远的能力。想起《圣经》中记载的那个故事：当所罗门王面对两名同时认一孩童为子的妇女通过判断来解决争议时，是这么说的：真正的母亲不是为了得到孩子甘愿付出任何代价而不管孩子是死是活的那个女人，而是只要孩子能够活着就不惜与孩子永远分别、不惜把孩子送给别人的那一位。多么睿智的判断，所罗门王看到了作为母亲爱的本质，也道出了爱孩子意味着不惜分离，所有的母亲都需要面临这样的抉择，让孩子自主成长，构建属于他们自己的世界。

正如书中说："父母想把他们深爱的孩子留在身边，其结果不只是像成年人之间那样暂时限制了孩子的飞翔，而会真正妨碍孩子生活并阻止他实现自我，也就是说成长为不同于父母的'另外一个人'，能意识到他的局限及其永远享有的成为'他自己'的权力。这个'自己'是他可能成为，而不是父母指示他成为的样子。"是啊，父母的爱正是孩子闯荡世界的盘缠。

爱孩子，付出是我们的义务，每一位成人都需要担当起一份教育的责任。在孩子的成长中我们得到情感上的补偿，他们大了，我们也放心了。被文中有些悲壮而豪迈的语句感动着——"毫无疑问，这种满足类似于建筑师的自豪，他倾注自己全部知识和精力建造了一座能抵御岁月侵蚀、风暴摧残的城郭，当他凝视自己的作品、确信它会在自己死后仍旧巍然屹立时，会感到自己的所有努力都得到了回报。"

"爱孩子，实际上就是持久地给孩子以教导、爱、帮助与温情。"在这样的句子里，我读到了教师、家长需要持有的耐心，"持久地"在与孩子在一起的时间里，竭尽所能帮助孩子，也允许孩子的反复，对来自儿童世界的故事保持足够的兴趣，从不放弃。教导、爱、帮助与温情，这些词语正是我印象当中成人对儿童态度的关键词，一读到这些，便产生了强烈的共鸣。教育所要实现的不正是这些吗？爱孩子，从理念到行动，这些关键的词语带给我们有价值的引导。

需要警惕——成人常常以爱的名义，把自己童年里那些恐惧和灰暗传递到孩子的身上。家庭中的“软暴力”层出不穷，作为成长中的孩子，父母的言行、教师的形象都可能成为他们今后所要效仿的目标。他遭遇什么就可能成为什么。有时候，孩子表面看来是快乐的，实则某种快乐可能阻断了他的健康成长——比如，满足孩子的所有物质要求；用残忍的方式让孩子获得一时的快感……不是所有的快乐都有益于成长。童年里的路，岔路口很多，选择失误会造成一生的痛苦。在一些成长的节点，如果没有及时转向，就会导致严重的后果。花有再开时，人无常少年，不能不谨慎啊！当我们越是歌颂爱的时候，就越忽视教育，而教育于儿童的成长有着特别的意义。当我们谈爱时，往往做出这样的定义：孩子也是人。而，需要说明的是：孩子是构建中的人，是需要帮助的人。没有教育意义的爱是单薄的，真正的爱需要有教育的意蕴在里面。书中说：“爱孩子而不教育孩子，这等于否定了他们的儿童身份，把他们放在成人的位置上……人们现在宣扬的爱对儿童构成一种危险……因为它成了人们剥夺孩子儿童身份及童年的保护伞。”由此需要反思——爱与教育不能剥离，否则，会走向极端。

认识儿童的“心理成长”是有必要的。在很长的一段时间里，儿童是“小大人”的观念引导着人们对孩子施加了苛刻的影响，拔苗助长的现象随处可见。最初的孩子像是一只可爱的小动物，通过教育，逐渐认识自我，开始成为真正的人。从某种意义上说，“儿童的‘心理成长’不局限于将小孩的心理变为大人的心理，而是导致一种蜕变，是使儿童从兽性向人性转变的主要过程”。也难怪弗朗索瓦兹·多尔多建议将“教育”一词改为“人性化”了。教育就是要帮助儿童认识自己，开创他们新的生命，人性化的教育，不仅仅是管理体制的问题，更是一种发自教育者内心的情愫。

科学的分析为爱提供了比较翔实的证据，使得我们可以静下心来好好思考爱的定义，开始审视我们曾经对待孩子的态度。在盛行“快餐文化”的今天，我们很少直面内心，很少反省对儿童爱的表达，越是浮躁，越需要沉淀、沉静。孩子的成长需要一种理性的爱，一种真正有益于儿童心智成长、生命升华的爱。

读这本书，很多句子都需要停下来咀嚼，回味，再回味，这本书值得好好读。作者封面中的照片，含蓄的微笑，深刻的眼神，仿佛都在告诉我们：儿童的成长单用感情来温暖是不行的，还需要专业的教育帮助，坚定地，成就孩子，成就未来。

# 爱我你就抱抱我，爱我你就陪陪我

## ——读《成就孩子：给孩子一个高情商》有感

这本书买来很久都搁置在书橱上，再捧起它的时候竟有些愧疚。早上，在阳台，中午，在办公室，开始静静地阅读陈真与赵卜成合著的这本关于亲子教育的书。不仅是亲子，里面提及的卡内基理论其实为成人提供了如何和孩子接触的智慧。在成就孩子的同时，卡内基理论其实也在改变着成人。

书中对父母提出的第一个建议就是“不批评，不责备，不抱怨”。爱抱怨的人，其实也不是真的爱抱怨，而是因为本身无力掌控局势，没有足够的自信，所以总是用负面的态度看这个世界与周围的人。从这个角度上来说，家长的抱怨与批评其实正彰显了自己的不自信和恐慌。更为糟糕的是，批评、责备、抱怨对于改善父母与孩子之间的关系，对于孩子的成长教育都没有积极的意义。常常听到或者看到家长对孩子批评、抱怨的情景，在孩子比较小的时候，母亲往往比父亲更严重。吃饭的姿势、玩耍时注意卫生、把家搞乱了……每天，你如果在一个有小孩的家庭里进行定点录像就会发现，在一天的时间里孩子会遭遇多次的批评和责备。有一次，我和一个孩子一起走路，她告诉我：“妈妈老是批评我，我没有做错什么啊?”追求完美的家长忘记了自己小时候的生活，忘记了儿童应该有的自由天性，企图用自己咄咄逼人的架势来教育孩子。殊不知，孩子会感觉到自己不能给父母带来快乐，从而失去对自己的信心，生活变得黯淡，像每天背负着沉重的包袱。一旦家长影响到了孩子健康成长的心理，想补救就很困难了。所以，不批评，不责备，不抱怨是改善亲子关系的第一步。有了这样的良好心态，才会有沟通的良好氛围。

对父母的第二个建议是不要吝啬你的拥抱。在人与人的接触中，拥抱会让对方更能感觉到你对他的情感。在现在忙碌的社会中，家长往往缺失了陪伴孩子的时间，即使回到家，也是劳累得倒头就睡。没有言语的交流，没有身体的触碰，孩子会感到孤单和失望。正如一首歌里唱的：“妈妈总是对我说，爸爸妈妈最爱我，我却总是不明白爱是什么；爸爸总是对我说，爸爸妈妈最爱我，我却总是搞不懂爱是什么。……如果真的爱我就抱抱我。”这是孩子真切的感受。拥抱孩子，应该是每一位家长每天的必修课。父母可以温暖地拍拍孩子的背，看着孩子的眼睛轻抚其脸庞，走在路上有时可以牵着手或是勾肩搭背，在有意义的场合给孩子一个大大的“熊抱”，如此，孩子会完全感受到你对他的爱，这足以弥补父母有时无意中对孩子的不耐烦和疏忽造成的伤害。中国人总是很含蓄，以为拥抱显得过于热情了，其实举动与心态是相通的。我每次回老家，与家人告别时总会拥抱他们，他们都乐得合不拢嘴。父母拥抱孩子，孩子拥抱父母，一个拥抱可以给我们带来很多惊喜。开始拥抱吧，每一天，让你的孩子、你的爱人、你的父母都感受到你的爱。

书中陈真女士说过这样一段话：“如果人生是一趟火车旅行，作为父母，我们早了几站登车，孩子晚几站上车，有缘身处同一个车厢，甚至比邻而坐，对于生命中掠过的种种景象可以一路互动交流，对我来说，就是最为美妙的经历了。”在孩子面前，家长有时会很不自信，也会出现一些失误、一些缺点。坦诚地向孩子说出你的不足，这样可能更容易得到孩子的认同。父母的形象在孩子眼里往往是高大、完美的，要记住，我们要给孩子一个真实的父母，一个敢于改变、敢于承担的父母。这样，会拉近你和孩子之间的距离，也可以以身示范，给孩子生动的教育。陈真女士的这句话告诉我们，家长要和孩子一起成长，互相交流，把和孩子在一起的每一天都当作幸福的旅程，真诚面对就好。

家庭教育中很重要的一点是要建立孩子的自信，让孩子正确认识自己，敢于接收外部的信息。家长需要做的，是不断给予孩子有效的赞美和称赞。在中国，受传统文化“谦受益，满招损”的影响，当别人表扬自己孩子的时候，家长总喜欢谦虚几句。下面的例子很有意思，也很真实：如果称赞男孩体格好，父母就会马上说“他就爱运动，不爱读书”；称赞女孩字写得秀气，父母会说“还可以啦，就是数学学得太差”。父母就是无法陪着别人一起欣赏自己的孩子，好像这个时候，孩子的感受是什么，家长毫不在乎。现代心理学之父威廉·詹姆斯说过：“渴望得到别人的认可和赞赏，是人类埋藏最深的本性。”卡内基对于赞赏有着自己的研究，认为赞赏可以分为三个层次：第一个层次是对外表、外貌的赞赏，可以帮助孩子找到自己的特色，度过生理上比较尴尬的阶段；第二个层次是对他努力的赞赏，只要稍有进步，就给予赞赏；第三个层次是对个性品质的赞赏，直指一个人的核心价值观，对于孩子未来的成长能产生重大的影响。

有时，孩子会出现问题，会犯错误。家长该保持怎样的姿态？书中这样写道：“面对孩子的错误，先让自己平静下来，沉住气，提醒自己处理这个过失希望达到的真正目的是什么？采取什么方式最能克尽全功？最后，千万不要忘了给他信心再保证，他在你的心目中还是像以前一样重要，你对他的爱丝毫没有因此而打折扣。”父母在面对孩子问题的时候，要努力保持一个教育者的高度，冷静面对，不要被情绪所左右，要知道自己最重要的事情是什么、如何让孩子在问题中获得成长、如何让孩子在错误中汲取教训、如何让孩子不失去成长的信心和勇气。

# 在经典中寻求成长的智慧

## ——读《跨越中英两国的教育机智：陶继新与老咪的心灵对话》有感

老咪的名字听过好多次，前年她曾经来我工作的教育办做报告，可惜错过了。知道有一本书《跨越中英两国的教育机智：陶继新与老咪的心灵对话》是关于陶继新老师和老咪的对话录，一直想寻来读，这个寒假终遂愿。

这是一本以陶继新老师和老咪网络对话方式呈现的书，形式自由灵活，谈吐之间，睿智纷呈。在自由放松的对话状态下敲打出的文字是有灵性的，真实而质朴。“心灵对话”也只有在如此的情境里才会更洒脱、率真，才能够抵达思想与灵魂的深处。

老咪对世界、对人生有超乎一般人的哲学思考，童年时代打下的深厚文化基础在她成长的过程中日趋彰显，她的诗化语言，她的哲学思考，是一般人难以达到的。这本书中所要讲述的不是童年时代的老咪，而是在国外生活学习期间她所经历体悟到的“命运之美”。此时的老咪遇到了新的挑战，如何看待一个个难以预测的困境？如何在困境中坚守内心的宁静？如何在问题中探寻到生命的哲学？……对于身处异乡的她，这是一段珍贵的成长历程。在书的封底，有一段老咪的文字，至诚至美：“如果能够让有缘的朋友从我的故事中看到那些问题与挑战中所蕴含的‘命运之美’，从而也感受到自己生活中值得感恩的际遇，甚至为大家寻求更从容的生活境界带来一丝灵感，我就会觉得不胜荣幸。”在这段话里，“命运之美”“从容的生活境界”从一个侧面诠释了老咪的心态与姿态。从人生的悲喜到对生命的哲学思考，这是了不起的跨越。

老咪在异国的生活并不顺利，挫折一个接着一个。敬重的父亲身患重病，纯情的初恋画上句号……在孤独中，老咪坚强地面对着人生的变故。此时的她，像一叶扁舟颠簸在浩渺的大海上，能够把握住方向的，是她对人生透彻的参悟。她打工、学习、求职，从最基本的事情开始践行自己的信念。“天问”的玄妙与现实的磨砺是相连的，没有这些真切的体验，何以开启人生大道之门？这样的过程，也是成长的过程，知识的多少并不一定把人带入成长的轨道，经历与体验才是最好的学习。生命之旅总存在诸多玄机，谁也无法预料前路中的险难——遇事才会出智慧，坚守住自己人生的“道”，活出大气与从容，将危机转化为契机，没有坚韧与广阔的内心世界是很难达到如此境界的。

陶继新老师现身说法，讲述了自己的一段经历，让人动容。22 岁开始，整整三年，陶继新老师独自一人穿行于山东、河南、安徽、江苏四省之间。拉着地排车，历经磨难无数。在人生的最低谷，陶继新老师依然保持着乐观的人生态度，“保住身体，学习知识，摆脱困境，以待来日”，这是他当时的奋斗目标。春节在旅馆过年，老板赠其一瓶白酒，陶继新老师又悄悄送回，在油灯下开始了经典的诵读……人生的磨难是一笔财富，关键是磨难中的人是否怀有一颗悲天悯人之心，怀有一颗清明之心。往往，人在大变故中才能有更深刻的人生感悟。

生命在有压力的时候，才会更有张力。生命的奇迹，更多的是心灵的奇迹。境界从心境开始。我们需要有改变环境的勇气和行动，更需要有适应环境的耐心和毅力。正确地认识自己，为自己的人生把脉，困难就显得不足为奇了。学会自省，成长水到渠成。

在老咪与陶继新老师论道的部分，很多观点是超然的。

老咪在假期游历了众多地域，写下好多随性的文字。她说自己要随身带着本子和笔，有了感触就迅速写下来，有些灵感是稍纵即逝的，不抓住就错失了精彩。读万卷书，行万里路——在跋涉之中，老咪丰盈着自己的见识，记录着自己的思考，这是一本博大的“无字之书”。我对行者始终有一种敬意，背着行囊上路，用脚丈量大地，用眼睛观察自然奇观，用信念支撑每一步……还记得少年时读到的“天空没有留下痕迹，而鸟儿已经飞过……”陶继新老师说：“老子说要‘复归于婴孩’。……拥有文化与经历，而且能保持童心的孩子，是大师，而不是小孩。”老咪的文字中所透着的那种灵性与率真，不正有“复归于婴孩”的境界吗？

老咪谈到“功利木头人”，奔波于世俗功利之中，原本对生命的敏感变得麻木，丢掉了最初的梦想与追求，变得庸俗，俗不可耐。最大的痛苦有时不是身体上的，而是心灵上的——一种纠结，关系到对自我价值的重新审视，关系到人生的意义，涉及哲学思考。始终让自己的生命保持向上、向真的姿态，洋溢着崇高感，才是幸福的。想想自己也有过这样的体验，忙碌是“心死”的前兆，在急匆匆之中，似乎有某种成就，可确乎自己对世界的感觉变得麻木了，找不到方向，回归不到自己澄澈的心灵，迷路的感觉充斥大脑。过去，为一座座山命名；过去，为一棵棵树写诗；过去，看世界的眼睛都是柔和的。干净的世界、干净的心在忙碌中变得越来越遥远。是迷失在功利中了吗？成为如老咪所说的“功利木头人”，只看到眼前得到的一些功利，却迷失了心灵，变得麻木。抽身而出，需要勇气，也需要智慧。应该在喧嚣中找到属于自己的宁静，能够如台湾艺术家那样“在石头上睡觉”。

关于人生，老咪说：“许多人觉得人生是一场必输的游戏。我却觉得人生是一场稳赢的游戏。因为这个过程原本就超越了是非，超越了功利。如果我们只是经历，那么一切都会变成礼物。”是的，活着，失望、沮丧、恐惧、悲痛……负面的情绪常常把人湮没在时光里，换一种思维，从人生大道上来想，我们的生命就像是一次旅行，风雨坎坷都是风景啊，没有这些经历的人生是有缺憾的，有内涵的幸福并不仅仅是一帆风顺，而是充沛丰盈的人生阅历和体验。“活到老，学到老。”这样的古训，何止是知识的学习？始终保持对这个世界、对人生的敏感，柔软、慈爱地对待每一天，日子在你的心灵中就都有了款款深情……奥修说过：“要一个片刻一个片刻地去生活。”喜欢这句话，它道出了活出精彩、活出幸福的真谛。用心体会，才会获得有质感的生命。

在得失之间，老咪这样感悟：每一种得到都隐含着失去，唯有和“大道”合一，才能让一切失去与得到都被包含在内。只是经历，只是快乐，只是观察，不做那阴与阳的律动，就会有“道”，就会逍遥。这让我想起：“不识庐山真面目，只缘身在此山中。”在情境中的人情绪往往被控制、引导，失去了原本的淡定。要成为自己生活的观察者，有时候跳出自己的境遇去剖析一下，处事不惊才好。

以经典打底的生命是有根的生命——这是我读这本书的体会。老咪童年时期读经诵典，打下了良好的精神基础，她的生命是有根的，深扎在经典文化的肥沃土壤中，行走得从容而大气。老子说；“人法地，地法天，天法道，道法自然。”老咪的故事也在诠释着道法自然的境界——从经典文化中汲取成长的智慧，参透人生，给自己、给他人更多正向的力量。

与经典相约，成长无极限。

# 幸福是一种技能

——读《加州大学伯克利分校的10堂幸福教养课》有感

我在新华书店遇到这本书，觉得它通俗而实用，其中介绍的若干技巧对父母和教师都很有启发。作者克莉丝汀·卡特是加州大学伯克利分校博士、快乐教养专家和知名社会学家，她在书中结合自己的生活经历提出的教养建议，闪烁着智慧，操作性很强，会让人有一种即刻就在家庭、在学校尝试的冲动——落实到实际的情境中，你会发现这些技巧多么神奇。

幸福是一种技能，家长要教给孩子，必须要保证自己生活、工作的阳光。幸福生活的九大秘诀，可以改善你紧张、焦虑的生活状态。作者的意图很明显——接受良好的建议，通过一些具体的措施获得幸福。其中讲到家长吵架对孩子的影响，值得警醒。相关统计表明，夫妻间的矛盾冲突会增加孩子发生各种问题的概率：抑郁、焦虑、叛逆、好斗、失眠、成绩下滑……有些冲突不可避免，但需要注意的是，你和另一半争吵的方式很可能就是你的孩子跟你吵架的方式。也就意味着，家长处理问题的方式会自然而然地影响到孩子。这就需要家长掌握争吵的艺术，为孩子做出好的榜样。每个孩子都是伟大的观察家，面对家长之间的争吵，他们可能有焦虑，不过如果家长能够积极地、相互尊敬地解决问题，则会对孩子的成长有益。为孩子呈现完整的过程：家长如何共同寻找问题的症结——家长之间如何互相体谅——依然幸福的状态，孩子会更有安全感，同时也可以学习到处理问题的基本态度。

孩子与伙伴之间发生矛盾，教给孩子处理问题的方式比简单的制止更重要。当问题出现的时候，也就是孩子成长的时候，面对孩子之间的矛盾，成人往往采用呵斥、制止、教训这些方式，或者是讲大道理，殊不知，孩子只明白了对与错，却依然没有能力去解决彼此之间的矛盾。不管是家长还是教师，在处理这类问题的时候，都要抓住教育机会教给孩子快速化解冲突的技巧。书中为我们提供了详细的步骤，供参考。

1. 深呼吸。争吵中的孩子让我们很紧张，而且容易大喊大叫，很明显，当我们生气或者心烦时，很难做出冷静的介入。

2. 阐明情况。我们需要帮助争吵中的孩子意识到自己正在经历一场冲突。“看起来这儿有麻烦了。让我们来几次深呼吸，然后平心静气地探讨一下这个麻烦，以及我们如何一起来解决它。”

3. 平静下来，和消极情绪保持距离。帮助孩子后退一步，并且站在别人的立场思考问题。

4. 让每个人表明自己想要什么。一项研究显示，40%的孩子不能阐明自己想从解决问题中得到什么，要引导孩子把想要的东西说出来。

5. 使用恰当的形式表达感受。例如，当你（做）________的时候，我感到很________。

6. 对于孩子想要的东西和他们的感受，让其阐明原因，小一些的孩子可以跳过这一步。

7. 互相交流每个人的需求、感受与理由，这能帮助孩子消除偏见和误会。

8. 调整关注点。帮助他们重新把注意力放在冲突本身上，要让他们意识到，现在这个麻烦是他们需要共同解决的。

9. 让孩子们一起想出三个或更多的解决方案。这些解决方案可能并不如大人的那样好，但这都没有关系，只要孩子喜欢他们的主意并且能够达成一致就行。

10. 达成一致后，握手或者拥抱，然后继续玩去吧！

需要说明的是，不需要遵循这个清单中的每一步，执行清单上的任何一步都比简单放弃要好。一旦你把清单上的方法变成一种习惯，你的孩子就会像你一样逐步学会解决冲突的方式，直到他们不再需要你的帮助。

对“别让期待成为孩子前进的阻碍”一节颇有感触。凡事必有正反两面，我们一直在努力提倡对孩子要保持高期待，始终相信他、鼓励他，给他不竭的动力。凡事有度，当这份期待成为孩子成长的负担时，就会产生负面影响。当孩子被家长抑或教师贴上“天才”“天生的歌唱家”诸如此类的标签后，孩子就会沉浸在这样的目标中，甚至会担心自己头上的荣耀被摘掉，拼命保持，这个时候就有可能以牺牲学习新的事物为代价，以放弃自己的兴趣为代价，换来所谓的“成功”，这只能是成人的“成功”，孩子不会因此获得幸福。家长的期待应该在关注到孩子的潜力后，再做出鼓励性的表述。很多孩子所担心的是自己正在试图做好的事情能不能得到别人的认可，如果教师或家长单以成绩论英雄，就会加重孩子的精神负担。给他们传递这样的信息尤为重要：努力比成绩更重要。这让我想起《伤仲永》这篇文章，幼时父亲带着仲永作诗盈利，成人后“泯然众人矣”。其中固然有其父不让仲永继续学习的原因，换一个角度，是不是也有父亲的高期待毁了仲永的因素呢？当父亲只是看到自己孩子的天赋，却没有引导孩子去努力的时候，悲剧也就不可避免了。仲永是最大的受害者，他在成长的过程中会有怎样的情感体验呢？他的心理会正常吗？

帮助孩子学会管理自己的情绪，每个家长和教师都有必要成为孩子情绪管理的教练。孩子学会应对不良的情绪，不仅可以获得心灵的舒张，更可以积累情绪管理的经验。书中提到了帮助孩子应对负面情绪的三个步骤：（1）识别孩子当下的感受；（2）消除不良行为；（3）教孩子学会管理负面情绪。从具体的案例中，我知道了帮助孩子正确面对负面的情绪很重要，让孩子不因为负面情绪而沮丧，更多地从理性角度来分析自己的情绪，处理得当，会有利于其成长。彼此分享令自己产生消极情绪的事情，在谈论中帮助孩子建立沮丧、悲伤、失望等情绪的概念，并让他们知道每个人都会遇到类似的问题，不值得沉湎其中不能自拔。成人在与孩子沟通的过程中，同理心、移情至关重要，认同孩子的感受，才可以进行有效的疏导。把训导式的教育改变为引导会更有效果。“我想，你现在一定很难过，是吗？”——抱抱孩子，用肢体语言辅助引导，可能对解决问题更有帮助。

书中还有很多观点颇有新意。“像训练大象一样训练孩子”“物质上‘穷养’，精神上‘富养’”“训练孩子‘延迟满足’”“幸福的黄金比例”……所有这些，作者都在努力通过案例来讲述幸福人生是可以通过成人丰富有效的教养来实现的，正如其序言的题目《幸福是一种技能》。这是西方教育从技术方面来阐释良好教养行程的一本书，它不仅是写给家长们的，我想，教师也可以从中汲取到有益的技巧，将其迁移到具体的教育情境中去，丰盈自己的教育智慧。

# 成长经历影响从教状态

## ——读《每个孩子都爱学：美国KIPP学校的奇迹》有感

书中的两位主人公芬博格和莱文从一出场就特别抓人眼球，两个人相识于“为美国而教”的暑期培训。他们性格有些不同，芬博格活跃、合群、精力旺盛；莱文比较偏向于理性。两个人驾车从洛杉矶到休斯顿，可谓疯狂之旅，穿越莫哈韦沙漠、设想有一个教育沙皇、设想从国防部抢夺巨额预算……这是两位多么激情澎湃的小伙子！从书中的故事情节中，可以很直接地感受到两个人身上的那份自信和勇气。这也是他们可以成功的密码之一：好的性格可以成就好的事业。尤其两个人的性格差异，也在事业发展的过程中实现了某种优势互补。值得关注的是，两个青年在成长的历程中有着许多共同的体验，这些也在影响着他们今天对待学生的态度和从教的状态。

书中专门用两节内容来介绍芬博格和莱文的成长故事，显然是颇有深意的。《迈克尔的烟雾信号》和《排行老小的莱文》中描述的他们的经历与后期两个人的成功有特别的联系。芬博格小的时候有口吃的毛病，母亲艾利克斯意识到自己需要更多的时间来陪伴他，她改变了日程安排，专心用自己的方式来治疗芬博格的口吃。芬博格 4 岁时开始接受专业的语言治疗，到了小学二年级就不再口吃了。后来，他成长得很顺利，积极乐观，组织能力特别强，涉猎广泛，还当选为毕业年级的学生会副主席。他曾经沮丧，但他从为逃离本国战乱的埃塞俄比亚犹太儿童服务中获得了快乐。

在芬博格的经历中，童年的口吃无疑影响了他的心理，他在长大后对障碍儿童的同情，正是从自身的经历中获得了情感的共鸣。如一颗种子，童年的遭遇会在某一个时刻得到唤醒，当他面对儿童的时候，一定意义上也是在面对另一个自己。这让我想起，好多教师正是因为有童年成长中的痛，才会对眼前的孩子多了一份疼惜——因为懂得，所以悲悯。童年的遭遇可能会导致主体有两个走向：一是自卑，二是自强。庆幸的是芬博格选择了后者，他乐观豁达地面对成长中的问题，以至于在很多方面都做到了优秀，这也为他后来的成功奠定了坚实的基础。沟通的技能和广博的学识，使得他可以冲破事业发展中的层层困境。

政治路上的沮丧，也是他人生中的重大事件。当家人意识到他有政治野心的时候，他却发现了政治的现实世界让人失望。这无疑对意气风发甚至有些自负的芬博格造成了心理上的打击。精神上的落差，使得他开始重新思考自己的价值选择。当走进教育世界的时候，他是认真的，也是慎重的，他要成为一个改变儿童命运的人。这样的价值转向并不是偶然的，眼前儿童的遭遇唤醒了他童年时的感受，促成了他的选择。我们常用“大彻大悟”来形容一个人的巨大改变，确实，没有经历一些挫折（主要是心灵上的），是很难变得坚韧、执着的。重要的成长事件，帮助芬博格开始审视自己的内心：怎样的工作和生活是快乐的？从以色列的项目到“为美国而教”，让他渐渐明确了自己要走的路。

莱文的经历比芬博格更让人揪心。莱文读小学四年级时出现了一个学习障碍，母亲找了阅读专家简斯基定期为莱文治疗。这段时间，他感受到了被人称作“笨小孩”的心理压力。另一个压力来自家族：莱文被建议治疗的那一年正是他哥哥考取耶鲁大学的那年。家庭其他成员的成绩卓著，而自己却出现了问题，这种不安全感弥漫在他的世界里，让他时常感到窒息。值得注意的是，他的母亲救了他，母亲随时关注着他的压力，甚至不惜帮他转学。

“在他 15 岁的时候，他暗下决心，决定做一个不逊于哥哥姐姐的学生，尽自己所能去做一名优秀的运动员，但嘴上从来不说。”注意，此时的莱文显然已经越来越有信心去完成自己心中所想，但他不像芬博格一样高调行事，而选择“以自己的方式去定义他的人生，努力让自己在挑战与成功面前都能泰然处之……他拒绝被贴上标签”。在大学期间，他变得更有主见，开始寻找自己的专业方向，因为他辅导过的两个贫民区小孩激发了他的兴趣，他决定主修教育史……在后来他在“为美国而教”的申请中，写到了自己童年时的自卑，写到了简斯基和其他几位教师对他的帮助。他说，他们的工作让他知道一个教育者是如何改变人的命运的。

莱文的成长故事与芬博格有着异曲同工之妙，两个人都有童年中比较弱势的经历；都是在母亲和教师的帮助下获得了学业上的成就；都对政治、经济不再“感冒”；都已经认识到教育者的意义；都善于与人沟通……是巧合吗？这样的两个人走到一起，可谓“志同道合”。人是在不断的经历和体验中获得思考和情感的，在这两个小伙子的生命里，所传递出来的积极信息实现了对接，所以在后期的发展中，两个人才会如此默契，即使不在一个城市，都可以彼此心有灵犀。两个人对待学生的态度，对待教育的痴迷与执着，都是可以在他们成长的历程中找到密码的。“一切都有缘由”，顺着这样的脉络，每个教师都可以回归自己的生命本源，探寻一下：我为什么会选择教师这一职业？我是真的热爱吗？哪些成长经历在影响着我的从教心态？

我的一个朋友小学、中学一路顺利，后来得病，挣扎在生活的困境中。他在读师范期间保持了极大的乐观：“活则站，站为人。不枉此生矣！”这句话照亮了他原本绝望的心，也坚定了他的教育信念。我的另一个朋友在小时候遭受到别人的羞辱，怀揣着一颗受伤的心在乡村的角落里流了泪，长大后她成了一位爱孩子的好老师。一位朋友写文，说每逢回到老街的拐角处，就总能看到当初自己小时候的影子，那个受伤的孩子一直在那里哭泣……困境、悲伤让我的朋友们懂得了如何面对眼前的孩子。教育是幸福的，但是教育者的责任痛感往往是孩子成长幸福的起点，能体会到儿童的痛，才可以爱得真切。

# 因为亲历，所以珍视

## ——读《教学现场的爱与怒：一位诗人的教育日记》有感

凌性杰老师的教育日记《教学现场的爱与怒：一位诗人的教育日记》，单从题目来看就具有很强的张力——爱与怒的情感体验并非孤立，而往往是纠结在一起的，也间接道出了教育者所要面对的现实处境。真正的爱一定来自深深的忧虑与真切的悲悯，没有痛感的爱还不足以激发责任的担当，还不能认识到成长的艰涩。可敬的是，凌性杰老师在书中用坦诚的文字把自己这些复杂的情感呈现出来，对为师之道进行了新的诠释。

“我总觉得自己很不像一个老师，没有太多强烈的‘人之患’，有的只是想把美好事物带给他人的一股冲动。这种心情或许就像苏东坡诗里说到的：‘晚风落日原无主，不惜清凉与子分。’”这是凌性杰老师的教育原动力，将美好的事物与他人分享，传递温暖、理性、体悟……让自己的生命因为这样的情怀而变得温润、丰盈起来。作为一个教育者，他的视角不是一味盯着学生的短板，而是从内心深处来探求行动的理由，将分享美好作为师道的质朴底色，“分享”是我读到的第一个关键词。在某个寺庙当中曾经看到“莫向外求”这样的禅语，很受触动：万事皆由心起，追求内在的动力，随心而行，才可能有更高境界的参悟。在凌性杰老师的日记里，读到课堂上他向学生传递的种种，好多内容已经超越了教育的范畴，关乎人生，关乎生命。在《写自己的历史》一节中，他跟孩子们讲家族血脉，讲少年不识愁滋味，那些生命旅程里的温馨画面打动了所有的孩子……作为读者，我难以抑制自己的感情，也把这些文字读给班里的孩子听，这也算是一份遥远的、久违的情感共鸣吧——真好，分享的热情，也是可以传递的。

凌性杰老师的学生学习压力也很大，难免会有一些恶作剧发生，他常常看似要动气，内心却暗暗压住笑意——这是一位很有人情味的老师呢。

他在日记里回忆自己上学时曾顽皮至极，用一把水枪闹得班里鸡犬不宁，所以，面对眼前的孩子，他有了足够的包容和理解。当一个成人要对孩子发火的时候，不妨也回到自己的当初，回味一下成长的过程，也许会有更懂孩子的教育方式。在凌性杰老师的日记里，我读到了第二个关键词“陪伴”。这种陪伴是建立在读懂孩子的前提下进行的，他将自己对孩子的尊重转化成了具体可见的行动，赢得了孩子们的心。班里的罗同学担任班际合唱比赛的钢琴手，凌性杰老师给他写的奖状颇有创意：“奉天承运，皇帝诏曰：查台北市立建国中学二年八班罗〇谦同学，本学期表现优异，堪为同侪之楷模。特颁发本年度最佳双手万能奖奖状暨奖品。钦此。”也难怪他会写下这样有意蕴的句子：“能够继续陪伴彼此做梦，就是师生之间最最美丽的福分了。”如果师生把彼此的相处当作生命的陪伴，当作成长的协奏曲，当作梦的相互成全，教育就会开始。

我读到的第三个关键词是“会爱”。在日益功利化的社会里，家长和教师对孩子的爱出现了问题。带有条件的爱，让孩子喘不过气来。凌性杰老师这样表达自己的观点：“孩子不是达成自己人生理想的工具。因为彼此期待而造成的伤害，也最容易令人懊悔。”日记里讲到日本“怪物家长”粗暴地干涉学校的教育行为：在某所小学的舞台剧表演中竟出现了25个白雪公主，原因是没有家长愿意让自己的孩子演小矮人、巫婆。家长们蛮横地投诉、施压，甚至逼迫校方道歉。这是一个谁都可以对教育指手画脚的时代，畸形之爱，让孩子的未来充满种种叵测。回归，回到教育的本义中去，成人需要这样的勇气，为孩子赢得自由呼吸、健康成长的权利。从凌性杰老师的文字中，我读到了浓郁的忧愁，读到了羁押于心的悲愤。有太多的伤害都是假借着爱的名义进行的，不能不谨慎啊！

“老师最大的功能，就是帮学生问出心中想问却无法问出的问题。每一个不同的生命，遭遇的难题不尽相同，而所有的答案只能靠自己去寻找，他人无法代劳。唯一可以借鉴的，就是广义的阅读。”作为诗人作家的凌性杰老师，透过自己的文字也在不断向学生传递着人生的若干信念。在这样的过程中，我读到了第四个关键词“唤醒”——通过教师本身的阅读体验来引发学生对社会、对人生的思考，从而丰富他们的生命内涵。凌性杰老师以身示范，对一部部影视作品的精彩赏析透露出他的睿智和深刻，那是他在将文艺作品与自己的生活、工作建立必要的联系，也是一次次对心灵的叩问；听音乐会，他感触到生命里的丝丝缕缕，一次次穿越时空，现场再建，动情动容……我不知道在读到凌性杰老师这些文字的时候，他的学生会有怎样的感慨，但我至少可以肯定凌性杰老师已经将需要经历诸多风雨才可获得的人生体验淋漓尽致地呈现了出来——这是一位真诚、真心的教师，用自己的书写为学生构建了一个更为广阔的世界。

以日记的方式来记录教育人生是很有挑战性的行动，没有坚定的教育信念，没有厚实的文学修养，很难坚持下来。在凌性杰老师的日记中，他既是亲历者，又是观察者、思考者，多种角色的变化，使得作品更具可读性。貌似片段零落，实则内在的教育信念始终贯穿其中，读来让人回味良久，难以释手。因为亲历，所以珍视，用心度过的每一天，都可以在这些文字里找到回声；师道的意蕴，都可以在这些文字里得以彰显。我们也可以让自己的教育生活更有故事感，不是吗？

# 总有一些句子在等你

## ——读《一问一世界》有感

在书店买下《一问一世界》这本书，源于对杨澜主持中散发出来的人文与知性的感佩。封面上有一句话：“对杨澜来说，某种意义上，世界是用来问的……”在不断地探寻中找到来路与去途，一个人的世界从此多了更多精彩。

想起她主持的《杨澜访谈录》节目，与各个领域的顶尖人物对话，本身就是一种最好的学习。了解一个人，了解他的心路历程，了解他的人生感悟，像读一本书。这本书为我们展现的不仅仅是杨澜自身的卓越，更有她访谈中诸位嘉宾的人生参悟，这是一本包含好多“书”的书，每个人的故事都是一本书。色彩不同，生命的质地却是如此坚韧，思想的灵光在文字中完成了穿越，走进每一个读者的心里。阅读，为我们提供了认识世界、认识生命、认识自己的机会。

放假这两天读完了这本书，精彩的地方做了折页，好多地方碰撞着我的心灵，有些话是我曾经想说但一直没有表达出来的，就像在路途上遇到一个个似曾相识的朋友，那些句子确乎是为我准备的。静默、品味，我的脸上一定有舒心的微笑。

“南非前总统曼德拉，曾被关在荒凉的大西洋小岛上 27 年，受尽了三位看守的虐待。当 1991 年他就任总统时，他的一个举动震惊了整个世界——邀请这三名前狱方人员到场。当年迈的曼德拉缓缓站起身来，恭敬地向看守们致敬时，在场的所有来宾乃至整个世界，都静了下来。他说：‘当我走出囚室，迈过通往自由的监狱大门时，我已经清楚，自己若不能把悲痛与怨恨留在身后，那么我仍在狱中。’正是曼德拉博大的胸襟和宽容的精神，使得南非的白人和黑人通过不断的和解来共同建立一个新兴的民主国家。”曼德拉的故事我曾经读过多次，再次读到他的这番话，依然被深深震撼。人性之壮美，莫过如此吧。宽恕别人，解脱自己的心灵，不把自己定格在过去的某一个时刻，生命才会有无限可能。我们也曾经在旋涡中挣扎，遭受着来自内心的煎熬，最大的敌人往往就是我们自己——当困顿的时候，明白这样的道理，却始终不能超脱。曼德拉的言行会让多少人为之动容啊，心有多大，世界就有多大。

“谁能在石头上轻松睡觉?”这一标题特别吸引人，一首小诗隽永而深刻：“当一个人决定离开床的舒适，去石头上睡觉时，他就已经摆脱了某种惰性，而带来许多种可能。有一天，顽石上也会留下他的温度。”杨澜这样阐述自己的感悟：“当你为了一个理想去努力奋斗，而且经历过挫折的时候，我认为你对整个世界的理解，会更深一步……这是人生非常宝贵的财富，你经历过很大的欢喜，也经历过很大的挫折，但是你还是能够站起来，重新回到你要做的事情上来，我觉得这是对一个人很大的考验，我很高兴我经历了这样一次考验。”读杨澜的这段话，我想到自己正在面临这样的考验，来到一个新的环境里，机遇与挑战并存，关键是自己能否把握住航行中的生命之船，明确前行的方向。

关于在石头上睡觉，要谈到台湾“云门舞集”现代舞团的创始人林怀民先生。云门舞集历尽苦难，如今已经发展成亚洲最具有影响力的现代舞团，林怀民也因成功地将中国文化转化为能与世界沟通的身体语言而被称为20世纪最伟大的编舞家之一。在快节奏的现代社会里，静，成为人们的向往。为了演绎中华传统文化的神韵，让“静”成为心灵与身体的一种自然状态，他曾经带着舞者们在河边被水冲刷得光溜溜的大石头上躺下来，放松身体，安静入睡。只有完全放松身心，才可以把石头当作舒适的床，这又何尝不是一种深奥的人生哲理呢？多少成功的人士不是在石头上睡觉呢？只有经历过，生命才变得更有韧性。著名画家黄永玉在“文革”中遭受迫害，他躲在被窝里打着手电筒为妻子写下长诗《老婆呀，不要哭》：“中年是满足的季节啊，让我们欣慰于心灵的朴素和善良。我吻你，吻你稚弱但满是裂痕的手，吻你寂寞而勇敢的心，吻你的永远的美丽。因为你，世上将流传我和孩子们幸福的故事。”他说自己的墓志铭早已经想好了，五个字：爱，怜悯，感恩。谭盾对艺术的演绎超乎寻常，他谈到对艺术的感觉时说：“艺术创作的魅力就是让你在孤独中痛苦，也在孤独中找到一线无法比拟的光芒，成就你生命的意义。”孤独是梦想者的福利——

这是我昨天在随手记上写下的句子。电影《梅兰芳》中邱如白有一句台词："谁要是毁了这份孤独，谁就毁了梅兰芳。"孤独，确乎存在着，当你发现周围的氛围影响甚至压抑了你的梦想，你会挣扎，那个时候，你才发现没有人能够真正懂你，孤独造就了不一般的你。黄永玉在苦难之中保持着乐观的态度，再苦再难也坚持对艺术的追求、对爱的信仰，那些石头在他的背后变得无所谓。谭盾通过对楚文化中乡村音乐的发掘与创新，实现了众多跨越。扎根在中华文化丰厚的土壤里，在寻常中创造音乐的传奇，这不也是一种坦荡的姿势吗？任何痛苦与磨难，都是砥砺性格和信念的机会，关键是我们的心灵能否安静地在石头上睡觉？

克林顿在回顾自己的政治生涯的时候，坦言曾经受到过暗杀威胁，但他说："敌意是生活的一部分，就如同快乐。我知道我在为什么而战，我努力地寻找着我的理想。人们无法通过施压而把你摧毁，除非你允许他们这么做。换句话说，他们努力要改变我的想法、我的感受、我对自己和工作的看法，我只是把握住自己不受它们干扰，因为我知道这背后意味着什么。"无论什么时候，成为你自己，做出属于你自己的决定是最主要的。克林顿的一番话，有迷茫，也有坚持。在纷杂的人际关系中，保持一份理性看待的淡定，把握住自己内心的航标，让自己坚韧起来、坚定起来。路，是坚持不懈走出来的。

杨澜关于家长在教育中的意义的观点也很启发人，她说："父母能给孩子的最好礼物：一是无保留的爱和接受；二是父母自己能够快乐的生活。"作为父母，要给孩子树立快乐生活、健康生活的榜样，孩子们并不会喜欢家长从早到晚不离自己的身边，孩子需要自主成长，并不想背上沉重的情感负担。家长的自立自强对孩子是一种很好的示范。美国前国务卿奥尔布赖特前后花了13年拿下哥伦比亚大学的硕士和博士学位，动力之一就是给三个女儿做表率。她的一段演讲也颇有深意："对于个人或一代人而言，成功没有固定的模式可循，是否具备判断力和抉择力才是成功的关键。如果随波逐流，注定以失败告终。"家庭教育也需要这样的判断力，否则，会从一个极端走向另一个极端。

杨澜问妮可·基德曼："有人会为一个吻而等待几年，你相信吗？"妮可·基德曼回答："是的，我相信，美好的事物是值得等待的，因为这些事物的存在，生活才有了意义并截然不同。"这段对话，让我想起教育者对孩子们的那份期待。成长是艰涩的，也是美好的。我们眼前的这些孩子会在未来成为什么样的人，是一个谜。我们可以做的，是在当下给他们更多人性的关怀，帮助他们有更多向善、向上的动力和能力，然后，释然地守望……对孩子的这份牵挂和期待，成就了教师的幸福。

还有很多句子，触动心灵。“判断一份感情品质的最好方法，就是看情感中的两个人是否都有机会成为更好的自己。”“成长本身就是一件浪漫的事。”……

读这本书，我看到了一个倔强而坚韧、善良而优雅的杨澜，她始终听从自己内心的声音，做自己喜欢的事情，执着而富有热情。感谢书中那些嘉宾的人生感悟，丰富了我对生活的认知，促就了对自己的重新审视，这是我没有预想到的阅读效果。读书，就是这般神奇，可以有穿越，有共鸣，有思考。

# 陪孩子走进成长的森林

## ——读《亲爱的安德烈》有感

2014 年的第一天，没有外出，选择在阳台一角，将自己浸润在久违的阳光里，读龙应台教授和她儿子安德烈合著的《亲爱的安德烈》。

文化的差异、年龄的代沟，在母亲与儿子之间真实地存在着。从书中可以看到一个母亲的智慧、体恤、牵挂，也可以读到孩子成长中对世界的独特看法。这本书可以给为人父母者启发，给成长中的孩子引领，给安静的阅读者感动。成长中的安德烈交织着众多的情感，面对一次次选择，母亲的陪伴与关注委婉而睿智。能够将生活中的真实境况用文字的方式展现出来，让读者一起走进人生、走进生活、走进成长、走进快意与纠结，这个过程本身就已经具有很正向的价值。透过母子二人的书信，我们开始思考自己跟前的孩子在经历怎样的成长困惑？我们是不是像龙应台教授一样，给予了他们足够的关注与引领？从某个角度讲，这本书开启了我们对成长的再认识。

龙应台教授的信是写给安德烈的，也是写给所有读者的。一位母亲对儿子的言说，不会掺杂任何政治的、矫情的成分。文字里流淌着的是她自己人生的体悟，也有她处世的原则，不是用说教的方式去灌输给人，而是用娓娓的诉说来打动人。柔性的牵引，是龙应台教授着笔的风格，没有了《野火集》里的“龙旋风”式的咄咄逼人，回到母亲——龙应台教授的文笔朴素而隽永，细腻而深刻。

读着读着，好多话语竟说到了自己的心里。十八岁那年，在龙应台教授的记忆里是那些杂乱、斑驳、恐怖、黯淡、压抑的社会场景，但她说：“可是整个社会，如果历史拉长来看，却是在抑郁中逐渐成熟，在浪费中逐渐累积能量。因为，经验过压迫的人更认识自由的脆弱，更珍惜自由的难得……那个‘愚昧无知’的乡村对于我，究竟是一种剥夺还是给予？……这些人，以最原始最真实的面貌存在我心里，使我清醒，仿佛是锚，牢牢定住我的价值。”我开始思考——没有毫无价值的经历，在人生的最初旅途中，一定有好多种子播撒在了我们的心田。只是有的是以甜的方式，有的是以苦的方式。在物质贫乏的乡村，可能会因为一顿饭而发愁，可能会光着脚丫过冬，但长久来看，人生后期的那些吃苦耐劳的品性，那些安贫守己的心胸，那些乐观豁达的情怀，都是在人生最初的那段日子里留下的。曾经我们对于外面的世界懵懵懂懂，用城里人的话说是“土老帽”，可正是这份“土”，在岁月里显得弥足珍贵。这份“土”，让我们对新鲜事物保持着高度的热情；这份“土”，让我们待人真诚淳朴；这份“土”，没有让我们的审美泛滥，感知疲软。封存的酒是香的，火炼的金是铮光的，有过非凡经历的人、有过苦难的人，他们的生命底色必然厚重而浓郁。乡村，乡愿，童心，童愿，只要是你亲身经历的，都有存在的积极价值。

讲到沈从文的文学魅力与童年所遇的关系，龙应台教授说：“在街上撒野给予他的成熟和智慧可能远超过课堂里的背诵。”书中提到的席慕蓉的观点也很令人回味，龙应台教授也表达了和她同样的观点：“上一百堂美学的课，不如让孩子自己在大自然里行走一天；教一百个钟点的建筑设计，不如让学生去触摸几个古老的城市；讲一百次文学写作的技巧，不如让写作者在市场里头弄脏自己的裤脚。玩，可以说是天地之间学问的根本。”在安德烈的世界里，龙应台教授深深地注视着，期待他能够在玩中建立自己的认知。体验是最好的学习，在经历中获得的知识是恒久的。李海林老师曾经在一篇文章里提到，目前学生学习的两种主要方式是“认知”和“做事”，目前的课堂主要是采用了认知，而忽略了“做事”。所谓的“做事”，就是让学生围绕一个主题来体验、讨论、探索，整个过程，学生收获的不仅仅是知识，还有情感、友谊、兴趣、方法……这样的学习才是一个整体。而单纯以认知为目的的学习，实则让学生处在了被割裂的状态。文中提到的人生体验，其实也是在还孩子一个整体的经历。在具体的情境中耳濡目染、感同身受，孩子的成长才会是蓬勃的状态。文中龙应台教授的一段关于人生的隐喻深深打动了我：“人生，其实像一条从宽阔的平原走进森林的路。在平原上同伴可以结伙而行，欢乐地前推后挤、相濡以沫；一旦进入森林，草丛和荆棘挡路，情形就变了，各人专心走各人的路，寻找各人的方向。”从童年走来，我们的孩子不正要一步步走向社会森林吗？童年里的美好，不要轻易交付给社会森林。该体验就体验吧，该玩耍就玩耍吧，学问自然就冒出来了。

与安德烈谈爱情，龙应台教授显得如此慎重。她明白自己儿子的心情，用委婉的笔触认同孩子的感受，尽量保持安德烈对爱情的美好感觉。不得不说，她是一位智慧的妈妈。在儿子遭遇失恋痛苦的时候，她用歌德的爱情经历来帮助孩子疏导。她在文中说：“希望你会在跌倒的地方爬起来，希望阳光照过来，照亮你藏着忧伤的心，照亮你眼前看不见尽头的路。”认同—疏导—激励，一位母亲在用书信的方式安抚一颗受伤的心。在自己的情感遭受挫折的时候，硬气的男孩是满嘴硬话的，可这躲不过母亲的感觉。爱情并不是猛虎，母亲的心是敞开的，儿子的心也就变得舒畅。

可以感觉到安德烈在一封封回信中的变化，从情感到理性，从性情到社会判断，他独立思辨、敢于质疑，那个“自我”越来越清晰了。也难怪龙应台教授在书中写道：“所谓父母，就是那不断对着背影既欣喜又悲伤、想追回拥抱又不敢声张的人。”这是多么细腻而真切的感受。父母在看着孩子一步步走远的时候，有祝福，有欣慰，也有淡淡的哀伤。谁会想到，安德烈在一封信里的描述更加直白：“妈妈，你跟我说话的语气跟方式，还是把我当十四岁的小孩看待，你完全无法理解我是个二十一岁的成人。你给我足够的自由，是的，但是你知道吗？你一边给，一边觉得那是你的‘授权’或‘施予’，你并不觉得那是我本来就有的天生的权利！对，这就是你的心态啊。也就是说，你到今天都没法明白：你的儿子不是你的儿子，他是一个完全独立于你的‘别人’！”近乎有火药的味道了，我读到这里，感觉到一丝为父母的悲壮。当然，一个孩子如果有这样的勇气说出这样的话，也是了不起的成长——他对自己的存在感越来越强烈了。

读这本书，就是这样，你像是他们中间的信使，看到他们彼此伏案写作的样子，看到他们的眉头紧锁，看到他们的淡淡一笑，也看到深夜里那久久不曾熄灭的灯光……成长是艰涩而复杂的事情，成长又是每个孩子必须自己面对的事情，而作为父母却不能完全袖手旁观。龙应台教授通过写信的方式与安德烈进行着交流，所影响的不仅是他们彼此，还有一个个沉浸其中的信使们。

# 勇敢做梦

## ——读《人生不设限》有感

到新华书店转一转，遇到这本励志书。这类书我很少读，总感觉里面有类似于传销的某种模式，过于说教，仿佛自己的方法放之四海皆可游刃有余。但，依然被封面上那灿烂的笑容打动，一旁的文字这样注解：“人生不设限，我那好得不像话的生命体验。他是力克·胡哲，天生没手没脚，却从一无所有，到一无所缺，活出不受限的生命奇迹!”说实话，一个人的生命故事，远比那些空洞的道理更容易让人心潮澎湃。这是一个怎样的人？他有怎样与众不同的经历？他有怎样的精神信仰？……怀着这样的心态，我买下它，开始认识这位具有传奇色彩的澳大利亚的力克·胡哲先生。

力克·胡哲生来就注定有不一样的人生，他出生时患有海豹肢症，天生没有四肢，曾经三次尝试自杀。他在父母与社会的帮助下不断挑战新鲜事物，踢足球、跳水、游泳、冲浪、打高尔夫……样样行。后来他开始跟同学分享自己的故事，最终确定了“激励他人”的生命目标。他用自己的故事不断激励着那些遭受厄运、沮丧、失落、贫困、无助的人们。目前已经在五大洲超过 25 个国家举办 1500 多场演讲，给予（接受）数百万个拥抱，自称“拥抱机器”。在网络视频中也可以搜到他的精彩演讲片段，这是一个以影响他人为崇高追求的有志青年，他的故事让人感慨生命的奇迹和生存的勇气。力克·胡哲的笑容超越生死，向读者传递着一种经久不息的能量。

在力克·胡哲的故事里，我读到的主题词是：信念、自我、意义、分享。

如何看待自己的命运？力克·胡哲无疑是智者，他说一切都是上帝的赐予，上帝一定做好了安排。当无力去改变已有现状的时候，他选择了给自己强大的精神信仰，并从现实的黑暗中探寻出一丝丝光亮来。“身为上帝的孩子，我知道他常常与我同在，而知道他了解我们能承受多少，也让我觉得安慰。当别人与我分享他生命中的挑战和考验时，我常常感动落泪；我也会提醒那些受苦或悲伤的人，上帝的臂膀永远不会太短，可以触及任何人。”在教堂里，力克·胡哲遇到了与他一样的一个小男孩，全场啜泣不已，力克·胡哲说：“上帝真的对我有所计划。”对于宗教我根本没法洞悉其中的玄妙，只是在力克·胡哲身上，感觉到一个人在世间的行走如果单凭力量和勇气是很难的。没有阳光照过来，没有信仰在心里，生命会很脆弱，不堪与现实相对。中国古代就有“天生我才必有用”的豪言，那更倾向于因“有用”而产生的自信，这里有实用主义的影子，而缺乏精神层面的引领。力克·胡哲的上帝信仰，阐释着上帝不在天堂，而在那些心底光明的人的心里。

过得自我一些。有段时间特别爱听《突然间的自我》，奔放不羁之中流露着真性情。每个人的生命体验都是独一无二的，每天都在度过，每天都在经历，谁会在乎那些细如银丝的情感体验，谁就拥有了非同一般的人生。力克·胡哲懂得珍惜，懂得用品味生活的点滴来滋润原本无助的心灵。身体的限制成就了他感官的灵敏和思想的自由。他是一个游泳狂，用自己的小左脚像推进器一样快速前进，如海豚一般。他可以清楚地记忆着自己的呼吸，自己的翻腾和转身，看他在文字中的讲述，我知道一个会品味人生的人才能写出好文字。力克·胡哲寻找自我，在面对一个个新事物的时候，他保持着对新事物的高度神圣感。投入越深，感悟越真切。我所理解的自我，正是这种忘我，把自己安静地停滞在某一个时间段，完全地实现征服与共融。我们往往是在沉浸于喜欢的事情之中的时候，才会看到真自我。

很感动力克·胡哲会给自己确定“激励他人”这样的生命目标，这是对自己人生的一种规划，更是一种承诺。寻找活着的意义，对于每个人来说都是必须面对的课题。活着容易，有意义地活着挺难。力克·胡哲说：“生命的重点不是拥有，而是存在。”我理解为有意义的存在。行走在世界上，从一粒沙子那里读到感动，从一棵小草那里看到怜悯，从一滴水那里想到希望，再平凡的生活都会因意义而变得绚丽起来。在有意义的生活中，“当你的天赋与热情找到交集，全然发挥时，你会获得满足”。力克·

胡哲从自己的故事里找到能够发光发热的元素，来分享他的生命感悟，他是幸福的。我相信，一个始终活在伟大目标当中的人，能够获得神助。

我在力克·胡哲的书里读到诸多他搜集来的案例，那些与他有过接触的残障人士，都有特别的故事值得讲述。力克·胡哲用心把它们整理出来，通过自己的演讲传递给更多需要聆听的朋友。他是一个善于讲故事的人，一个有很强故事感的人，搜集与整理、反馈与分享，成为力克·胡哲的工作。他特意赶到那些社会最底层的地方进行演讲，用人性的善与美来唤醒更多彷徨、迷茫的人的内心。用一句调侃的话来说就是：他不是一个人在战斗，他在通过有价值的分享来成就更多人的梦想。一个个团队、一个个群体在围绕着力克·胡哲的故事拓展、再拓展，就像投往宁静湖面的石子，力克·胡哲正在实现着他不断激励他人的梦想。有分享才会更厚重，在力克·胡哲的行动中，我喜欢他的坦诚，他是一个了不起的发光体。

曾看过力克·胡哲的一段演讲视频，风格是喜剧般的，没有苦大仇深的样子，诙谐、幽默、搞笑，甚至会跳跳、蹦蹦、走走，谈笑风生，有时也做出玉树临风的样子，有时也拿出振臂疾呼的气势。越是这样，越让我感到一种震撼。在残缺的躯体面前，我看到了高贵的灵魂。言语肢体的潇洒与幽默和命运的捉弄之间形成了强烈的反差，这种张力，让生命之美一览无遗。也聆听过某演讲大师的慷慨陈词，手拄拐杖，几近声泪俱下，我却很难有太多思考和感动。这位大师的目的无非是要将听众讲哭，达到效果斐然，而力克·胡哲的讲述是传递，是激发，传递人生感悟，激发梦想。力克·胡哲站在那里，调皮一笑，就已经是最好的故事了，这一点毋庸置疑。

最近，坐在阳台上看书，忽然会有恍若到了某个遥远境地的感觉，如此真切：身在何方取决于你心在何处。力克·胡哲先生的梦想与激情、信仰与执着，使得他拥有了不一般的人生。在人生路上，勇敢做梦，毕竟人生不设限，奇迹会垂青那些心怀希望、默默坚持的人。

# 读书，在这个雨天

## ——读《我与地坛》有感

读一本书，在这个多雨的季节。我的心随着史铁生先生的文字沉湎于人生的艰涩与痛楚，更窥探到生命的一丝脉络。他的笑纯真得像个孩子，从泥泞的沼泽地走来，笑声更脆——所有文字是他用生命写就的，文如其人，皆有神性。

真正的作家活得都真实而真切，他用自己的方式讲述自己的故事，娓娓道来，那些曾经一闪而过的念想在文字中复活，撼动人心。那些文字是精灵，是对生命体验的绝妙阐释，没有谁能够复制，没有谁能够临摹。一个真切的人坐在那里，和一面墙相对，和一个大大的荒芜的园子相对，和自己的童年相对，和世间的过往相对……整个世界都逃不脱那颗有温度的心。蓦然相望，我们能否也看到静默时的自己？

所有苦难都成了生命中最绚丽的章节，回忆是苦的，也是甜的，童年的美好在今天里想念是酸酸的甜，不再回去，不能回去，在无尽的咀嚼里尝到眼泪的咸涩；种种磨难在今天里重拾是甜甜的酸，还在继续，不得不继续，好好活着就足以超越所有幸福。先生走了，他说："我已不在地坛，地坛在我。"走多远，都会把心好好安放。世间苦难的事情依然会继续上演，看淡，想想有这样一个男人曾经如此固执地用笔描绘人生，用呼吸和生命来讲述命运，也会汲取到殷殷的力量。

一个人最美好的时候，是他兴奋地让记忆疯狂奔跑在童年的时刻。记忆像疯长的草，霎时绿了整个童年。一棵树，一根草，颜色与味道都可能重现，真的奇妙，童年的感官会镌刻下如此多珍贵。穿越时光隧道，大地的气息如此清晰与亲昵，小河的叮咚仿佛就在耳边，小羊、小牛眸子里闪耀着善意的莹光——那是一片广袤的世界，你自己主宰着一切。有一张照片，先生坐在轮椅上，神情脱俗，是在童年的世界里徜徉了吧，他的文字常有儿童视角的解读，真真切切，让人感同身受。我们小时候也是有那么多体验的，只是随着时间钝化了，消隐了，深埋了，以至于我们常常找不到自己，没有了可以安放自己灵魂的港湾。童年的园子里，还会长出什么来呢？去看看吧，像先生一样，穿梭在童年的情境里，重拾那颗敏感而无邪的心。

回到自己的童年，就可以重新审视如今孩子的境况。在回忆被母亲送到幼儿园的情景时，先生这样写道："我最记得母亲消失在那面青灰色高墙里的情景。她当然是绕过那面墙走上了远途的，但在我的印象里，她是走进那面墙里去了。没有门，但是母亲走进去了，在那些高高的树上蝉鸣浩大，在那些高高的树下母亲的身影很小，在我的恐惧里那儿即是远方。"在被母亲哄骗之后，孩子被送进了幼儿园，进到园里，孩子停止了哭声，他知道自己已经不可能被母亲带走，只有规规矩矩做个好孩子以让自己更安全一些。"幼儿园墙内，是必度的一种'灾难'。"以先生对幼儿园的观察和文字描述，我看到一颗依然鲜亮的童心。"三年前我搬了家，隔窗相望就是一所幼儿园，常在清晨的懒睡中就听见孩子进园前的嘶嚎。我特意去那园门前看过，抗拒进园的孩子其壮烈都像宁死不屈，但一落入园墙便立刻吞下哭声，恐惧变成冤屈，泪眼望天，抱紧着对晚霞的期待。"也在想，幼儿园的那面墙是孩子成长路上的必须，爱有时是以分离为目的，爱他就让他学会自由地行走。

"一个人长大了若不能怀恋自己童年的痴拙，若不能默然长思或仍耿耿于怀孩提时光的往事，当是莫大的缺憾。""一个幸运的孩子理应惹过一点儿小祸，而且理应遇到过一些困难，遇到过一两个骗子、一两个坏人、一两个蠢货和一两个不会发愁而很会说话的人。一个幸运的孩子应该有点儿野性。"在《好运设计》一文中，先生表达着自己对幸运孩子的描述。这其实是人生的期许，真实的经历中学会提炼闪光的精神营养，人生的幸运皆由心造就。在儿童成长的过程中，适当的犯错和挫折都是生命的必须，在苦难与挫折中，生命才会更有张力，更能够洞察到世间的风雨与波澜，也更能够学会悦纳和宽容。

"一个幸运者的母亲必然是一个幸运的母亲，一个明智的母亲，一个天才的母亲，她自打当了母亲她就得到了灵感，她教育你的方法不是来自于教育学，而是来自她对一切生灵乃至天地万物由衷的爱，由衷的战栗与祈祷，由衷的镇定和激情。”读到这一句的时候，我深深折服，母亲的最高境界也正是如此吧，回归本能，回归爱的最初，避免过多外在的形式化干预，免得母爱变了味道、走了样子。先生的阐述将母亲最丰华的爱呈现了出来，母亲皆可以做天才——源于爱的力量。母亲所能够给孩子的，教养是外显的，技能是培养的，成绩是训练的，而那种无以言表的期许与认可，那种生命的呼应与陪伴，那种心灵的交融与低语，还有对孩子安全感的传递，都是那么弥足珍贵。只有真正爱孩子的母亲才会获得这些非同一般的影响力，才会实现对孩子有品质的引领和挚爱。

“要是有些事我没说，地坛，你别以为是我忘了，我什么也没忘；但是有些事只适合收藏，不能说，不能想，却又不能忘……”封底的文字给我无限遐想，先生去了，带着他的念想，守着他的珍藏，留给爱他的人一张永恒的笑脸。他是真正的作家，是真诚的人。

先生参悟生命，看他从童年的丛林里觅得清泉一眼，畅饮之际，生出对诸多童年的悲悯与爱怜，人性使然，他永远是一个自由幸福的孩子。

# 后记

## 相信阅读的力量

梳理自己的阅读经历，我的读书生活主要经过了三个阶段，在每个阶段都有所侧重。越来越觉得阅读必须始终贯穿在教师专业素养提升的过程中，不是漫无目的地缺什么补什么，而是要与自己的职业发展和教育信念能达成灵动的结合。

内心有信念，行动才会更有力量。我力求改变的信念源于2006年暑期国家远程培训。当时，刘良华教授在报告中多次提到要做一个有“挣扎”意识的教师，要敢于突破现有的生存状态，让自己获得更亮丽的生命姿态。培训结束之后，我深有感触，遂开始了自己的教育阅读行动。

这是一场教育理念的风暴，我自己主导的风暴，“山不过来，我就过去”。我深信取法乎上的裨益，在济南的各大书店逡巡，买回一本本心仪的教育专著。苏霍姆林斯基、刘良华、刘铁芳、肖川、陶继新、张文质、魏书生、李希贵、闫学、吴非、窦桂梅……每天，我都沉浸在与名家对话的精神状态中，书中那些教育者的睿智和情怀如甘露般滋润着我的心扉。如饥似渴，我近乎痴狂地把所有的业余时间投入读书当中。只要有闲暇，办公桌前，操场上，阳台上，甚至公交车上都是我读书的地方。我要和时间赛跑，让自己在阅读中找到前进的方向，获得专业上的成长。这是一种很美妙的感觉，仿佛整个世界只有我和书，时间也显得弥足珍贵。只有专注和沉浸才可能引发更多的思考。在阅读的过程中，我常常会试着将不同的教育名家做对比，还记得在小区的凉亭下我反复念叨，思绪飞扬。李镇西、魏书生、万玮三位老师在班级管理方面各有什么特点？为什么魏书生老师可以被称为教育家？他在教育理论和实践方面有何过人之处？……读书的过程也是问题提出的过程，更是不断激励自己去找寻下一本书的动力源。对比阅读可以帮助我们触类旁通，不拘泥于一个人、一本书，思想不会被框住。而且，随之生成的新的认识与思想，能够唤醒我们内心对教育的殷殷期待。

阅读使我生活在一个全新的环境里，一个多彩的精神世界里。每次出门，我的包里总要有一本书相伴，像一个朋友相随，更有一种滋润心灵的甜蜜与憧憬。阅读张文质先生的《幻想之眼：一个教育者的内在冲突》时，我在老家的农家院里。我喜欢乡下的小院，坐在光滑的方凳上，沐浴着春天的阳光，吮吸着空气的味道，打开一本书，每次翻动书本的声音都撩拨着我的心，甜甜的，柔柔的，飘过一丝生命的愉悦。每一天背一本书出发，心里便涌出更多的期待……我能感到生命在阅读中发生着些微的变化，哪怕只有那一点点，就足以温润我的教育梦想。

在这一阶段的阅读中，我广泛涉猎，博览群书。透过各位专家、前辈和同行们的教育思想和教育实践，我对教育有了更真切的认识，灵魂得到洗礼，精神得以唤醒，阅读热情也随之点燃。

随着阅读的不断拓展，我更加明白：教育需要有乌托邦式的精神，更需要有脚踏实地的实践。在教育理念与实践之间我需要一座桥，需要通过一定的方式来影响我的学生。扎根实践的思想才有价值，写出的文字才会如爱默生所说，“你的句子应该像从地里挖出来的蒲公英，根很长，粘着泥土，还是湿的”。带着这样的愿望，我的教育阅读开始转向。这一时期，我对于“教育需要实践性的技术”有了深切的体会。国内的教育研究关注更多的是理念，实践操作层面的东西少之又少。这一时期，我阅读了《接受我的爱：老师如何跟学生说话》《轻松搞定使你“发疯”的问题学生》《给教师的18个工具：教师应掌握的心理学方法》《今天怎样“管”学生：西方优秀教师的教育艺术》等涉及实践操作方面的书籍。这些书籍大多是从国外引进的，助我在教育理念与实践之间架起沟通的桥梁。它们和我们的教育教学密切相关，一些具体的方法可以直接应用。当然，这些书籍对我最大的帮助并不是提供了现成的方法，而是让我有了去创造、提炼一个个教育方法的欲望和冲动。我更加关注自己的语言表达，通过一个个富有情感的词语，表达对学生的关切；我更加在乎学生的诉求，努力让自己成为一个帮助学生成长的知心人；我更加留意学生的情绪，及时地调整自己的行为，设计有价值的教学环节……

我把这些阅读的体验与同事们分享，大家都饶有兴致。每个教师都有创造的欲望，或许只是没有遇到开启心灵的书籍而已。这些满载思考和实践经历的读后感一发到我的教育博客上，总会得到全国各地同行们的关注，他们的鼓励让我一边读，一边写，一边做。做出来的教育是有生命力的，书以至慧，文以至真，行以至诚，当阅读、实践、思考、写作形成一个良性的生态循环时，教育生活也会随之变得多姿多彩起来。

教育应该是充满人性之美的事业。在教育实践中，教师必须读懂儿童的需求，才能对他们的生命成长有更为妥帖的帮助。本着这样的教育追求，我的教育阅读开始了第三个阶段：我要通过阅读儿童心理方面的书籍，做一个儿童教育的观察者和实践者。

教师最大的乐趣其实在学生那里，你的心思放到学生身上，就会拥有最真诚的信赖，就能拥抱最质朴的幸福。我先从经典读起，这一时期阅读了《夏山学校》《童年的秘密》《正确和孩子说话》……大量的专业阅读，使我在与学生接触的时候，有了充足的积淀。探寻学生问题背后的原因，不仅仅局限于冲突的停止，还涉及对学生心灵的安抚，对问题发生原因的深层次探究；考虑到学生内心的感受，帮助学生梳理自己的情绪、控制自己的情绪；为学生树立积极情感的榜样，不断丰富教育的内涵，成就他们的生命。

这一时期的阅读坚定了我的教育信念，在《中国教师报》年度优秀作者感言中，我写下这样的话："每个人都有自己的故事，每个故事都是对生命的馈赠。与孩子们在一起编织故事，不需要预设，把心放在那里，自然就会开出美丽的花儿。"

学生是教育故事的主角，他们的喜怒哀乐都在诠释着成长的艰涩与无畏。常常，我会被学生们身上蕴含的神奇力量所感动，那种力量来自他们的心灵深处，那种力量是向善向上的渴望。

当阅读进入一个特定的目标环境，选择的意识就越来越清晰。哪些书籍是有价值的，哪些书籍是可以导向迷人领域的，哪些书籍是空泛的，我们在甄别中铺就自己的教育信仰之路。赋予一件事情特别的意义，就会有更多神奇再现。教育阅读正是这样，把读书与自己的教育追求融合起来，你会发现阅读的每一页都有价值。

从最初的唤醒自我到现在的关注学生的心理、体念学生的生命，我从教育阅读中一步步走来。这是我的阅读故事，更是我不断丰富自己职业生命的过程。我相信，阅读本身就是一种寻找，寻找自己心灵的归属，寻找自己专业的落脚点。理想中的阅读可以不断唤醒书中的故事，同时，书中的故事也会不断唤醒自己的心灵。我们应把读每一本书当作一次生命的相遇，阅读书籍也是在穿越自己的生命。

读书多了，我在教育博客上的文字也开始有了更专业的主题。读书笔记、教育叙事、教育偶得、教学随笔……围绕着过一种完整、幸福的教育生活，我用执着和热情编织着属于自己的教育世界。

我在“一加一”教育博客上的文字开始陆续被编辑们约走，《中国教师报》《师道》《教师博览》《江西教育》《小学德育》《福建教育》……至今，已经发表了近百篇文章。

《中国教师报》为我开设了个人专栏“教育的温度”，把我和学生们的故事向各位同行呈现出来。教育写作与教育阅读本身如人的两条腿走路，相得益彰。想来，还有一个比喻更贴切——呼吸。教育阅读是吸气，教育写作是呼气，呼吸之间，尽显自然顺畅。在教育叙事写作的过程中，我发现阅读经验与储备尤为重要，在二者之间还有重要的一环：教育实践。当你面对一个具体的教育情境，该抱持怎样的态度？该做出怎样的解救？该秉持怎样的姿态？此时，阅读体验会直接影响我们的教育行为。而整个事件处理完毕，你迫不及待地想与人分享自己的体验，教育写作就变得水到渠成。我认为，教育阅读丰富了教育思想，指导着教育行为，从而也必将提升教育写作的品质；反之，教育写作也会对教育阅读产生作用力，影响阅读的品质与视野。

李开复先生曾经在微博上说：“追逐最感兴趣和最有激情的事情。当你对某件事感兴趣时，你会在走路、吃饭或洗澡时都对它念念不忘，你想做不好都不可能。这时候，你已经不是为了成功而工作，而是为了‘享受’工作了。”教育阅读何尝不是如此呢？当我们钟情于探寻更为广博、更为真切的教育时，当我们倾心于和孩子们在一起的美好时光时，当我们心怀梦想孜孜以求时，教育阅读就是一扇窗，就是一条路。我们在这扇窗前眺望外面的世界，我们在这条路上享受跋涉的快意。美妙的阅读所通抵的是我们的心灵，也注定会滋润我们的教育梦想。怀着这样的信念一本本读下去，一件件做下去，一篇篇写下去，我们才更容易获得幸福而完整的教育生活。

相信阅读，让我们和书籍之间相互润泽，形成一种彼此贴心的映照，一种精神和灵魂的对话。

# 江苏凤凰教育出版社
# 《行知工程》系列丛书目录

| 系列 | 序号 | 书　　名 | 作者 | 定价 |
|---|---|---|---|---|
| 名师感悟系列 | 1 | 《追寻教育的精神力量——品悟教育名家的智慧与情怀》 | 侯登强 | 45. 00 |
| | 2 | 《让心灵伴着歌声成长——22 位音乐名师的教育智慧》 | 陈　璞 | 30. 00 |
| | 3 | 《超越自我的教师——32 位名师的成长感悟》 | 李卫东　李秀伟 | 35. 00 |
| | 4 | 《心灵的守护者——19 位名班主任的教育智慧》 | 王晓松　曲文弘 | 30. 00 |
| | 5 | 《名师感悟班主任有效工作艺术 90 例》 | 符礼科 | 30. 00 |
| | 6 | 《名师感悟有效教学 90 例》 | 林高明　徐玉烟 | 30. 00 |
| 教育思想者系列 | 7 | 《治校之道——小学名校长的办学智慧(1)》 | 陶继新 | 35. 00 |
| | 8 | 《治校之道——小学名校长的办学智慧(2)》 | 陶继新 | 32. 00 |
| | 9 | 《治校之道——中学名校长的办学智慧(1)》 | 陶继新 | 40. 00 |
| | 10 | 《治校之道——中学名校长的办学智慧(2)》 | 陶继新 | 35. 00 |
| | 11 | 《名校之道——陶继新对话名校长（1）》 | 陶继新 | 30. 00 |
| | 12 | 《名校之道——陶继新对话名校长（2）》 | 陶继新 | 35. 00 |
| | 13 | 《名校之道——陶继新对话名校长（3）》 | 陶继新 | 42. 00 |
| | 14 | 《名校之道——陶继新对话名校长（4）》 | 陶继新 | 40. 00 |
| | 15 | 《名校之道——陶继新对话名校长（5）》 | 陶继新 | 42. 00 |
| | 16 | 《父母要成为子女的精神导师——五个孩子走向卓越的奥秘》 | 陶继新 | 43. 00 |
| | 17 | 《品鉴教育文化盛宴——陶继新序跋屯集》 | 陶继新 | 45. 00 |
| | 18 | 《为什么而出发——一位研究者对教育本质的沉思》 | 齐　健 | 35. 00 |
| | 19 | 《高效教学的道与术——陶继新教育讲演录》 | 陶继新 | 30. 00 |
| | 20 | 《铸造一流教育品质——陶继新区域教育巡礼》 | 陶继新 | 35. 00 |
| | 21 | 《教育，一切从孩子出发》 | 黄　俭 | 30. 00 |
| 教育艺术提升系列 | 22 | 《不犯错误的学生不是好学生——把错误变为成功教育的拐点》 | 程莉霞 | 35. 00 |
| | 23 | 《藏在师生体态语言里的教学智慧》 | 张　宇　廖生波 | 30. 00 |
| | 24 | 《教师最应该规避的教育误区》 | 杨坤道 | 30. 00 |

| 系列 | 序号 | 书　　名 | 作者 | 定价 |
| --- | --- | --- | --- | --- |
| 名师成长系列 | 25 | 《音乐名师成长启示录<br>——20位音乐名师的心路历程》 | 陈　璞 | 35.00 |
| | 26 | 《情怀·智慧·境界——教育名家演讲录（1）》 | 钟惠河　李韫琬 | 30.00 |
| 精彩课堂系列 | 27 | 《让孩子零起点爱上阅读<br>——上好阅读指导课的实施策略)》 | 彭小山 | 25.00 |
| | 28 | 《主题整合阅读教学（小学语文)》 | 成孟武 | 35.00 |
| | 29 | 《基于核心素养的数学教学》 | 赵红婷 | 35.00 |
| | 30 | 《中学生核心写作能力培养》 | 陶　波 | 36.00 |
| | 31 | 《给孩子更好的数学课堂》 | 易增加 | 30.00 |
| | 32 | 《小学生阅读素养的提升策略》 | 邵巧治 | 35.00 |
| | 33 | 《从语文素养走向生命成长<br>——小学语文读写课堂教学密码》 | 曾海玲 | 30.00 |
| | 34 | 《真实的品德课》 | 朱淑秀 | 30.00 |
| | 35 | 《英语课堂学习共同体——新型的师生交互学习场》 | 杨延从 | 30.00 |
| | 36 | 《指导自主学习——初中数学学与教的研究与实践》 | 刘其武 | 30.00 |
| | 37 | 《玩出精彩的课堂<br>——小学低年级教与学方式转变研究》 | 陶红松 | 30.00 |
| | 38 | 《让生命之花自主绽放——语文个性化教学建构策略》 | 商德远 | 30.00 |
| | 39 | 《让学生亲历知识——主体参与下体验式学习的实施策略》 | 何世祥 | 30.00 |
| 教育求索系列 | 40 | 《做有智慧的班主任——班主任讲述自己的反思与智慧》 | 李　楠　李志远 | 35.00 |
| | 41 | 《成语育人——成语文化课程的开发与实践》 | 张红梅 | 35.00 |
| | 42 | 《做有思想的教师》 | 张玉彬 | 45.00 |
| | 43 | 《区域规范性教研共同体建设及其实践》 | 陈宗成 | 40.00 |
| | 44 | 《让诗意润泽心灵——德育校本课程的开发与实施》 | 陈亚兰 | 40.00 |
| | 45 | 《联想形象识字教学——让学生感悟汉字神韵》 | 侯忠彦 | 50.00 |
| | 46 | 《思维导图教学法：一位历史老师的教学探索》 | 罗培生 | 35.00 |
| | 47 | 《让经典滋养人生——名著导读教学策略（中学)》 | 郑建忠 | 35.00 |
| | 48 | 《关注每一位儿童的发展——语文小班化教学的探索和实践》 | 何慧玲 | 40.00 |
| | 49 | 《让生命诗意地栖居——诗意教育的理念建构与实践探索》 | 钱丽美 | 40.00 |
| | 50 | 《怎样上好语文课——时鹏寿解析精彩课例》 | 时鹏寿 | 45.00 |
| | 51 | 《让书香浸润生命——时鹏寿伴你品读经典》 | 时鹏寿 | 35.00 |

| 系列 | 序号 | 书　　名 | 作者 | 定价 |
| --- | --- | --- | --- | --- |
| 教育求索系列 | 52 | 《开在手心里的花——一位优秀教师的教育情怀》 | 詹雪莲 | 40.00 |
| | 53 | 《学科建设与教师发展——中学数学》 | 杨志文 | 30.00 |
| | 54 | 《欣说教育那“一亩三分地”<br>——一位一线教师的教育微思考》 | 王庆欣 | 30.00 |
| | 55 | 《爱的守望——一位一线教师对教育的坚守》 | 林卫红 | 30.00 |
| | 56 | 《思政教学的人文力量》 | 戴晓华 | 30.00 |
| | 57 | 《师道新说——给教育者的30条箴言》 | 徐　卫 | 30.00 |
| | 58 | 《快乐数学——初中数学教学方式探索》 | 孙国芹 | 36.00 |
| 教育探索者系列 | 59 | 《教育，静待花开——陪伴孩子一起成长》 | 武际金　王玉英 | 40.00 |
| | 60 | 《悦读立人——校园阅读文化体系构建策略》 | 杨世臣 | 30.00 |
| | 61 | 《教育智慧何处来——一位特级教师的思考手记》 | 付立金 | 30.00 |
| | 62 | 《和雅文化——校本课程的创新构建》 | 汤善香 | 30.00 |
| | 63 | 《让个性绽放精彩——学校课程体系整合与创生》 | 谢建伟　徐淑萍 | 30.00 |
| | 64 | 《让每个学生都幸福——最能润泽生命的学校文化建设》 | 谢建伟　张新喜 | 30.00 |
| 创新教学探索系列 | 65 | 《让阅读滋养学生语文素养——语文阅读教学策略与实施》 | 李洪芹 | 38.00 |
| | 66 | 《学校体育密码》 | 连仁都 | 36.00 |
| | 67 | 《我家住在〈诗经〉里》 | 李日芳 | 40.00 |
| | 68 | 《〈红楼梦〉里的语文课》 | 李日芳 | 30.00 |
| | 69 | 《品世界名画，学精彩作文<br>——特级教师的“名画”作文教学法》 | 李日芳 | 36.00 |
| | 70 | 《学生数学整体思维培养<br>——小学数学结构化教学的探索与实施》 | 颜春红 | 45.00 |
| | 71 | 《基于核心素养的体育与健康校本课程建设》 | 赵卫新 | 35.00 |
| | 72 | 《把古文教活——激活文言文课堂的教学策略》 | 刘小华 | 35.00 |
| | 73 | 《做童年面前最合适的人——我和孩子们的“童化语文”》 | 曹丽秋 | 30.00 |
| | 74 | 《玩出精彩作文——张化万活动作文教学经典策略》 | 张化万 | 35.00 |
| | 75 | 《让学生把母语用精彩——“语用课堂”的探索与实践》 | 佘小红 | 30.00 |
| | 76 | 《“备”出课堂精彩——备学式教学的课堂实践与思考》 | 张旭兰 | 30.00 |
| | 77 | 《神奇的阅读教室　带学生踏上美妙的阅读之旅》 | 李祖文 | 30.00 |

| 系列 | 序号 | 书　　名 | 作者 | 定价 |
|---|---|---|---|---|
| 创新教学探索系列 | 78 | 《打造有生命力的课堂<br>——“两步八环节”教学模式探索与实践》 | 查联智 | 30.00 |
| | 79 | 《最能培养学生探究能力的课堂<br>——小学科学与信息技术单元整体课程实施与评价》 | 李怀源 | 30.00 |
| | 80 | 《最能激发学生运动天赋的课堂<br>——小学体育单元整体课程实施与评价》 | 李怀源 | 30.00 |
| | 81 | 《最能提升学生艺术素养的课堂<br>——小学艺术单元整体课程实施与评价》 | 李怀源 | 30.00 |
| | 82 | 《“生命语文”探索——焕发语文生命力的思考与实践》 | 王自成 | 30.00 |
| | 83 | 《粘连作文教学：让习作成为有个性的自我建构》 | 黄瑞夷 | 30.00 |
| | 84 | 《备学式教学——在体验中建构数学思维》 | 单广红　范雪梅 | 30.00 |
| | 85 | 《向着自主进发——自主教育的创新实施智慧》 | 朱亚红 | 30.00 |
| | 86 | 《写中学——让学习更有效的学科写作教学》 | 钟传祎 | 30.00 |
| | 87 | 《小学科学实验总动员——大科学课堂有效提升学生创新力》 | 江美华 | 30.00 |
| | 88 | 《小学语文单元整体课程实施与评价》 | 李怀源 | 30.00 |
| | 89 | 《小学英语单元整体课程实施与评价》 | 李怀源 | 30.00 |
| | 90 | 《小学数学单元整体课程实施与评价》 | 李怀源 | 30.00 |
| | 91 | 《让教学更能激发智慧——“思维碰撞”课堂的建构与实施》 | 程和方 | 30.00 |
| | 92 | 《构建语文综合课新模式——家庭、社区、学校协同教学》 | 黄瑞夷 | 40.00 |
| | 93 | 《自主创新让教学成为有效引领》 | 蔡　隽 | 30.00 |
| 新父母教程 | 94 | 《一年级的孩子》 | 陈文芳 | 28.00 |
| | 95 | 《二年级的孩子 》 | 陈文芳 | 28.00 |
| | 96 | 《三年级的孩子》 | 钱静霞 | 28.00 |
| | 97 | 《四年级的孩子》 | 谢　云 | 28.00 |
| | 98 | 《五年级的孩子 》 | 陈　春 | 28.00 |
| | 99 | 《六年级的孩子》 | 袁卫星 | 28.00 |
| | 100 | 《七年级的孩子》 | 焦晓骏 | 28.00 |
| | 101 | 《八年级的孩子》 | 钟　杰 | 28.00 |
| | 102 | 《九年级的孩子》 | 凌宗伟 | 28.00 |

| 系列 | 序号 | 书名 | 作者 | 定价 |
| --- | --- | --- | --- | --- |
| 国际教育系列 | 103 | 《美国教育面面观——一位特级教师眼中的美国教育》 | 邵淑红 | 35.00 |
| 教师软实力系列 | 104 | 《教师人际沟通力》 | 黄爱华　夏丽娟 | 38.00 |
| | 105 | 《班主任教导力》 | 黄爱华　戴诗银 | 38.00 |
| | 106 | 《教师执业道德力》 | 黄爱华　夏丽娟 | 38.00 |
| 名校系列 | 107 | 《从校本课程走向学校课程——锡山高中课程探索之路》 | 唐江澎等 | 35.00 |
| | 108 | 《让每个孩子都成志——清华附小主题阅读课程的实施探索》 | 窦桂梅 | 30.00 |
| | 109 | 《让每个孩子都成志——清华附小主题实践课程的实施探索》 | 窦桂梅 | 35.00 |
| | 110 | 《向着朝阳走去——清华附小合作办学实践探索》 | 窦桂梅 | 30.00 |
| 校长领导力系列 | 111 | 《学校细节管理的执行力》 | 林文明　王林发 | 30.00 |
| | 112 | 《校长智慧统筹的领导力》 | 谢耀丰　蔡丽姗<br>王林发 | 30.00 |
| | 113 | 《学校持续发展的研究力》 | 林文智　宋佳敏<br>王林发 | 30.00 |
| | 114 | 《学校和谐融洽的协作力》 | 陈一平　郭雪莹<br>王林发 | 30.00 |
| | 115 | 《学校教育提升的引领力》 | 谢文东　关敏华<br>王林发 | 30.00 |
| | 116 | 《学校团队成长的学习力》 | 黄纪　蔡美静<br>王林发 | 30.00 |
| | 117 | 《学校高效管理的创新力》 | 张　旭 | 30.00 |
| | 118 | 《学校成功管理的决策力》 | 邱黎明 | 30.00 |
| | 119 | 《高品质学校生长要素》 | 王益民 | 30.00 |
| | 120 | 《校长高效教学领导力提升策略》 | 徐世贵　郭文哿 | 30.00 |
| 新思维系列 | 121 | 《让后进生学习有后劲之 36 计》 | 严育洪 | 30.00 |
| | 122 | 《教育中的“不一定”——打破教育的 19 种思维惯式》 | 严育洪 | 30.00 |
| 教师修炼系列 | 123 | 《如何炼就课堂好声音——教师美嗓保健实用宝典》 | 薛建洲 | 30.00 |
| | 124 | 《与学生一起成长——90 后教师的心路反思》 | 王　晗 | 30.00 |
| | 125 | 《教育，爱与宽容——教师心灵礼仪修炼》 | 许力争 | 30.00 |

| 系列 | 序号 | 书　　名 | 作者 | 定价 |
| --- | --- | --- | --- | --- |
| 教育家核心思想系列 | 126 | 《叶圣陶论写作》 | 叶圣陶 著<br>李怀源 选编 | 30.00 |
| | 127 | 《叶圣陶谈阅读》 | 叶圣陶 著<br>李怀源 选编 | 30.00 |
| | 128 | 《多元智能理论的本土化应用》 | 刘治富 | 30.00 |
| | 129 | 《大教育家最具施教力的教学思想》 | 白刚勋 | 30.00 |
| 学生心理解码系列 | 130 | 《在人生的春天播种<br>——十四岁，写给青春的一封信》 | 白宏宽 | 30.00 |
| | 131 | 《孩子问题行为一点通<br>——只有好老师才知道的学生心理谜底》 | 严育洪 | 30.00 |
| 校本研修系列 | 132 | 《成为研究型教师的实践智慧<br>——中小学有效教科研 76 问》 | 徐　洁 | 40. 00 |
| | 133 | 《徜徉语文教研》 | 肖俊宇 | 35.00 |
| | 134 | 《校本研修资源的开发与利用》 | 陈朝林 | 30.00 |
| | 135 | 《校本研修与教师专业成长》 | 吴积军 | 30.00 |
| | 136 | 《卓越教师经典研修成长策略》 | 刘天宝等 | 30.00 |
| | 137 | 《特色校本课程开发范例解读》 | 刘永平　李秀伟<br>张雪梅 | 30.00 |
| | 138 | 《高效校本研修模型构建艺术》 | 刘素雁 | 30.00 |
| | 139 | 《走向实践的教研——中小学教育科研引领与应用》 | 江　敏 | 30.00 |
| 教育管理力系列 | 140 | 《缔造唯美教育——延奎小学素质教育实施策略》 | 易增加 | 30.00 |
| | 141 | 《让普通学校崛起的 20 个细节<br>——“生命为本”教育团队成长密码》 | 李其玉 | 30.00 |
| | 142 | 《“走”出教育的精彩：走动式学校管理文化构建》 | 罗　军 | 30.00 |
| | 143 | 《校长兵法：学校管理四十六计》 | 皮大鹏 | 30.00 |
| 班级文化系列 | 144 | 《活力班级的文化建设》 | 胡　珏 | 30.00 |
| | 145 | 《做幸福的班主任》 | 吕　丽 | 26.00 |
| 高效能教学系列 | 146 | 《高效能教师的 10 个好习惯（中学卷）》 | 张　瑾 | 30.00 |
| | 147 | 《让作文落地生根——提高写作实效的教学策略》 | 黄桂林 | 30.00 |
| | 148 | 《高效能作文教学 5 项修炼》 | 陈步华 | 30.00 |
| | 149 | 《高效能校长的 10 个好习惯》 | 张　勤 | 30.00 |
| | 150 | 《高效能教师的 10 个好习惯（小学卷）》 | 谢　英 | 30.00 |
| | 151 | 《高效能语文教学 5 项修炼》 | 王其华 | 30.00 |

| 系列 | 序号 | 书　名 | 作者 | 定价 |
| --- | --- | --- | --- | --- |
| 新课程探索系列 | 152 | 《语文新课程的批判与重建》 | 葛桂斌 | 30.00 |
| 美国名师教学译丛 | 153 | 《美国名师游戏教学本土化应用：幼儿园》 | （美）玛西娅 L. 泰特 著<br>胡 珍 瞿 菁 编译 | 30.00 |
|  | 154 | 《美国名师游戏教学本土化应用：小学英语》 | （美）玛西娅 L. 泰特 著<br>杨永华 张心影 编译 | 30.00 |
|  | 155 | 《美国名师游戏教学本土化应用：小学数学》 | （美）玛西娅 L. 泰特 著<br>谢艳红 编译 | 30.00 |
|  | 156 | 《美国名师游戏教学本土化应用：小学科学》 | （美）玛西娅 L. 泰特 著<br>刘丽萍 编译 | 30.00 |
|  | 157 | 《美国名师游戏教学本土化应用：小学社会》 | （美）玛西娅 L. 泰特 著<br>姜梅芳 编译 | 30.00 |
|  | 158 | 《美国名师游戏教学本土化应用：小学音体美》 | （美）玛西娅 L. 泰特 著<br>尹立志 编译 | 30.00 |
| 生态化校园系列 | 159 | 《文化管理——构建生态和谐校园的必由之路》 | 付全新 | 30.00 |
|  | 160 | 《点燃学习的激情——构建校园生态化学习型组织》 | 杨树岳 | 30.00 |
|  | 161 | 《课改突围——构建学校生态化教学体系》 | 杨树岳 | 30.00 |
| 教育新思考系列 | 162 | 《语文教育向何处去》 | 王 丛 | 26.00 |
|  | 163 | 《教育，就是做好普通的事》 | 孙志毅 | 27.00 |
|  | 164 | 《走出语文的偏见——让学生体悟文本的原义》 | 丛智芳 | 30.00 |
|  | 165 | 《让语文教学更高效——批注式阅读教学探索》 | 韩中凌 | 30.00 |
|  | 166 | 《读写互促——探寻学以致用的语文教学》 | 曹 龙 | 30.00 |
|  | 167 | 《跳出数学教数学——用文化融通数学教学》 | 马建秀 | 27.00 |
| 信息化教学系列 | 168 | 《巧用白板教语文——信息技术与语文教学操作指南》 | 蒋丽清 | 30.00 |
|  | 169 | 《跨越式实现高效课堂<br>——信息技术与课程整合高效教学方案评析》 | 陈 玲 刘 禹 | 30.00 |
| 教师必读系列 | 170 | 《教师必学的16堂修养课》 | 武宏伟 | 30.00 |
|  | 171 | 《教师不可不知的教学心理效应》 | 叶勇军 | 30.00 |
|  | 172 | 《班主任不可不知的管理效应》 | 奚一琴 | 30.00 |
|  | 173 | 《教师不可不知的教育心理效应》 | 孙 媛 | 30.00 |
|  | 174 | 《校长不可不知的管理效应》 | 谢申刚 张金豹 | 30.00 |
|  | 175 | 《成为好教师的7项修炼》 | 王福强 李维华 | 30.00 |
|  | 176 | 《如何让学生会学习》 | 龙 冰 | 30.00 |
|  | 177 | 《如何让学生爱学习》 | 周震宇 许小燕 | 30.00 |
| 核心教学主张系列 | 178 | 《新生代语文名师核心教学主张》 | 许友兰 | 30.00 |

| 系列 | 序号 | 书　　　名 | 作者 | 定价 |
| --- | --- | --- | --- | --- |
| 行思讲坛系列 | 179 | 《为了儿童的深度学习——问学课堂的建构与实施)》 | 潘文彬 | 45.00 |
| | 180 | 《灵动而朴素地教语文——潘文彬的微格教育生活》 | 潘文彬 | 30.00 |
| | 181 | 《师爱无疆——润泽学生心灵的教育故事》 | 侯忠彦 | 30.00 |
| | 182 | 《怎样反思更有效<br>——促进教师专业发展的反思策略》 | 诸贝贝 | 30.00 |
| | 183 | 《成为高度自觉的教育者<br>——写给后课标时代的数学教师》 | 许卫兵 | 30.00 |
| | 184 | 《哲思数学课》 | 刘全祥 | 30.00 |
| | 185 | 《智慧数学课——黄爱华教学思维的实践策略》 | 黄爱华 | 30.00 |
| | 186 | 《童趣数学课》 | 徐　芳 | 30.00 |
| | 187 | 《把学生教聪明》 | 严育洪 | 30.00 |
| | 188 | 《用语文的方式教语文<br>——潘文彬教学主张与实践智慧》 | 潘文彬 | 30.00 |
| | 189 | 《怎样让阅读教学更有效<br>——提升教学能力的十种读诵模式》 | 汪秀梅 | 28.00 |
| | 190 | 《让生命在润泽中起舞<br>——当代小学生最需要的主题班会》 | 吴联星　罗　琳<br>冯卫东 | 30.00 |
| | 191 | 《让生命欢快拔节<br>——当代中学生最需要的主题班会》 | 冯卫东　吴联星 | 30.00 |
| | 192 | 《课堂因生成而精彩——高效教学的生成智慧》 | 张文质 | 30.00 |
| | 193 | 《回到每一个人的生命化教育<br>——张文质二甲中学教育行动录》 | 张文质 | 30.00 |
| | 194 | 《中小学生如何学会合作》 | 张玉彬　刘昕昱 | 40.00 |
| 中国教育变革之路丛书 | 195 | 《百年树人师何为<br>——教师队伍建设困顿与出路》 | 将丽珠　李玉向 | 30.00 |
| | 196 | 《入园何时不再难<br>——学前教育困惑与抉择》 | 曾晓东<br>范　昕　周　慧 | 30.00 |
| | 197 | 《三尺书桌何处寻<br>——流动人口子女教育困难与破解》 | 范先佐 | 30.00 |
| | 198 | 《苦旅何以得纾解<br>——高考改革困境与突破》 | 郑若玲 | 30.00 |
| | 199 | 《择校纠结何时了<br>——择校问题困局与治理》 | 曾晓东　周文海<br>曾娅琴 | 30.00 |
| 创新教学思想系列 | 200 | 《“大问题”教学的形与神》 | 黄爱华　张文质 | 30.00 |
| 教育漫笔系列 | 201 | 《课堂，诗意地栖居》 | 吴书华 | 30.00 |
| 教学提升系列 | 202 | 《有思想地教阅读<br>——让学生学会品读文字真意》 | 王学东 | 30.00 |

| 系列 | 序号 | 书名 | 作者 | 定价 |
| --- | --- | --- | --- | --- |
| 教学全手册系列 | 203 | 《小学习作教学全手册》 | 郭家海 | 30.00 |
| | 204 | 《中学写作教学全手册》 | 郭家海 | 30.00 |
| | 205 | 《情境教学操作全手册》 | 冯卫东 | 35.00 |
| | 206 | 《合作教学操作全手册》 | 李春华 | 35.00 |
| | 207 | 《探究教学操作全手册》 | 周新桂 | 35.00 |
| | 208 | 《自主教学操作全手册》 | 诸葛彪 | 35.00 |
| | 209 | 《创新教学操作全手册》 | 王　玮 | 35.00 |
| | 210 | 《班主任工作全手册》 | 刘沛华 | 35.00 |
| | 211 | 《新教师工作全手册》 | 周震宇 | 35.00 |
| | 212 | 《学生心理健康教育全手册》 | 刘海莉　刘春杰 | 35.00 |
| | 213 | 《高效教学操作全手册》 | 马友平 | 35.00 |
| 创新人才培养系列 | 214 | 《创新人才培养校园科普精品课程开发与指导<br>——人大附中创新人才培养》 | 罗　滨 | 30.00 |
| | 215 | 《创新人才培养特色校本课程开发与创新人才培养<br>——清华附中“国际安全下的科学技术”课程构建与实施》 | 王殿军　方　研<br>赵宏雁 | 30.00 |
| | 216 | 《创新人才培养：学校实验室建设与管理》 | 刘克文<br>杨发丽　杨　平 | 30.00 |
| | 217 | 《创新人才培养：数学探究活动开发与指导》 | 马云朋　韩继伟 | 30.00 |
| | 218 | 《创新人才培养：化学研究活动开发与指导》 | 王　磊 | 30.00 |
| | 219 | 《创新人才培养：物理探究活动开发与指导》 | 廖伯琴 | 30.00 |
| | 220 | 《创新人才培养：地理探究活动开发与指导》 | 张建珍　陈　澄 | 30.00 |
| | 221 | 《创新人才培养：生物探究活动开发与指导》 | 张迎春 | 30.00 |
| | 222 | 《创新人才培养：理念探索与思维突破》 | 王晶莹 | 30.00 |
| 新生代通派名师系列 | 223 | 《简约数学教学》 | 许卫兵 | 30.00 |
| | 224 | 《语文教学的本真——情意课堂展现母语之美》 | 吴建英 | 30.00 |
| | 225 | 《语文课堂的理想追求——欢快达成三维目标》 | 董一红 | 30.00 |
| | 226 | 《阅读教学的真髓——意象构建读出文学的真美》 | 祝　禧 | 30.00 |
| | 227 | 《美术教育的真谛——审美人生教育让生命绚丽成长》 | 陈铁梅 | 30.00 |
| | 228 | 《语文教学的理想境界——无痕教学润泽生命》 | 李　凤 | 30.00 |
| | 229 | 《儿童作文的本义——嬉乐作文让儿童乐并成长着》 | 王笑梅 | 30.00 |
| | 230 | 《名师是怎样炼成的》 | 王建明　王笑君 | 35.00 |
| 幼师成长系列 | 231 | 《幼儿行为背后——教师如何读懂幼儿的心思》 | 吴亚英 | 30.00 |
| | 232 | 《最具教育力的 22 种幼儿教育思想》 | 杨　达 | 30.00 |
| | 233 | 《幼儿教师必知的安全应急措施》 | 杨　达 | 30.00 |
| | 234 | 《幼儿教师必备的教育技能》 | 李　玲 | 30.00 |
| | 235 | 《卓越园长 21 条幼儿园管理策略》 | 周　丹　江东秋 | 30.00 |